Eric und Leslie Ludy

Made in Heaven
Wenn Gott deine Liebesgeschichte schreibt

Über die Autoren

Eric und Leslie Ludy sind Redner, Autoren und Musiker. Als solche ist es ihr Anliegen, junge Erwachsene zu ermutigen und sie dazu herauszufordern, jeden Aspekt ihres Lebens vor Gott zu bringen. Das Ehepaar lebt in Longmont, Colorado.

Eric und Leslie Ludy

Made in Heaven

Wenn Gott deine Liebesgeschichte schreibt

GerthMedien

MIX
Papier aus verantwortungsvollen Quellen
FSC® C014496
FSC
www.fsc.org

Verlagsgruppe Random House FSC® N001967
Das für dieses Buch verwendete FSC®-zertifizierte Papier
Holmen Book Cream liefert Holmen Paper, Hallstavik, Schweden.

Die amerikanische Originalausgabe erschien im Verlag
Multnomah Publishers, Sisters, Oregon unter dem Titel
»When God Writes Your Love Story« von Eric & Leslie Ludy.

Originally published in English under the title
»When God Writes Your Love Story« by Eric & Leslie Ludy.
Published by Multnomah Publishers, Inc.
204 W. Adams Avenue, P.O. Box 1720, Sisters,
Oregon 97759, USA.

Aus dem Amerikanischen übersetzt von Thorsten Krämer.
Bibelstellen sind, soweit nicht anders angegeben,
der »Gute-Nachricht«-Bibel entnommen.

Best.-Nr. 815995
ISBN 978-3-89437-995-7
6. Auflage 2013
Umschlaggestaltung: Hanni Plato
Umschlagfoto: zefa images
Satz: Die Feder GmbH, Wetzlar
Druck und Verarbeitung: GGP Media GmbH, Pößneck
Printed in Germany

Inhalt

Einführung

Auf der Suche nach der wahren Liebe

»Ich denke, wir sollten Schluss machen«, sagte er mit sanfter Stimme. Vor diesen Worten hatte ich mich schon seit Monaten gefürchtet. »Ich möchte mich einfach auch mit anderen Mädchen treffen.«

Meine zitternden Finger zogen sich fester um das Telefonkabel. Mit Mühe unterdrückte ich den Seufzer, der meine Lungen zu sprengen drohte. Es gab eine lange, schreckliche Pause, in der er darauf wartete, dass ich etwas sagte. Mein einziger Trost war, dass er mein bleiches Gesicht nicht sehen konnte. Wäre er in diesem Moment bei mir im Zimmer gewesen, hätte ich unmöglich verbergen können, dass ich am Boden zerstört war.

Der Albtraum war wahr geworden ... mal wieder. Was als eine harmlose, glückliche und unschuldige Beziehung begonnen hatte, hatte sich unmerklich zu einer verwickelten Affäre voller Emotionen und Leidenschaft entwickelt, die nun, wo das Feuer verglüht war, jäh zum Ende kam. Der schneidende Schmerz, der erbarmungslos mein Herz zuschnürte, war so stark, dass ich kaum atmen konnte. Irgendwie schaffte ich es, das Gespräch zu beenden, ohne meine Würde ganz zu verlieren. Als ich den Hörer auflegte, überkam mich eine dunkle Wolke der Verzweiflung und ließ einen Platzregen aus Zurückweisung und Hoffnungslosigkeit auf meine rasenden Gedanken herabprasseln.

Es war vorbei. Wieder einmal stand mir eine schlaflose Nacht bevor, Stunden, in denen ich weinen würde, bis irgendwann keine Tränen mehr kamen. Wieder einmal ging ich der nagenden, verzweifelten Einsamkeit entgegen, sobald ich einen Raum voller Unbekannter betrat – ohne eine Hand zum Festhalten, ohne starken Arm, der sanft auf meiner Schulter ruhte und mir Sicherheit gab. Wieder einmal war ich alleine.

Seit wie vielen Jahren sehnte ich mich schon nach wahrer Liebe und hielt überall danach Ausschau? Wie oft hatte ich nachts wach gelegen und von einer wunderschönen Liebesgeschichte geträumt – einer dauerhaften Beziehung, die nicht mit einem gebrochenen Herzen enden würde?

Ich hatte unglaubliche Opfer gebracht, um jede noch so kurze Beziehung, die sich mir bot, am Leben zu erhalten. Jedem männlichen Wesen in meinem Leben hatte ich einen Teil von mir gegeben – Teile meines Herzens, meiner Gefühle und sogar meines Körpers. Aber hatten sie erst einmal genug von mir, wurde mein zerbrechliches Herz zum Spielball, der letztendlich einfach weggeworfen wurde. Selbst wenn ich es war, die Schluss machte, war der Herzschmerz unvermeidlich. Jedes Mal fühlte es sich an, als würde etwas Kostbares mit Gewalt aus meinem Inneren gerissen.

Ich sehnte mich so sehr danach, geliebt und behütet zu werden. Ich hatte mein ganzes Leben lang von einer vollkommenen Liebesgeschichte geträumt. Aber im Lauf dieses endlosen Zirkels von kurzzeitigen Beziehungen waren meine Träume genauso zerbrochen und in tausend Scherben zersplittert wie mein Herz.

Ich fragte andere um Rat. Die ältere Generation gab mir bloß Richtlinien an die Hand, die so wenig mit der Realität meiner Welt zu tun hatten, dass sie für mich völlig wertlos waren. Als Christin hatte ich gut den Unterweisungen zugehört, die die Pastoren gaben, und versucht, die christlichen

Beziehungsregeln peinlich genau zu befolgen. Aber diese Regeln hatten mich noch nie vor einem gebrochenen Herzen bewahrt.

Als ich mich an die jüngere Generation wandte, merkte ich schnell, dass wir alle im selben Boot saßen, und das trieb in einem endlosen Kreislauf oberflächlicher und billiger Beziehungen dahin, die nie von Dauer waren und uns emotional versehrt und verunsichert zurückließen. Tatsächlich erwies sich der Schmerz, den *ich* erlitten hatte, noch als verhältnismäßig harmlos im Vergleich zu dem vieler meiner Freundinnen.

Während ich auf dem Bett lag und mir all diese Gedanken durch den Kopf gehen ließ, brach sich in mir langsam ein verzweifeltes Gebet Bahn.

Gott, wo steckst du nur in dieser ganzen Geschichte?, schrie mein Herz. Ich *bin doch dein Kind. Du weißt, dass ich mich schon mein ganzes Leben lang nach einer schönen Beziehung sehne. Ich habe nach wahrer Liebe gesucht. Kann es in dieser finsteren Welt der Lust, Perversion und Sünde überhaupt eine reine und schöne Liebesbeziehung geben? Kann ich es wagen, von etwas zu träumen, das über diese oberflächliche, sinnlose und billige Version von Liebe, die ich bislang erlebt habe, hinausgeht?*

Dann spürte ich ein sanftes Ziehen in meinem Herzen. Plötzlich wusste ich, dass mein Leben nicht zwangsläufig so sein musste und dass Gott etwas Besseres für mich parat hatte. Fast kam es mir so vor, als hätte Gott höchstpersönlich mich erinnert: *Ich bin der Urheber der wahren Liebe. Ich bin der Schöpfer der Romantik.*

In diesem Moment war es, als stünde Gott vor mir, voller Mitgefühl und mit Tränen unbändiger Liebe, und als würde er meinem Herzen zuflüstern: *Du hast auf deine eigene Weise nach wahrer Liebe gesucht. Aber meine Wege sind nicht deine Wege. Ich möchte eine wunderbare Geschichte für dich schreiben, aber zuerst musst du mir in diesem kostbaren Bereich deines Lebens den Stift überreichen. Lässt du mich deine Liebesgeschichte schreiben?*

Nicht lange nach dieser tränenreichen, hoffnungslosen Nacht begann meine unvergessliche Reise. Eine Reise, die mich etwas entdecken ließ, das ich vorher nicht gekannt hatte – die unvergleichliche Schönheit einer Liebesgeschichte, deren Autor *Gott* ist. Mehr aus Verzweiflung als aus Glauben lud ich den Schöpfer des Universums ein, den Mittelpunkt meines Liebeslebens zu bilden. Hat er mich enttäuscht? Ganz im Gegenteil. Sehr bald schon sollte ich herausfinden, dass mein treuester Freund auf der ganzen Welt, der mich mehr liebte, als ich überhaupt verstehen konnte, einen Plan für mein Liebesleben hatte, dessen Schönheit mir den Atem raubte.

Ich bin mir nicht sicher, ob ich jemals irgendjemandem wirklich vermitteln kann, was für eine wunderbare Erfahrung es war, meine Liebesgeschichte von Gott geschrieben zu bekommen. Während meiner ganzen romantischen Zeit mit Eric war ich mir vollkommen bewusst, dass es *Gott* war, der uns Schritt für Schritt führte, jedes Gespräch in die richtigen Bahnen lenkte, jeden Sonnenuntergang an den Himmel malte und uns mit einem Lächeln behütete. Die billigen Beziehungen, die ich bis dahin gekannt hatte, waren überhaupt kein Vergleich zu dieser neuen Art von Liebe, die ich nun kennen lernen durfte. Jeden Tag war ich aufs Neue erstaunt darüber, dass ich mich nach einer Zeit des gebrochenen Herzens, der Verwirrung und der Kompromisse nun in einem wahr gewordenen Traum wieder fand. Ich hatte eine Art göttlicher Liebe entdeckt, die es nicht einmal im Märchen gibt, und das einfach deshalb, weil ich Gott den Stift überreicht und zugelassen hatte, dass er Kapitel um Kapitel meiner Lebensgeschichte schrieb. Er nahm Anteil an diesem Bereich meines Lebens. Er hatte einen Plan. Und für dich hat er auch einen.

Vollkommen ist Gottes Weg.
(Psalm 18,31; Einheitsübersetzung)

Dieses Buch enthält eine Botschaft, die dein Leben für immer verändern könnte. Begleite Eric und mich durch dieses Buch, in dem wir von der unvergesslichen Reise erzählen, auf der Gott uns entdecken ließ, wie es aussieht, wenn er eine Liebesgeschichte schreibt. Wir haben versucht, diese Ausschnitte aus unserem Leben so anschaulich wie möglich zu schildern.

Beim Lesen dieses Buches wirst du vielleicht mit uns lachen und weinen, *über* uns lachen und unter Umständen auch auf uns wütend werden – aber wir hoffen, dass du bis zum letzten Kapitel dabei bleiben und etwas entdecken wirst, das deine kühnsten Träume übersteigen wird. Wir hoffen und beten, dass du in den Seiten dieses Buches das Geheimnis wahrer Liebe findest – eine von Gott geschriebene Liebesgeschichte.

In diesem Buch geht es nicht um Regeln und Beziehungstipps. Es ist auch kein Ratgeber darüber, was man als Single alles wissen muss.

Dieses Buch ist vielmehr eine Einladung für dich: Der Eine, der dich besser kennt als du dich selbst und dessen Liebe zu dir deinen Verstand übersteigt, möchte dich auf eine Reise mitnehmen.

Diese Reise ist für alle gedacht, die auf der Suche nach der Schönheit einer wahren und dauerhaften Liebe sind, nach wirklicher Romantik, und die bereit sind, alles zu tun, was dazu erforderlich ist. Sie ist für all die gedacht, die Fehler gemacht haben – kleine oder große – und nun meinen: »Für mich ist es zu spät, *diese* Art von Liebe zu finden.« Es ist eine Reise für alle, die die rein körperlichen Beziehungen, die zu nichts führen und keinen Sinn machen, leid sind.

Es ist eine Reise für all die, die noch von einer Form der Liebe zu träumen wagen, die nichts mit den billigen und verzerrten Affären zu tun hat, die in unserer Gesellschaft an der Tagesordnung sind. Diese Reise ist für all die gedacht, die weiter an etwas Besserem festhalten, und selbst für die Skeptiker, die daran zweifeln, ob es dieses Bessere überhaupt gibt.

Egal, an welchem Punkt du dich befindest oder schon gewesen bist, *diese Einladung gilt dir!* Der Autor aller wahren Liebesgeschichten steht vor dir und fragt dich: *Lässt du mich deine Liebesgeschichte schreiben?*

Wenn du ihm vertraust und ihm den Stift in die Hand gibst, kannst du dich auf eine Reise gefasst machen, die dazu führt, dass du dich nach dem, was du bisher gekannt hast, sicherlich nicht mehr zurücksehnen wirst. Eine Reise, auf der du die vollkommene Liebe und reine Romantik entdeckst, so wie sie eigentlich gedacht war.

Teil I

Sehnsucht nach einer Liebesgeschichte

Die Babes und die großen Egos

Die Kens und Barbies saßen alle um den Tisch. Der Duft von Smint, angereichert mit einem Hauch von Clearasil, zog durch das Café, vorbei an strahlendem Lächeln, gegelten Haaren und bronzenem Teint. Ich knabberte an meinem Wrap, während das Gespräch unweigerlich auf ein ganz bestimmtes Thema zulief.

»Also, Kevin«, flirtete Barbie Nr. 1 über den Tisch, »dann verrat uns mal, mit wem du jetzt gehst.«

Kevin war Aufmerksamkeit gewohnt. Wenn man in den 90ern aussah wie Tom Cruise, gab das dem Selbstbewusstsein einen ganz schönen Kick. Und ein Senator als Vater schadete auch nicht. Während er genüsslich einen Kartoffelchip zwischen seinen perfekten Zähnen zerbiss, erschien ein Grinsen auf seinem Gesicht, als hätte er die ganze Zeit nur auf diese Frage gewartet.

Wir Ferienlagermitarbeiter beugten uns vor. Wir konnten es alle kaum erwarten. Endlich lüftete Kevin mit tiefer Stimme das Geheimnis: »Sie heißt ... Sandra!«

Die Aufregung und das Staunen nahmen nur noch zu, denn niemand hatte eine Ahnung, wer Sandra war.

»Ist sie ein Babe?«, wollte der Ferienlager-Brad-Pitt wissen, der mit bürgerlichem Namen Mike hieß und aus Wyoming kam.

Kevin sagte kein Wort, aber mit einer mühelosen Bewegung, als sei er der 10.000-Dollar-Mann, holte er sein Portmonee hervor. Kurz darauf bestaunten wir alle ein Foto des »Babes des Jahrhunderts«, wie Mr Tom Cruise sie stolz nannte.

»Uuuh!«, hörten wir aus der Ecke, wo Brad Pitt und Leonardo DiCaprio (Wayne aus Denver) die Details ihrer Figur erörterten.

»Also, *ich* finde ja, dass ihre Nase zu groß ist«, grummelte eines der zwei Supermodels, so, dass wir es gerade noch hören konnten.

Ich aß weiter meinen Wrap.

Barbie Nr. 2, die neben Top Gun saß, war die Nächste, die nach ihrem Liebsten befragt wurde. »Hey, hey, hey!«, riefen die Barbies angesichts des nächsten Fotos, während die Kens, Brads, Leonardos und Toms kleinlich den etwas zu dürren Hals bemängelten.

Nachdem wir eine Woche lang den Kindern gegenüber die Heiligen herausgekehrt und vor den Leitern des Lagers die Superfrommen gespielt hatten, war es nun an der Zeit, mal Tacheles zu reden und unsere wahren Leidenschaften rauszulassen. Machen wir uns nichts vor, mit Anfang 20 hat man irgendwann genug fromme Camplieder gesungen, dann braucht man einfach eine Dosis altmodischer Romantik!

Noch ein Jahr zuvor hatte ich bei solchen Gesprächen immer gleich Feuer gefangen. Ich gab nur zu gerne mit meinem Liebesleben an und übertrieb hemmungslos, was mein »Babe des Jahrhunderts« anging, sodass alle anderen Jungs neidisch und die Mädchen ganz eingeschüchtert waren. Man konnte erzählen, was man wollte, es wurde einfach alles geglaubt! Niemand reiste dir hinterher und überprüfte deine Geschichte.

Ich war verrückt nach diesen Unterhaltungen, aber in der Zwischenzeit hatte sich etwas an Eric Ludy (alias Gottlieb Wendehals in dieser Gruppe) verändert – und zwar sehr. Deshalb hätte ich mich am liebsten unter dem Tisch versteckt, als die neugierigen Blicke der anderen sich schließlich mir zuwandten.

Diesen Augenblick werde ich nie vergessen! Da saß ich nun und stocherte mit der Gabel in der Peperoni auf meinem Teller herum, während ich in Gedanken schrie: *Bitte, fragt nicht ... bitte, fragt nicht!*

Nun, sie fragten.

»Also, Eric, dann erzähl uns doch mal von deinem aufregenden Liebesleben!«

Alle Augen – graue, grüne und braune – zwinkerten mir voller Spannung zu. Ich musste schlucken.

»Ähhh«, stammelte ich. Meine Handflächen waren ganz verschwitzt. Meine Zunge fühlte sich schwer und trocken an, als hätte ich einen Radiergummi im Mund. Schließlich ergriff ich das Wort. »Äh ... ich ... äh ... also, ich ... äh warte da auf Gott.«

Aber um ehrlich zu sein, entwichen diese Worte meinem Mund längst nicht so deutlich, wie sie jetzt hier stehen. Den letzten Teil des Satzes verschluckte ich, sodass es eher klang wie: »... waddada Gott.«

Ich hoffte, ich würde sie schnell zufrieden stellen können, sodass sie sich Elle MacPherson zuwandten, die neben mir saß und schon ein Foto ihres Schatzes bereithielt. Aber das ging voll nach hinten los. Jetzt waren sie erst recht neugierig!

»Äh, was hast du gesagt, Ludy?«, fragte Tom Cruise. »War das der Name deiner Freundin oder dein Lieblingsessen beim Chinesen?«

Als das Gelächter nachließ, nahm ich noch einen Anlauf. Dieses Mal sprach ich etwas deutlicher.

»Ich weiß schon, dass sich das für euch vielleicht komisch anhört, aber ich habe mich entschlossen, dass ich mein Herz keinem Mädchen mehr schenke, solange Gott mir nicht zeigt, dass sie meine Frau wird!«

Ich habe mir oft gewünscht, ich wäre etwas redegewandter

gewesen und ich hätte meinem Publikum, das nun mit offenen Mündern dasaß, meinen Entschluss etwas attraktiver machen können. Aber Gott wollte mir wohl zeigen, dass ich auf einem anderen Weg war, dass es nicht darauf ankam, den Kens und Barbies dieser Welt zu gefallen, sondern einfach nur darauf, ihn zu ehren und zu lieben.

Es wurde still in unserer Sitzecke, und alle Blicke richteten sich auf die Peperoni, die ich erbarmungslos zu Tode stocherte.

»Das ist ... interessant«, gab Supermodel Katja unbeholfen von sich, während sie ungläubig die Augen aufriss.

»Jetzt mal ernsthaft, Ludy. Wie willst du denn jemanden finden, wenn du gar nicht erst suchst?«, warf Leonardo ein und sofort folgten einige bestätigende *Jas* und *Genaus*.

Nachdem ich einem Moment nachgedacht hatte, holte ich tief Luft und erklärte: »Ich glaube, wenn Gott will, dass ich heirate ...« - noch ein tiefer Luftzug - »... wird er sie für mich aussuchen.«

Eine düstere Wolke bildete sich über der ganzen Gruppe und ließ Bestürzung und Schock auf bleiche Gesichter und rollende Augen hinabregnen. Ich sah von meiner geplagten Peperoni auf und entdeckte einen langen, knochigen Zeigefinger, den Kevin mir vor die Nase hielt. Kevins gebräunte Gesichtshaut hatte sich zu einem tiefen Rot verfärbt und seine Lippen zitterten wie die Lava auf einem Vulkan kurz vor dem Ausbruch. Nach drei langen Sekunden ging er schließlich hoch.

»Ich sehe das total anders«, schäumte er, während sich sein Zeigefinger fast in mein rechtes Nasenloch bohrte. »Gott will nicht, dass wir einfach nur abhängen und ihm mit *so was* in den Ohren liegen!«

Mehrere Amens aus der Gruppe bestätigten seine flammende Predigt. Er fuhr fort: »Ich glaube, Gott will, dass *wir* auswählen, und er segnet dann unsere Wahl!« Er machte eine Pause und kam dann zum Höhepunkt: »Solche Typen wie du sind schuld an dem Loser-Image, das wir Christen haben! Es ist völlig lächerlich zu denken, dass Gott sich ausgerechnet für *dein* Liebeslieben interessiert!«

Ich war die totale Spaßbremse in ihrer anregenden Unterhaltung. Wenn du jemals den Kitzel aus dem Thema *Liebe* nehmen willst, musst du nur Gott erwähnen. Ich hatte die finale Ferienlagermitarbeitersünde begangen, die nicht vergeben werden konnte, daran ließen die Blicke der anderen nicht den geringsten Zweifel.

Ich war in meinem bisherigen Leben immer mit allen gut zurechtgekommen. Ich wusste, wie man mit Leuten abhängen konnte, ohne jemandem zu nahe zu treten. Ich achtete gut darauf, nur die Sachen zu sagen, die jedermanns Zustimmung fanden. Eric Ludy war nicht gerade für sein Rückgrat bekannt ... außer vielleicht wenn es um meinen Verein ging, die *Denver Broncos*. Aber was die Dinge anging, die wirklich wichtig waren, war ich ein ganz schöner Angsthase. Das war, soweit ich mich erinnern kann, das erste Mal, dass ich wirklich für etwas aufgestanden bin, an das ich glaubte (und das nicht die Farben der *Broncos* trug).

Ironischerweise wusste ich selbst nicht so genau, wovon ich da eigentlich redete. Noch zwölf Monate zuvor hätte ich das ebenfalls »total anders« gesehen. Aber im Laufe des vergangenen Jahres hatte Gott mich herausgefordert, mein Christsein auf *alle* Bereiche meines Lebens zu beziehen. War es wirklich lächerlich zu glauben, dass Gott sich für mein Liebesleben interessierte und eine Frau für mich aussuchen würde?

Ich rutschte auf meinem Stuhl herum, stieß noch ein letztes Mal mit der Gabel in meine Peperoni und sagte: »Alles, was ich weiß, ist, dass jedes Mal, wenn *ich* mir ein Mädchen ausgesucht habe, ich am Ende feststellen musste, dass ich doch einen ziemlich üblen Geschmack habe.«

Am liebsten hätten sie alle gekichert, aber dafür war das Thema doch irgendwie zu ernst. Die Augen der anderen waren weit geöffnet und alle Ohren waren voller Staunen und Verwunderung gespitzt, als ich zum Schluss kam: »Kevin, wenn Gott zehn

Frauen vor mich hinstellen und sagen würde: ›Eric, such dir eine aus‹, dann würde ich vor ihm auf mein Angesicht fallen und sagen: ›Gott, du kennst mich besser als ich selbst, such *du* eine aus!‹«

Ich wette, von den anderen damals Anwesenden kann sich keiner mehr so gut an diesen Moment erinnern wie ich. Für sie war das alles nur das Gerede vom verrückten Ludy. Aber für mich war das ein entscheidender Augenblick. Es war fast so, als würde Gott mich fragen: *Wie ernst ist es dir mit mir, mein Junge?*

Genau dort also, als ich vor den Babes und den großen Egos saß, forderte Gott mich in aller Form auf, ihm den »Stift« meines Lebens anzuvertrauen. Diesen Stift hatte ich seit 20 Jahren festgehalten, und nun, bei einem Hühnchen-Wrap mit Peperoni, überreichte ich ihn dem großen Autoren und erlaubte ihm, sein Wunder zu bewirken.

Auf der Suche nach dem schöneren Lied

Die Sehnsucht einer Generation nach einer besseren Art von Liebe

Die Herbstferien 1988 waren eine Katastrophe! Es war mein letztes Jahr an der High School, und irgendein Spaßvogel nutzte meine Leichtgläubigkeit aus, indem er mir weismachte, dass Jesus im Oktober wiederkehren und damit das Ende der Welt kommen würde.

Ich weiß schon, was ihr jetzt denkt: *Und das hast du ihm geglaubt?* Nun, ich würde gerne sagen können: Das Bildungssystem ist schuld, weil mir niemand beigebracht hat, wie ich mein Gehirn benutze ... Aber, ja, ich habe ihm geglaubt!

Da nun einmal nur noch wenige Wochen bis zur völligen Auslöschung der Welt blieben, wollte ich einige Dinge in meinem Leben in Ordnung bringen. Der große Abschlussball war noch einen Monat entfernt und die meisten Mädchen hatten noch keinen Partner.

Nicht einmal da kann ich noch mitmachen, dachte ich mir, während Woche um Woche verging. Das Problem war nur, dass mit fortschreitender Zeit die Anzahl der freien Mädchen immer kleiner wurde. Das allein wäre noch nicht so schlimm gewesen, wenn sich nicht auch die Anzahl *aller* freien Mädchen im Oktober, nach Jesu Wiederkehr, drastisch verkleinern würde!

Trotzdem musste das Leben erst einmal weitergehen. Der Abschlussball konnte auch ohne den glücklosen Eric stattfinden ... wäre da nicht noch ein kleines Problem gewesen. Meine verrückten Klassenkameraden spielten mir einen grausamen Streich und setzten mich auf die Ballliste. Wahrscheinlich haben sie sich gedacht, ein Gottlieb Wendehals würde einen netten Kontrast zu all den Macho-Footballspielern ergeben, die sonst auf der Liste standen. Jetzt *musste* ich gehen. Und ich brauchte eine Partnerin!

Ich fand ein Mädchen aus einem benachbarten Ort – die Freundin einer Freundin. Widerstrebend willigte sie ein, für diesen Abend meine Partnerin zu sein. Aber sie ließ mich eines wissen: »Dass ich mit dir zu diesem Tanz gehe, bedeutet gar nichts, verstanden? Ich begleite dich einfach nur dahin!«

Sie war eine gelockte Brünette mit viel Parfüm und wenig Charme. Mein erster Fehler bestand darin, sie während des Balls zu vergessen und mich eine Stunde lang nicht um sie zu kümmern. Mein zweiter Fehler besiegelte dann mein Schicksal an diesem Abend. Als ich sie endlich gefunden hatte, musste ich mir eine Entschuldigung für meinen Mangel an Feingefühl überlegen. Ich meine, ich hatte nicht nur vergessen, dass sie an diesem Abend mit mir zusammen da war, ich hatte sie *komplett* vergessen. Irgendwann war ein Mädchen auf mich zugekommen und hatte zu mir gesagt: »Lou-Ann ist ganz schön böse auf dich!«

»Wer ist Lou-Ann?«, hatte ich unschuldig gefragt.

Da stand ich also – ein echtes Spatzenhirn – und versuchte meiner Begleiterin klarzumachen, dass sie mir etwas bedeutete.

»Lou-Ann«, beschwichtigte ich sie, »du bist klasse, du bist was Besonderes!«

Voller Verachtung blähte sie die Nüstern. Aber das war nur der Beginn meines Abstiegs. In den nächsten Minuten versammelten sich meine Kumpel um uns und die Unterhaltung hellte sich etwas auf. Einige Witze wurden gemacht und wir lachten alle. Na ja, alle außer Lou-Ann. Irgendwie kam mein Kumpel Darren auf das Thema Namen, und wir scherzten, dass jeder von uns mit der Zeit ein Aussehen annimmt, das seinem

Namen entspricht. Das war mein Stichwort. Als der betörende Don Juan, der ich nun einmal bin, richtete ich den Blick auf meine bezaubernde Brünette und sagte: »Das ist wirklich komisch, habe ich dir das eigentlich gesagt ... ich habe eine Katze namens Lou-Ann?!«

Ihre Reaktion war nicht gerade die, die man sich von einem Mädchen, mit dem man zu flirten versucht, erhofft. Ihre Augen nahmen ein Neongrün an, das ich seitdem nie wieder gesehen habe. Bevor sie sich endgültig mit einem rechten Haken von mir verabschiedete (oder habe ich das nur geträumt?), sagte sie: »Ach ja? Und ich habe einen Hund mit Boxernase, der Eric heißt!«

Die schöne Seite der Liebe

Die meisten von uns sind in Liebesdingen schon einmal auf die Nase gefallen. Fast alle kennen wir den beißenden Geruch, der eine sich auflösende Beziehung begleitet.

Joel, ein Freund von mir, sagte zu mir, nachdem er wieder einmal einen Absturz erlebt hatte: »Mann, ich weiß, wie man eine Beziehung anfängt, ich weiß bloß nicht, wie man sie führt.«

Das ist leider nicht nur Joels Problem (der zurzeit übrigens wieder Single ist). Es ist in unserer Generation weit verbreitet und hat schon die Ausmaße einer Epidemie angenommen.

Dann ist da noch Margo aus Minnesota. Margo hat nicht viel Mitgefühl mit Joel. Sie würde sagen: »Ich wünschte, ich hätte wenigstens die *Gelegenheit*, eine Beziehung in den Sand zu setzen.«

Ob du dich nun eher in Joel oder in Margo oder aber in keinen von beiden hineinversetzen kannst, ich bin sicher, du kennst die Gefühle von Katie, die sich eine Menge Gedanken über das Thema gemacht hat. »Eric, du musst verstehen«, sagte sie mit ihrer süßen, leisen Stimme, »ich möchte, dass mein Liebesleben *schön* ist!«

Katie spricht für eine ganze liebeshungrige Generation, die mit Kondomen und AIDS-Kampagnen groß geworden ist. Wir verstehen die biologischen Vorgänge, aber mit der »schönen Seite der Liebe« kennen wir uns nicht mehr aus.

Wenn wir ehrlich sind, haben sich die meisten von uns mit 16 damit abgefunden, dass die »schöne Seite der Liebe« etwas ist, das es nur in Hollywoodfilmen mit Tom Hanks und Meg Ryan gibt. »... und sie lebten glücklich bis an ihr Ende« – das ist was für Idealisten und Träumer, nicht für Realisten und kritische Denker.

Eines muss ich hier gleich mal klarstellen: Ich bin ganz bestimmt kein Romantikguru. Ich höre Leslie schon sagen: »Da hat er wirklich Recht!« (Obwohl ... manchmal ...!)

Ich bin ein Ergebnis derselben Kultur wie du. Ich bin mit Magnum aufgewachsen und habe mit Playmobil gespielt. Ich habe Levi's Shrink-to-Fits getragen und bin mit babyblauen Nikes herumgelaufen. Ich war in der Grundschule, als die Ölkrise ausbrach, im Gymnasium, als neues Öl entdeckt wurde, und machte mein Abi, als wir gerade den Irak bombardierten, damit es nicht wieder ausblieb.

Ich kenne die Welt, in der du lebst, weil auch ich darin lebe. Auch wenn ich keinen Doktor in Romantik habe, glaube ich, dass ich eine Botschaft für dich habe, die deine Vorstellung von Liebe komplett umwirft. Wenn du auch nur ein bisschen so bist wie der Rest unserer liebeshungrigen Generation, dann wirst du einen Vorgeschmack vom Himmel auf Erden entdecken, wenn du in diesem Buch von der schönen Seite der Liebe liest – die es *wirklich* gibt.

Wenn du die ganze Geschichte meines Liebeslebens kennen würdest, würdest du dich wahrscheinlich fragen, was ausgerechnet mich in die Lage versetzt, dir von dieser schönen Seite der Liebe zu erzählen. Ich frage mich das auch manchmal. Ich habe mich in Sachen Beziehungen eigentlich schon immer ziemlich ungeschickt angestellt. Als ich noch ein pickeliger, pubertierender 13-Jähriger war, habe ich mich gefragt, ob ich wohl jemals einem Mädchen gefallen würde.

Vielleicht hast du ja nie gebetet: »O Gott, zeig Gnade und bewahre die Welt vor meinem Gesicht«, aber allen, die es getan haben, sei gesagt: Ich kann euch gut verstehen ...

Ich erlebte eine schwere Zeit in meinem Leben als Pizzagesicht, als jede fürsorgliche Frau in meiner Umgebung mich zu einer Mahlzeit nötigte, weil ich ihr so »dürr« vorkam. Ich weiß noch, wie ich einmal Head'n'Shoulders ausprobierte, um die peinlichen Schneeflocken in meinen Haaren loszuwerden. Natürlich entdeckte mein kleiner Bruder Marky die Flasche, die ich zur Sicherheit unter meinem Bett versteckt hatte, und brachte mir mit nervtötender Frank-Sinatra-Stimme ein Ständchen von »White Christmas« ... im Oktober.

Sage keiner, ich wüsste nicht, wie es ist, hässlich zu sein! Ich weiß noch, wie ich einmal ein kostenloses Porträt in einem Fotostudio gewann, als ich gerade voll in der Pubertät war. Sie *gaben* mir Geld, damit ich das Bild mitnahm und es nicht aus Versehen in ihrem Ansichtsalbum endete!

Ja, ich weiß auch, wie es ist, einsam zu sein. Richtig einsam! Ich kenne nur zu gut die explosive Mischung aus Einsamkeit und sexuellem Verlangen, die dir das Gefühl gibt, als würde dein Herz wie ein Marshmallow über einem heißen Lagerfeuer zerfließen.

Ich weiß, wie es ist, wenn man sich jemanden zum Festhalten wünscht, jemanden zum Anlehnen, jemanden, der sich um einen kümmert – ihr wisst schon, auf romantische Art. Ich weiß, wie es ist, wenn man sich nach jemandem sehnt, mit dem man sein wildes Leben, seine leidenschaftliche Liebe und eine innige Umarmung teilen kann. Ich weiß, wie es ist, wenn man sich nach der »schönen Seite der Liebe« sehnt.

Wie ich schon sagte, die Herbstferien 1988 waren eine Katastrophe. Es gab auch nicht ein bisschen was Schönes! (Ich werde immer noch leicht unsicher, wenn in meiner Anwesenheit über Hunde mit Boxernase gesprochen wird.) Aber meine Hochzeit 1994 war absolut unglaublich! In dieser Spanne zwischen den Sommerferien 1988 und unseren Flitterwochen veränderte sich mein Verständnis von Liebe von Grund auf. Im

Laufe dieser Veränderung entdeckte ich, was unserer Generation in ihrer Vorstellung von Liebe und Romantik fehlt. Ich entdeckte die schöne Seite der Liebe. Und ich fand sie an einem ganz unerwarteten Ort!

Leidenschaft und Kirchenbänke

Als jemand, der in einer Gemeinde aufgewachsen ist, kam ich irgendwann zu der Überzeugung, dass alles, was ich begehrte, irgendwie schlecht für mein geistliches Wachstum sei. »DU SOLLST NICHT ...!«, tönte der Pastor von der Kanzel, während ich auf der unbequemen Kirchenbank saß und von sexy Suzie McFrougal bei *Hank's Burger-Bar* träumte. Für die längste Zeit meines Lebens dachte ich, dass Gott das größte Hindernis sei, das mich davon abhielt, Liebe und aufregende Affären zu erleben. Und ich hätte heftig widersprochen, wenn mir jemand gesagt hätte, ich sollte Gott eine größere Rolle in meinem Liebesleben geben. All die strengen »Du-sollst-Nicht's«, die er mir in seiner Fürsorge für mich auferlegt hatte, reichten mir schon, vielen Dank!

Erst als ich auf die folgende Geschichte aus der Odyssee stieß, hatte ich endlich ein wunderbares Bild für meine Qualen. Wenn auch du ohne Erfolg versucht hast, Leidenschaft und Kirchenbank unter einen Hut zu bringen, wirst du sicher etwas mit der Botschaft anfangen können, die sich hinter dieser griechischen Legende mit einem Schuss Ludy verbirgt.

Das schöne Lied winkt (frei nach Homers Odyssee)

Kapitän Odysseus machte eine gute Figur, wie er so auf dem Deck seines mächtigen Schiffes stand. Die Nachmittagssonne spiegelte sich auf dem Wasser, während er mit Anmut und

Würde auf dem Schiff umherschritt. Der Steuermann, der für keinen anderen Lohn als den der Anerkennung seines Kapitäns viel und schwer arbeitete, beobachtete jede seiner Bewegungen.

»Den Kurs halten!«, rief Odysseus. Seine kräftige Stimme erfüllte die salzige Luft.

»Ja, Kapitän«, rief der Steuermann zurück.

Nachdem er das Kommando gegeben hatte, richtete der Kapitän seinen stählernen Blick nach Steuerbord, wo gerade Land in Sicht kam. Weder die Schreie der Möwen über ihm noch der rhythmische Wellenschlag gegen das Schiff lenkten Odysseus' Aufmerksamkeit von dem ab, was vor ihm lag. Der Duft des Abenteuers lag in der Luft. Alles war nach Odysseus' Geschmack. In diesen besonderen Moment hinein gellte eine Stimme, die seine Aufmerksamkeit verlangte.

»Kapitän!«

Der edle Held wandte sich rasch um und fand einen besorgten Seemann vor sich, dessen Blick ängstlich flackerte und dessen Lippen zitterten.

»Kapitän!«, rief der Mann erneut. Sein Gesicht spiegelte eine unaussprechliche Furcht wider.

»Komme zu dir«, ermahnte ihn Odysseus ruhig. »Hol tief Luft, und erzähl mir, was los ist!«

Alle in Hörweite hatten ihre Arbeit unterbrochen und versammelten sich nun um die beiden, um den Ausgang dieses Gesprächs mitzubekommen.

»Äh ... wir ... ähm«, stotterte der Seemann, »also ... äh ... wisst Ihr, Herr ...«

Odysseus packte ihn am Kragen, zog ihn nah an sein Gesicht und sagte: »Los jetzt, Kamerad, wenn dir dein Leben lieb ist, sprich!«

Die Spannung stieg noch an, als der versteinerte Erste Maat plötzlich mit zitterndem Finger nach Norden zeigte. »Die Sirenen, Herr!«

Odysseus' Gesichtsmuskeln spannten sich an und ein lautes Stöhnen war auf dem Schiff zu hören. Die Sirenen lagen genau vor ihnen, bereit, ihren unwiderstehlichen, zauberhaften Gesang zu singen und die verzückten Seemänner mit ihrem Schiff in die Klippen zu locken. Der Gesang der Sirenen war so lieblich, so voller Reiz, dass kein lebender Mann ihnen widerstehen konnte. Odysseus musste handeln, und zwar schnell, solange sie noch bei klarem Kopf waren.

»Diese teuflischen Meerjungfrauen werden uns nicht kriegen!«, erklärte er seiner ängstlichen Mannschaft. »Ihr habt richtig gehört. Diese liebliche, lüsterne Melodie wird uns nicht bezirzen. Es wird heute keinen Schiffbruch geben, Kameraden!«

Aber selbst Odysseus spürte, wie ihn die Vernunft verließ, während er über den todbringenden Gesang nachdachte. Plötzlich packte ihn das unbändige Verlangen, wenigstens einen kurzen Teil der berühmten Melodie der Meerjungfrauen zu hören.

Vielleicht schaffen wir es doch, die Klippen zu umschiffen?

NEIN!, befahl er sich selbst. *NEIN! So geht es allen Kapitänen hier. Sie* denken *alle, sie könnten widerstehen, aber dann verlieren sie den Verstand und folgen dem süßen Gesang bis zum Tod in den zerklüfteten Klippen, während die Sirenen sie von oben verspotten. NEIN!*

Odysseus lief zum Bug des Schiffes, drehte sich um und rief so laut, dass die ganze Mannschaft ihn hören konnte:

»Wir sind bloß Männer und können dem Gesang der Meerjungfrauen nicht widerstehen, der uns süße Liebe verspricht. Die Sirenen haben jedes andere Schiff vor uns geködert, und jedes dieser Schiffe ist an den Klippen zerschellt, auf denen die Sirenen sitzen. Aber diesmal wird es anders sein, meine Freunde. *Wir* werden ihrer Versuchung nicht erliegen, denn wir werden es gar nicht erst so weit kommen lassen, dass wir in Versuchung geraten! Ich möchte, dass sich jeder etwas von diesem Bienenwachs nimmt und sich in die Ohren steckt, sodass er nichts hören kann. Und *mich* bindet ihr an den Mast!«

Die Matrosen schauten sich fragend an.

»Ihr habt mich verstanden!«, schrie Odysseus. »Bindet mich an den Mast! Macht die Knoten fest und beeilt euch!«

Die Sonne brannte unerbittlich auf die gehorsamen Seemänner, während sie über das Schiff eilten, um Odysseus' Befehle zu befolgen.

Sie schafften es gerade noch rechtzeitig, sich das Wachs in die Ohren zu stopfen und ihren Kapitän am Mast festzubinden, ehe auch schon der wunderschöne und todbringende Gesang der Sirenen die Luft um das Schiff zu erfüllen begann. Der Sirenengesang hieß das Schiff mit seiner ganzen Leidenschaft willkommen – wie ein warmes Feuer eine kalte Hand an einem Wintertag.

Doch der Mannschaft war dies gleichgültig – allen, außer Odysseus, der zwar an den Mast gebunden war, die Musik jedoch hören konnte, weil seine Ohren nicht mit Wachs verstopft waren. Die Leidenschaft ließ sein Blut kochen. »Macht mich los!«, schrie er wütend. »Bitte macht mich los! Ich befehle es euch ... Ich flehe euch an.«

Aber die Seemänner konnten ihn nicht hören, und er hatte ihnen verboten, von seinen Lippen zu lesen. Das Lied wurde immer lauter und schöner und Odysseus stöhnte vor bloßem körperlichem Verlangen. Dann fing er an zu schreien wie ein Verrückter und verlangte, dass das Schiff den Kurs wechsle und in Richtung der Quelle dieser lieblichen Musik gesteuert werde. Odysseus drohte seiner Mannschaft an, sie ins Meer zu schmeißen oder sie den Zyklopen zum Fraß vorzuwerfen, und noch manche andere Strafe. Doch das Schiff fuhr an den Sirenenfelsen vorbei und ließ den Gesang schließlich hinter sich.

Der erschöpfte Odysseus wurde losgebunden. Mit von der Anstrengung tiefrotem Gesicht fiel er kraftlos auf das Deck.

»Warum ...«, stöhnte er mit letzter Kraft, »warum führt alles, was ich in diesem Leben am meisten begehre, zu meiner Zerstörung? Warum muss man mich vor so etwas Schönem mit Gewalt zurückhalten? Heute ist der Mast mein Retter – er hat mich vor dem ungestümen Verlangen nach dem süßen, aber tödlichen Gesang der Sirenen bewahrt.«[1]

Scheuernde Seile?

Ich kann Odysseus' Schmerz gut verstehen! Als ich aufwuchs, wurde mir beigebracht, wie man sich »an den Mast bindet«, wenn man das Lied der Verführung mit voller Lautstärke hört. Ich habe mir all die Untergangspredigten über die »Klippen des Todes« angehört. Ich besaß alle Ratgeber zum Thema »Scheuernde Seile«. Eines trug sogar den Titel »Sicheres Navigieren. Wie man nie in Hör- oder Sichtweite einer Sirene kommt«.

Und ich habe im Lauf meiner unglaublich langen Pubertät auch einige Male den Verstand verloren. Ich war so eine Art Houdini – ich hatte einen Trick gefunden, mit dem ich mich vom Mast losmachen konnte, ohne dass es jemand von der Nationalgarde gemerkt hätte. Aber ich war nicht nur ein Meister im Entdecken loser Schlingen, durch die ich entwischen konnte, ich konnte mit dem Ruder umgehen wie ein Zweijähriger mit einem 30-Tonner. Ich war ein Profi, wenn es darum ging, ein Schiff dauerhaft zu beschädigen.

Wie die meisten Jungs verbrachte ich einen Großteil meiner Jugend in der Jungen-Umkleidekabine. Da dort nur ein einziges Thema vorherrscht, ist es eigentlich ein sehr lehrreicher Ort. In zwei Minuten neben Donny Luceros Spind habe ich weit mehr über meine Sexualität gelernt als in den zwei Stunden, in denen mich mein Vater bei einer Fahrt in unserem bananengelben VW-Bus »aufklärte«.

In mir hatte ich dieses rasende Verlangen nach einer weiblichen Gefährtin, die ich lieben konnte und die mich liebte und mit der ich intim werden konnte. Der Unterschied zwischen dem Rat, den mir Donny Lucero gab, und dem, den ich in der Gemeinde bekam, war wirklich gewaltig. Ich wette zehn Dollar darauf, dass ihr richtig ratet, auf wen ich lieber gehört habe.

Ich wollte *alles* erleben, wovon Donny mir erzählt hatte. Ich wollte es verstehen, und zwar *nicht* nur in der Theorie. Das Problem bei der Sache: Sobald ich in die Gemeinde ging und auf der Kirchenbank saß, hörte ich immer nur dasselbe: »DU SOLLST NICHT ...!« Irgendwann jedoch verpuffen all diese »Du-sollst-Nicht's« bei einem hormongesteuerten jungen Mann, der an nichts anderes denkt als daran, wo es lose Schlingen im Seil gibt, damit er sich von diesem befreien und sein Schiff wie zufällig so nahe an die Klippen steuern kann, wie es nur geht.

Wenn du auch nur ein bisschen so bist, wie ich es damals war, dann gehst du mit 20 im offenen Meer unter, weil du mehr Wasser *im* Schiff hast als *außerhalb*. Du bist völlig fertig von dem ganzen Frust, hast überall wunde Stellen von dem Seil und die Vorträge deines ganz persönlichen Donny Luceros kommen dir langsam zu den Ohren raus. Wenn dann das nächste Mal einer mit seinem »Du sollst nicht« kommt, dann *solltest* du ihm vielleicht einfach was auf die Zwölf geben (natürlich nur bildlich gesprochen!).

Wir sind uns alle einig, dass scheuernde Seile übel sind, aber gibt es denn einen anderen Weg, dem Crash auf den Klippen zu entgehen? Zum Glück ist die Geschichte hier noch nicht zu Ende. In der griechischen Legende kommt noch ein anderes Schiff an den Sirenen vorbei. Und der Kapitän dieses Schiffes reagierte auf den Gesang ganz anders als Odysseus.

Das schönere Lied

Nicht weit hinter Odysseus' Schiff fuhr ein anderer großer Kahn. Auch dessen Besatzung erkannte die Gefahr durch die Sirenen und die Klippen, auf denen sie saßen.

»Kapitän Orpheus!«, rief der Erste Maat begeistert. »Der schöne Gesang der Sirenen liegt genau vor uns!«

Nach dieser Ankündigung freute sich die Mannschaft und der große Orpheus lächelte. Auf dem ganzen Schiff erklangen die aufgeregten Stimmen der Matrosen. Der Teil der Reise, auf den sie schon die ganze Zeit gewartet hatten, stand nun kurz bevor. Einige hatten sogar nur deshalb auf dem Schiff angeheuert, weil sie die Musik hören wollten. Mit wissendem Lächeln holte der unerschrockene Kapitän einen wundervoll verzierten Koffer aus seiner Kajüte. Während die daneben stehenden Seemänner den Atem anhielten, holte der berühmte Orpheus sein unbezahlbares Instrument hervor. Dann erhob er es mit königlicher Anmut hoch über seinen Kopf und die Mannschaft brach in einen Siegesjubel aus.

»Spielt, Kapitän!«, rief der Steuermann.

»Kommt, großer Kapitän Orpheus, spielt!«, schrie der Erste Maat.

Die Blicke aller Seemänner hingen an ihrem Helden. Kapitän Orpheus stellte sich in Position und begann sein meisterhaftes Spiel. Es war die vollkommenste Musik, die je ein Mensch gehört hatte. Die ganze Mannschaft verlor sich in der Schönheit dieses Liedes.

Schon bald war die Küste der Sirenen außer Sicht, und der Maestro beendete das Lied, das er selbst komponiert hatte. Nicht ein einziger Mann auf dem Schiff war von der Melodie der Sirenen versucht worden. Sie hatten sie nicht einmal bemerkt. Auch wenn die Musik der Sirenen süß und voller Reize war, so hatte der unübertreffliche Orpheus für seine Mannschaft doch ein schöneres Lied gespielt.[2]

Eine andere Melodie

Für diejenigen von uns, die jahrelang an den Mast gebunden waren, und auch für die, die den Reizen nicht mehr widerstehen konnten und zwischen den Klippen zerschellt sind, wird es Zeit, die Segel zu einer anderen Melodie zu setzen.

In unserer liebeshungrigen Generation können wir nur schwer glauben, dass es die »schöne Seite der Liebe« wirklich gibt. Aber in Wahrheit ist auch Hollywood nur ein müder Abklatsch der Liebe, die in Gottes Herz und Gedanken real und lebendig ist. Das ist das »schönere Lied«. Und wenn du dieses schönere Lied hörst, wirst auch du feststellen, dass es tausendmal großartiger ist als deine wildesten Träume.

Gott hat uns mit der Sehnsucht nach einem Gefährten geschaffen. Er hat uns so angelegt, dass wir uns nach Intimität sehnen – in geistlicher, emotionaler und, ja, *sogar* in körperlicher Hinsicht. Er hat uns nicht so geschaffen, weil er uns foltern will, sondern weil es die vollkommenste Gabe ist, die er uns überhaupt geben kann. So wie ein Liebender seine Bewunderung für seine Braut auszudrücken wünscht, indem er ihr eine wunderschöne Rose schenkt, so hat er, der uns liebt wie kein anderer, uns mit dieser köstlichen und wunderbaren Fähigkeit ausgestattet, Liebe und Leidenschaft zu geben und zu empfangen. Wenn wir diese Wahrheit erst einmal erkannt haben, dann werden wir auch entdecken, dass der Erfinder der Romantik uns auch lehren will, wie wir diese in ihrer ganzen Fülle erschließen können.

Ihr alle also, die ihr auch zu dieser Generation gehört, ihr, die ihr von etwas Ewig-Süßem träumt und keine Lust mehr auf scheuernde Seile habt – Gott wartet nur darauf, dass ihr auf sein Schiff kommt, damit er nur für euch das »schönere Lied« spielen kann.

Jetzt noch was Praktisches

Mach es dir in einem gut gepolsterten Sessel gemütlich und schlage deine gute alte Bibel auf. Lies einmal das »Hohelied Salomos«. Wenn du dieses Buch mit dem Vorsatz liest, mehr vom Wesen deines Gottes im Himmel zu erfahren, dann wird dir ohne Zweifel klar werden, dass er der totale Romantiker ist.

Wer steuert dein Liebesschiff?

Wie man die Grundlagen für eine von Gott verfasste Liebesgeschichte schafft

Stell dir vor, du baust ein Haus. Wenn du nicht ganz blöd bist, wirst du es bestimmt *nicht* auf Sand bauen wollen. Jeder weise und vernünftige Bauherr würde erst einmal ein Loch graben und ein Fundament gießen. Jesus selbst verdeutlicht das in seinem Gleichnis vom »klugen« und vom »törichten« Mann (Matthäus 7,24-27). Denn wenn ein Haus Stürme überdauern soll - seien es nun geistliche oder physische -, muss es ein Fundament haben. Nichts anderes gilt für ein Liebesleben!

Wir wollen zusammen eine kleine Reise ins Land der Fundamente machen. Dort ist es nicht sehr romantisch (das ist Beton ja nie), aber es ist sehr wichtig. Wenn du die nächsten Seiten zu lesen anfängst, fragst du dich vielleicht sogar: *Was um alles in der Welt hat das mit meinem Liebesleben zu tun?*

Nun, halte einfach eine Weile durch, und du wirst feststellen, dass es ganz entscheidend mit deinem Liebesleben zu tun hat. Um genau zu sein, *ist* das dein Liebesleben (aber das erklären wir später). Es ist die Grundlage für jeden Erfolg in Beziehungen. Um zu lernen, wie du dich einem Angehörigen des anderen Geschlechts gegenüber verhältst, musst du erst einmal lernen, wie du dem *Schöpfer* des anderen Geschlechts gegenübertrittst.

Lass diese Worte in Ruhe auf dein Herz und deinen Verstand einwirken, denn wenn dir hier etwas entgeht, entgeht dir der geheime Schlüssel zum »schöneren Lied«. Und dann bleibt die »schöne Seite der Liebe«, nach der du dich sehnst, für immer ein Märchen – irgendwo außerhalb der Realität und außerhalb deiner Reichweite.

Wie eine schönere Liebesgeschichte anfängt

Eine großartige Geschichte aus der Frühzeit des Christentums handelt vom Apostel Andreas, einem der zwölf Jünger Jesu. Andreas wurde dem Statthalter Ägeas vorgeführt, weil er unaufhörlich die Botschaft Jesu predigte. Der Statthalter drohte ihm: »Wenn du nicht damit aufhörst, von Jesus und diesem Kreuz zu predigen, dann werde ich dich auch auf einem kreuzigen!«[1] Ich weiß nicht, wie es mit dir steht, aber ich wäre in diesem Moment wohl sehr versucht gewesen, gleich zu sagen: »Kein Problem! Sie wollen, dass ich den Mund halte? Bitte, ich kann schweigen! Vergessen wir die Sache mit dem Kreuzelein doch einfach ganz schnell wieder ...«

Andreas dagegen hatte keine Angst und antwortete schlicht: »Ich hätte nicht von der Herrlichkeit des Kreuzes Jesu gepredigt, wenn ich nicht auch bereit wäre, an ihm zu sterben!«

Andreas wurde sofort hinausgeführt und gekreuzigt. Ohne Erbarmen wurde er an zwei splittrige Bretter gebunden und aufgestellt, um einen langsamen, schmerzvollen Tod zu sterben. Drei Tage lang hing er so da. Er muss unvorstellbare Schmerzen erlitten haben. Doch die ganze Zeit über predigte er die triumphierende Botschaft von Jesus und seinem Kreuz, bis er schließlich heimgerufen wurde zu dem Einen, den er mehr als sein eigenes Leben liebte.

Ich weiß nicht, wie es dir ergangen ist, aber ich habe in meiner Kindheit und Jugend *so etwas* noch nicht gesehen! Ich meine diese Art von Liebe zu Christus, diese Art von Leidenschaft, ihm zu folgen, diese Art, das eigene Leben loszulassen! Ich war nun schon seit fast zwei Jahrzehnten Christ und langsam setzten sich einige ernste Zweifel an der Glaubwürdigkeit solcher legendären Glaubenszeugnisse in meinem Kopf fest.

Wenn es wirklich so *ist, Christus nachzufolgen, wieso habe ich dann noch niemanden gesehen, der so lebt?,* fragte ich mich.

Ich hatte immer einfach alles hingenommen, was ich in der Sonntagsschule gehört hatte. Wenn Mrs Puddlemeister, unsere angesehene Sonntagsschullehrerin, es behauptete ... Sollte *sie* sich etwa irren? Aber aus irgendeinem Grund hörte ich auf einmal auf, einfach alles nur hinzunehmen. Vielleicht lag es daran, dass meine Lehrer in der Schule mir ständig erzählten, es gäbe keinen Gott. Vielleicht lag es an dem doch sehr biegsamen moralischen Rückgrat, das viele Menschen in meinem Umfeld, die sich als Christen bezeichneten, unter Beweis stellten. Vielleicht lag es auch einfach daran, dass ich an den Punkt in meinem Leben gekommen war, an dem es nicht mehr ausreichte, etwas einfach nur hinzunehmen, was ich nicht selbst wusste und am eigenen Leib erfahren hatte.

Was auch immer es war, es führte dazu, dass sich in meinem Kopf eine kleine zynische Maus einrichtete. Und dieser ärgerliche kleine Nager steckte nun überall seine Nase rein und knabberte meinen unschuldigen Kinderglauben an. Auch wenn meine Eltern und Mrs Puddlemeister mich gut unterwiesen hatten - ich fing an, daran zu zweifeln, dass es eine solche außergewöhnliche Liebe zu Jesus gab, daran, dass Jesus wirklich jemand war, für den Menschen ihr Leben geben würden.

Diese kleine zynische Maus ist sehr typisch für unsere Generation. Zu großen Teilen hat sie bereits unsere Vorstellung davon, wer Gott ist und was er in unserem Leben sein will, angeknabbert. Aber schließlich wurde mir klar, dass Gott wirklich *real* ist, ob ich nun an ihn glaube oder nicht. Und an dem Tag, als ich das verstand, fand sich meine kleine Maus in einer riesigen Rattenfalle wieder ...

Der alte Rumäne

Mein jüngerer Bruder Marky hatte ein Video, das er mir wie folgt beschrieb: »Eric, das ist das Unglaublichste, was du *jemals* sehen oder hören wirst!« Wenn ihr meinen Bruder kennen würdet, könntet ihr verstehen, warum ich zuerst nur die Augen rollte. Marky ist auch bekannt als der Große Übertreiber. Und diesen Namen hat er sich nicht nur mit einigen kleineren Ausschmückungen der Wahrheit verdient. Wenn Marky etwas übertreibt, dann richtig. Wir reden hier von dem Typen, der nach dem Verzehr eines Gourmet-Pilzes »gestorben ist und neben Petrus im Himmel die Harfe gespielt hat«. Wir reden von dem Typen, der gesagt hat: »Ich bin in meinen 23 Jahren auf diesem Planeten emotional noch nie so berührt worden«, nachdem er den Film *Ein Schweinchen namens Babe* gesehen hatte.

Der Große Übertreiber fuchtelte mir nun also mit einem billig aussehenden Video vor der Nase herum und versicherte mir, das sei das Unglaublichste, was ich *jemals* zu sehen oder zu hören bekäme. Auch wenn es mir schwer fällt zuzugeben, dass der Große Übertreiber in diesem Fall wirklich einmal Recht gehabt hatte, aber was ich sah, als er den Videorekorder anschmiss, war wirklich unglaublich!

Auf dem verschwommenen 33-cm-Bildschirm erschien das verrunzelte Gesicht eines matten, alten Mannes. Ich werde nie vergessen, wie er mit zitternder Stimme seinen kurzen Vortrag begann. Sein Körper sah müde und verbraucht aus, aber seine Augen strahlten ein Feuer und eine Sanftheit aus, wie ich sie noch nie gesehen hatte.

Auch wenn meine Rolle als älterer Bruder eigentlich vorsah, dass ich angesichts der Begeisterung meines Bruders gleichgültig blieb, zog das Video auch mich in seinen Bann. Ich hing förmlich an den Lippen dieses runzligen Mannes, als würde er mir die Geheimnisse des Universums entschlüsseln können. Und in gewissem Sinne tat er das auch!

Noch nie zuvor hatte ich etwas gesehen, was so sehr meinen

Respekt verdiente. Meine Ohren hatten noch nie etwas so Schönes und Zärtliches gehört, und in meinem Herzen hatte noch nie so ein Verlangen gebrannt, Jesus besser kennen zu lernen.

»Mein wunderbarer Jesus!«, sagte er und richtete den Blick gen Himmel.

Ich rechnete fast damit, dass Gott ihn auf der Stelle heimholen würde. Wie konnte er, der gute Hirte, jemanden, der ihn so sehr liebte, nicht aufs Innigste in die Arme schließen? Dieser alte, verschrumpelte Heilige war, wenn er mit Gott sprach, wie ein Kind. Er war anders als all die Prediger, die ich auf der Kanzel gesehen hatte, und die dynamischen Redner, die ich aus dem Radio kannte. Seine Worte durchdrangen mein Herz. Er war seltsam sanft und, wenn ich das sagen darf, sogar schön. Seine Präsenz schien sich, während er redete, nach mir auszustrecken, als wollte er mich umarmen.

Ich merkte, wie meine harten, männlichen Augen sich mit Tränen füllten, als er stockend von seiner größten Liebe erzählte. Er sagte Dinge, die ich schon vorher gehört hatte, aber die Ernsthaftigkeit und die Sanftmut, mit der er sie ausdrückte, rührten meine Seele an. Er sprach von seinem Leben in Rumänien unter der kommunistischen Diktatur, von seiner völligen Hingabe an Jesus, von seiner Weigerung, seinen Glauben aufzugeben, von seiner 14-jährigen Haft und der schrecklichen Folter, die er währenddessen erlitten hatte.

Ich weiß noch, wie ich mich nach dem sehnte, was er hatte. Ich wusste, dass ich *nicht* ins Gefängnis gehen und gefoltert werden wollte, aber ich wollte den funkelnden Schatz dieses Mannes haben, der aus seinem Inneren heraus leuchtete. Er besaß etwas, von dem ich, um ehrlich zu sein, nicht einmal gewusst hatte, dass es existierte. Er war in der Lage, ein Leben, das ich als Hölle auf Erden bezeichnet hätte, als den süßesten Segen zu sehen. Er sprach von seinen Folterern als von denen, »die er zu lieben gelernt hatte«. Ich hatte keinen Zweifel, dass seine Ausstrahlung von einem Schatz herrührte, den er durch furchtbare Leiden erworben hatte.

Nachdem er zum Ende gekommen und der Bildschirm wieder schwarz geworden war, saßen wir alle schweigend da, als ob Reden bedeutungslos wäre. Nach ein paar Minuten drehte sich Marky zu mir um und lächelte mich an, als wollte er mir sagen: »Was hab ich dir gesagt?« Ich flüsterte das einzige Wort, das mir in den Sinn kam: »Wow!«

Danach ging mir dieser Mann nicht mehr aus dem Sinn. Ich sehnte mich nach dem, was er hatte – mehr als ich mich bis zu diesem Zeitpunkt jemals nach etwas gesehnt hatte. Dieser Mann liebte den Schöpfer des Universums auf die gleiche Art wie der Apostel Andreas, der so bereitwillig sein Leben für ihn gegeben hatte. Das war real, zum Anfassen, es war *heute* lebendig und nicht nur eine Seite in einem Geschichtsbuch.

Ich war Zeuge von unbezähmbarer Freude, unauslöschlicher Liebe und überirdischem Frieden geworden. Aber ich verstand, dass es dafür einen Preis zu zahlen galt.

Dieser alte Mann sang das »schönere Lied«! Es war fast so, als ob er mir die Noten reichte. Ich wollte dieses Lied so sehr, ich wollte es in meinem Herzen und in meinem Leben spielen. Ich war mir nur nicht so sicher, ob ich den nötigen Preis dafür zahlen wollte.

Dieser alter Rumäne war bereit, alles aufzugeben – sogar sein Leben –, um nur einige wunderbare Töne des »schöneren Liedes« zu hören. Was war *ich* bereit aufzugeben?

Ich war 19, als mein Schiff frontal mit Gottes Schiff zusammenstieß. Und falls du es noch nicht weißt: Wenn du mit dem lebendigen Gott zusammenstößt, wird bei dieser Begegnung kein Quadratzentimeter deines Lebensschiffes auf dem anderen bleiben.

Christsein auf dem Prüfstand

Ich sah diesen Zusammenstoß nicht einmal kommen. Ich dachte, dass eigentlich alles ziemlich gut lief. Ich hatte gute

Noten, gute Tischmanieren ... Ich achtete sogar auf meine Körperpflege! Was will man mehr?

Na gut, ich gebe zu, dass ich ein gewisses Problem mit meiner Einstellung hatte ...

Als ich 15 war, brachte mir mein bester Freund Blake »den lässigen« Gang bei. »Nein, nein!«, erklärte mir Blake. »Das Kinn etwas nach oben, mit dem Auge ein Zwinkern andeuten und dann den Mund verziehen wie beim Kaugummi kauen. Und jetzt alles *gleichzeitig*, nicht hintereinander!«

Ich lernte es nicht von einem Tag auf den anderen, aber im Alter von 19 hatte ich eine Wissenschaft aus der Coolness gemacht.

»Mein Name ist Ludy«, dröhnte ich immer, wenn ich mich jemandem vorstellte, in der tiefsten Tonlage, die ich überhaupt hinbekam, »Eric Ludy.« Ich stellte mir damals die James-Bond-Melodie als beständige Hintergrundmusik meines Lebens vor.

Wenn man mich heute sieht, kann man sich das nur schwer vorstellen, aber ich war mal cool. *Richtig* cool!

Selbstverständlich, ich war Christ, nur gehörte es zu meiner Auffassung vom Christsein, dass niemand davon wissen durfte. Ich hatte sogar eine ganz gute Moral. Ich trank nicht (nur hier und da ein Schlückchen), ich rauchte nicht, ich fluchte nicht und ich war sogar noch (ähäm) Jungfrau! Als ich 19 war, hätte ich die Sache von meinem Jungfrauendasein nie im Leben irgendjemanden erzählt. Ihr solltet euch also geehrt fühlen! Aber mal ehrlich: Ein Mann zu sein, der schwitzen und grunzen konnte und niemanden nach dem Weg zu fragen brauchte, aber noch keine Frau erobert hatte ... das war in unserer Gesellschaft kein Zeichen von Männlichkeit, sondern vielmehr eins für ein Luschendasein!

Jesus Christus war für mich nicht mehr als eine Feuerversicherung. Als ich fünf war, hatte ich herausgefunden, was zu tun war, damit ich nicht in der Hölle endete. Wie die meisten Leute, die ich kenne, wollte ich *dort* bestimmt nicht enden!

»Du musst *glauben*, Eric«, hatte mir jeder Christ in meinem Leben erzählt. »*Glaube*, dass Christus am Kreuz den Preis für deine Sünden bezahlt hat. Eric, er litt und starb an deiner Stelle.«

Und so verkündete Klein-Eric, in seinem orangefarbenen Winnie-Pooh-Lieblingsschlafanzug und mit Nutella verschmiertem Mund, dass er *blaubte*.

Ich *glaubte*! Ich glaubte, dass vor 2000 Jahren dieser Typ namens Jesus an ein Kreuz genagelt worden war, dass er alle meine Sünden auf sich genommen hatte und dass ich nun sicher wissen konnte, dass ich nicht in der Hölle enden würde. Ich glaubte es, okay?

Aber wenn das alles war, was einen Christen ausmachte, warum war ich dann nicht anders als jeder andere, der eine gute Moral, gute Noten und Tischmanieren hatte und angemessene Körperpflege betrieb?

Ihr werdet es herausfinden, wenn ihr auch einen Zusammenstoß mit Gottes Schiff habt. Mir war nie klar gewesen, dass Christsein mehr bedeutet, als nur zu glauben. Es gab da etwas von ansteckender Schönheit, das ich nie gekannt hatte. Ich stand kurz davor, das »schönere Lied« zu entdecken.

Dieses verrückte Buch!

Als Gottes Schiff in meins krachte, las ich gerade ein Buch. Meine Schwester Krissy hatte es mir zu Weihnachten geschenkt.

»Ein Buch?«, war meine erstaunte Reaktion gewesen. »Es ist ein *Buch*?«

Das waren jedenfalls die Worte, die meine Familie zu hören bekam. In meinem Inneren klang es allerdings so: *Ein blödes Buch? Ein stinkendes Buch?*

Meine Schwester war berühmt für ihre tollen Geschenke. Mit elf hatte ich einen Softball von ihr bekommen, mit 16 ein

Muscle-Shirt und etwas Kraftnahrung. Einige meiner Lieblingsgeschenke stammten von ihr. Und jetzt das? Ein dummes Buch?

»Ich denke, es wird dir gefallen!«, war alles, was sie dazu sagte.

Dieses »stinkende« Buch verfolgte mich mehr als einen Monat. Von seinem Platz im Bücherregal aus schrie es mich an: »Lies mich! Bist du Analphabet oder was?«

Ich werde den Moment nie bereuen, als ich schließlich *Kompromisslos – Keith Green* (Hänssler, 1991) aufschlug und anfing zu lesen. Mein Leben ist seitdem nicht mehr dasselbe. Das Buch handelt von einem Mann auf der Suche nach Wahrheit. Er suchte sie überall – in östlichen Religionen, verschiedenen Kulten und schließlich im biblischen Christentum. Und dort fand er sie. Er fand sie in Jesus Christus.

Ich weiß noch, wie ich dachte: »Na ja, *ich* kenne Jesus Christus!«

Aber nicht so wie dieser Typ! Er erkannte, dass Jesus *alles* für ihn gegeben hatte und dass das Mindeste, was er tun konnte, darin bestand, Jesus *alles* zurückzugeben.

Ich hatte Jesus noch nie im Leben auch nur irgendwas gegeben. Der Schöpfer des Universums gab sein Leben für mich hin, und ich machte mir nicht ein einziges Mal Gedanken darüber, wie meine Reaktion angesichts des eindruckvollsten Opfers der Weltgeschichte ausfallen sollte.

An diesem Abend sank ich auf die Knie und weinte. Und ich sagte meinem Schöpfer, dem Liebhaber meiner Seele, dass er uneingeschränkten Zugriff auf das Leben von Eric Winston Ludy haben sollte.

In gewissem Sinn kam er auf mein Schiff. Auf diesem Schiff war bisher immer *ich* der Kapitän gewesen und nun gab es ein kleines Egoproblem. *Ich* hatte immer die Anweisungen gegeben, *ich* hatte den Kurs bestimmt und entschieden, wann das Deck geschrubbt werden sollte und mit welchem Putzmittel. Ich meine, das Schiff trug *meinen* Namen am Bug! Das war immer *mein* Schiff gewesen!

Nun bezog er auf seine ganz eigene, sanfte Art die Kapitänskajüte.

Ich erinnere mich, wie ich ihm etwas in der Art sagte wie: »Okay, mach's dir gemütlich. Leg einen neuen Teppich, such dir neue Tapeten aus, mach hier einfach, was du willst. Wenn du mich suchst, ich bin auf dem Unterdeck in *meinen* Kabinen.«

Für die, die es noch nicht wissen: Einfach ausgedrückt, bedeutet Christsein: Ich ziehe aus, Gott zieht ein. Oder man könnte es auch auf die Weise sehen, auf die Gott es mir deutlich gemacht hat: *Eric, vertraust du mir jetzt wirklich das Ruder an? Wenn ich der Kapitän bin, müssen wir hier einiges ändern. Und, Eric, es geht um mehr als nur um die Kapitänskajüte.*

Mein Ludy-Stolz

Poch, poch!

Er klopfte an! Ich war gerade erst nach unten auf das Unterdeck gestürmt, wo meine Kabinen waren, und hatte die Türen abgeschlossen. Mir war nicht so ganz klar, was er mit »es geht um mehr als nur um die Kapitänskajüte« meinte.

Ich musste erst verstehen, dass Jesus Christus nicht nur das Ruder und eine Kajüte will, wenn er ein Leben übernimmt; er will (schluck) das *ganze Schiff!*

Poch, poch!

Er klopfte immer noch. Die erste Kabine, auf die er aus war, ging ihn meiner Meinung nach gar nichts an.

Poch, poch!

Während er weiterklopfte, fragte ich mich, warum Gott an einer so chaotischen und muffigen Kabine interessiert sein sollte. Draußen an der Tür hing ein Schild, auf dem stand: »Ludy-Stolz«. In dieser Kabine befand sich mein cooler Gang, meine tiefe Bassstimme, meine ganze »coole« Einstellung und sogar meine Gelfrisur.

Wenn Gott diese Kabine übernehmen sollte, stand mir wieder ein Luschendasein bevor. Wenn er mir alle Insignien meiner »Coolness« nähme, bliebe von mir nur noch übrig ... wer ich *wirklich* war! Und das war ein erschreckender Gedanke!

Ich weiß noch, wie ich mit ihm stritt: »Gott! Wenn du in diese Kabine kommst, stehe ich am Ende wie ein Idiot da!«

Plötzlich kam mir eine geniale Idee!

»Gott! Stell dir vor, jemand hält mich für einen Idioten – jemand, der weiß, dass ich auch Christ bin. Du willst doch nicht, dass das passiert! Das könnte dich in Verruf bringen!«

Ist euch schon mal aufgefallen, dass Gott *nie* einen Streit verliert?

Auf seine sanfte Art erklärte mir Gott, dass, wenn ihm sein Ruf wirklich so wichtig wäre, er sich von vornherein gar nicht mit jemandem wie *mir* abgegeben hätte. Und wenn es ihm um Popularität ginge, hätte er sich auch nicht nackt zwischen zwei Dieben an ein Kreuz hängen lassen.

Eric, sagte er mir, *deine Schwäche ist der Boden, in dem meine Kraft und Stärke in deinem Leben zur Blüte kommen sollen* (vgl. 2. Korinther 12,9).

Es klopft weiter

Poch, poch!

Es hatte den Anschein, als würde er, kaum dass ich eine Tür geöffnet hatte, gleich an die nächste klopfen.

Poch, poch!

»Gott! Ich weiß, dass du da draußen bist«, rief ich hinter meiner sicherheitsverriegelten Tür Nr. 2, »aber ich habe dir doch gerade erst meinen Ludy-Stolz gegeben. Kannst du nicht mal an die Tür von jemand anders klopfen?«

Poch, poch!

Kabine Nr. 2 war in orange und blau gestrichen, den Farben der *Broncos*. An der Wand hing ein lebensgroßes Poster von

John Elway, dem legendären Quarterback. In diese Kabine kam ich zum Chipsessen und Schreien. An der Tür zu dieser Kabine hing ein Schild, auf dem stand: »Vorsicht: Tollwütiger Bronco-Fanatiker!« Aus irgendeinem Grund wollte Gott hinein!

Poch, poch!

Ich träumte gewöhnlich in orange und blau. Ich lebte für die *Denver Broncos*. Und mehr als nur ein paar Mal bin ich in den letzten 20 Jahren auch für sie gestorben (ihr müsstet die Football-Statistiken sehen!).

Eric, sagte Gott, *wenn du dein Vertrauen auf Menschen setzt, wirst du enttäuscht werden. Aber wenn du dein ganzes Vertrauen auf mich setzt, werde ich dich NIEMALS enttäuschen!*

Oder wie meine Mutter es einmal ausgedrückt hat: »Eric, Liebling, wenn du so laut für die *Denver Broncos* jubelst, denkst du dann nicht, Schatz, dass du für Jesus noch lauter jubeln solltest?«

Dieser Spruch passte mir gar nicht, als ich 16 war und wie bescheuert laut jubelnd meinen Lieblingsspieler feierte. Aber etwas änderte sich in meinem Inneren, und zum ersten Mal erkannte ich, dass Jesus meinen Jubel mehr verdiente als dieser Spieler und dass ihm der erste Platz in meinem Herzen gebührte.

Nicht diese Kabine!

Poch, poch!

»Auf keinen Fall!«, schrie ich hinter Tür Nr. 3 und installierte noch ein zusätzliches Sicherheitsschloss. »Gott, ich habe dir gerade meinen Stolz und die *Broncos* gegeben. Aber an *dieser* Tür hier hast du wirklich nichts verloren!«

Poch, poch!

»Gott! Du kannst alles andere haben, aber bitte lass mir diese Kabine«, flehte ich.

Poch, poch!

An der Tür dieser Kabine hing ein Schild, auf dem stand: »Beziehungen zum anderen Geschlecht«.

Wenn es im Leben eine Sache gibt, von der Gott unserer Meinung nach keine Ahnung hat, dann ist es die Romantik. Und ich hatte wirklich keine Lust, mich zum Idioten zu machen und Gott mein Liebesleben anzuvertrauen, nur um irgendwann als eine Art Robinson Crusoe mit langem weißem Bart zu enden, der auf der verlassenen Insel des Singledaseins gestrandet ist. Nicht mit mir! Und ich war mir sicher: Wenn Gott *nicht* wollte, dass ich ein Singledasein führte, dann nur, weil er noch etwas *viel Schlimmeres* vorhatte: mir für immer jemanden an die Seite zu stellen, und zwar ... DAS BIEST!

Ich war immerhin nicht nur einmal in einem Gottesdienst gewesen, und ich wusste, es gab da ein paar wirklich seltsam aussehende Zeitgenossen auf den Kirchenbänken. Und wenn Gott die liebte, dann würde er mich vielleicht berufen, *auch* eine von denen zu lieben!

Poch, poch!

Ich weiß, was ihr jetzt denkt: *ERIC, LASS IHN AUF KEINEN FALL REIN!*, denn ihr wisst, wenn ich ihn reingelassen habe, dann könntet ihr euch verpflichtet fühlen, darüber nachzudenken, ihn auch in diese Kabine in *eurem* Leben zu lassen.

Um ehrlich zu sein: Mit dieser Kabine hatte ich wirklich zu kämpfen. Auch mit dem »Ludy-Stolz« und meiner geliebten »Bronco-Fanatiker«-Kammer hatte ich Mühe, aber das hier war was anderes. Diese Kabine war nicht nur ein Teil meines Lebens, es *war* mein Leben. Wenn man mir diese Kabine nahm, würde nicht mehr viel von Eric Ludy übrig bleiben.

Wochen vergingen ohne ein weiteres *Pochen* an meiner Tür. Ich weiß noch, wie ich mich immer wieder fragte: *Warum kannst du ihm nicht vertrauen, Eric?* Schließlich kam ich zu der Erkenntnis, dass mein Mangel an Vertrauen daher kam, dass ich ihn nicht wirklich kannte.

Wenn ich nur einen kurzen Blick in das Vaterherz Gottes hätte werfen können – wirklich nur einen kurzen Blick –, dann hätte ich gesehen, wie sehr er sich an mir freut, wie sehr er mich schätzt und liebt! Wenn ich verstanden hätte, wie wichtig ihm mein Wohlergehen ist, dann hätte ich ihm die Tür weit geöffnet.

Ich mühte mich damit ab, ihm zu vertrauen, weil ich sein Wesen und seinen Charakter nicht wirklich kannte. Er hat mich geschaffen, er kennt mich besser als ich mich selbst. Warum sollte ich ihm nicht sagen: »Nicht nur diese Kabine, Herr, ich will, dass du auch in meine anderen zehn Kabinen den Flur runterkommst«?

Wenn du dich nach mehr als dem üblichen Ex-und-Hopp-Beziehungskreislauf sehnst, nach etwas Schönem und Bedeutungsvollem in deinem Leben, dann will ich es dir noch einmal in aller Deutlichkeit sagen: Du musst die Position des Kapitäns in deinem Leben aufgeben und ihm vertrauen. Du musst das Geringe loslassen, an das du dich jetzt klammerst, um etwas unvergleichlich Größeres zu gewinnen. Du musst die Hand vom Ruder nehmen und ihm erlauben, dich zu leiten.

Nach vielen Wochen schloss ich die Tür endlich auf. Es war das Riskanteste, was ich je in meinem Leben getan habe. Ich weiß noch, wie ich Gott auf dem Boden kniend und mit Tränen in den Augen sagte: »Ich vertraue darauf, dass du weißt, was du da tust!«

Dann schloss ich einen Pakt mit meinem Kapitän:

»Ich möchte, dass du in diesem Bereich meines Lebens tust, was immer du willst!«, sagte ich. Ich musste einmal schwer schlucken, dann fuhr ich fort: »Gott, ich bin bereit, als Single zu leben! Und, Herr, wenn es dein Wunsch ist, dass ich eines Tages heirate, dann soll das nächste Mädchen, mit dem ich befreundet bin und dem ich mein Herz gebe, diejenige sein, die du mir als meine Frau zeigst!«

Um des Himmels willen verwundet

Jesus sagte einmal zu denen, die ihm am nächsten standen:

Glückselig seid ihr, wenn ihr keine Wahl mehr habt und ihr euch nur noch auf Gott verlassen könnt. Denn ihr könnt nur dann seiner unermesslichen Größe und Güte teilhaftig werden, wenn ihr erkennt, dass ihr Gott braucht.

Glückselig seid ihr, wenn ihr dessen beraubt seid, was euch am kostbarsten ist. Denn nur dann könnt ihr zärtlich umarmt werden von dem Einen, der euch am kostbarsten ist.
(nach Matthäus 5,3–4)

Das Wort, das im griechischen Urtext für *glückselig* benutzt wird, heißt wörtlich übersetzt so viel wie höchstes Glück oder völlige Zufriedenheit besitzend.

Jesus selbst gab uns den Schlüssel zu der Schatztruhe, in der die Noten für das »schönere Lied« aufbewahrt werden. Erinnert ihr euch noch daran, wie ich weiter oben gesagt habe, dass es in Sachen Liebe noch etwas Besseres gibt, das aber an einem völlig unerwarteten Ort zu finden ist? Nun, der unerwartete »Ort« ist Gott höchstpersönlich. Und um »etwas Besseres« zu finden, müssen wir uns »auf Gott verlassen« und »dessen beraubt sein, was uns am kostbarsten ist«. Wir müssen gewissermaßen bereit sein, uns verletzlich zu machen, um ihm zu vertrauen, wenn wir in ihm Sicherheit und Zufriedenheit finden wollen. Wir müssen bereit sein, das Wenige, das wir haben, loszulassen, um die große Fülle und das höchste Glück zu gewinnen, das er anzubieten hat. Und wir müssen ihm das Ruder überlassen, wenn wir das »schönere Lied« hören wollen.

»Etwas Besseres« finden wir, indem wir uns selbst entleeren, uns seiner Führung überlassen, unser Leben und alles, was uns lieb und teuer ist, loslassen und ihm *alles* anvertrauen. Denn wenn wir das tun, werden wir zärtlich vom besten Musiker des Universums umarmt und bekommen unser ganz persönliches Konzert.

Loslassen ist für niemanden leicht. Aber Jesus sagt deutlich, dass wir, wenn wir dorthin gehen wollen, wohin er geht, und Teil seines wunderbaren Planes sein wollen, uns selbst verleugnen, täglich unser Kreuz aufnehmen und ihm folgen müssen (vgl. Lukas 9,23).

Eine etwas freiere Übersetzung dieser Bibelstelle könnte so lauten: »Wenn es dir ernst damit ist, mir zu folgen, dann musst du an jedem einzelnen Tag deiner Art, die Dinge zu tun, absterben, mir das Ruder anvertrauen und erlauben, dass ich der Kapitän deines Schiffes bin! Ach ja ... und, Eric, das bedeutet, dass ich mit deinem Schiff überallhin kann, wo es mir gerade passt! Vertrau mir! Ich liebe dich mehr, als du je verstehen könntest, und ich habe dein Bestes im Sinn!«

Einer meiner persönlichen Helden ist ein Mann namens Jim Elliot. Er hat mich nicht nur bei meiner Liebesgeschichte mit Leslie inspiriert, sondern auch in seiner Hingabe an seinen Kapitän, Jesus Christus. Jahre nachdem er von den Auca-Indianern, denen er das Evangelium bringen wollte, getötet wurde, las ich seine Worte:

Es ist kein Narr, wer gibt, was er ohnehin nicht behalten kann, um zu gewinnen, was er nicht verlieren kann.[2]

Jesus sagt, dass du dein Leben aufgeben musst, um das Leben zu finden (vgl. Lukas 9,24; Johannes 12,25). Mit deinem Liebesleben ist es nicht anders. Wenn du dich wirklich danach sehnst, eines Tages die »schöne Seite der Liebe« zu finden, musst du erst durch die »schmerzhafte Seite« hindurchgehen. Das Gießen des Fundamentes ist nicht das Spannendste beim Bau eines Hauses, aber es ist das Wichtigste. Dasselbe gilt für den Aufbau einer großartigen Liebesbeziehung. Dein Leben niederzulegen ist nicht der lustige und unterhaltsame Teil, aber es ist der *wichtige* Teil!

Wenn Gott deine Liebesgeschichte schreiben soll, braucht er zuerst deinen Stift. Wenn Gott dein Liebesschiff in den Hafen der Romantik jenseits der Märchen führen soll, muss er am Ruder stehen. Wie Jesus einmal seinen Nachfolgern gesagt hat: »Ihr müsst mir täglich vertrauen und alles aufgeben – auch das Blut in euren Adern und die Luft in euren Lungen –, damit ich damit mache, was ich für richtig halte. Wenn ihr mich begleiten wollt, dann müsst ihr mir die Führung überlassen« (nach Lukas 9,23).

Wenn du jemals das »schönere Lied« hören willst, für das Gott dich geschaffen hat, dann musst du erst einmal Jesus die Tür öffnen und ihn machen lassen. Und du musst ihm vertrauen, dass er als der Erfinder der Romantik eine wunderbare Geschichte zu schreiben weiß!

Die Fluten spülten sein Zuhause und seine Mühle fort, alles, was der arme Mann in der Welt hatte. Aber als er mit gebrochenem Herzen und ohne Mut am Ort seines Unglücks stand, nachdem das Wasser zurückgegangen war, sah er im Flussbett, das die Fluten freigespült hatten, etwas glänzen. »Es sieht aus wie Gold«, sagte er. Es war *Gold. Die Flut, die ihn arm gemacht hatte, machte ihn nun reich.*[3]
Henry Clay Trumbull

Jetzt noch was Praktisches

Vor vielen tausend Jahren übergaben drei junge Männer ihr Leben bereitwillig Gott, und dadurch wurde ein Volk verändert. Schlag deine Bibel doch mal bei Daniel 3 auf und lies die Geschichte dort nach! Dann schnapp dir einen Stift und etwas Papier und schreib die Bereiche in deinem Leben auf, die du noch loslassen musst.

Auf Tuchfühlung mit dem Erfinder der Romantik

Wem folge ich –
dem treuen Vater oder einer faulen Formel?

Erics erste Freundin

Ich hätte wissen müssen, was auf mich zukommt, als mir ein japanischer Austauschstudent erklärte: »In Japan, ›Ludy‹ heißt ›Schwachkopf‹«!

Ich hatte immer gehofft, einmal einen Mann mit einem netten, gewöhnlichen Nachnamen wie Smith oder Jones zu heiraten. Aber das hat wohl nicht sollen sein. Ludy ist jedenfalls *kein* normaler Nachname. (Japan können wir aus unseren Reiseplänen schon mal streichen, es sei denn, wir reisen inkognito.) Und Eric Ludy ist ganz bestimmt keine »normale« Person. Wie sollte er auch – mit so einem Namen? Da ist es keine Überraschung, wenn auch unser gemeinsames Abenteuer bis jetzt alles andere als normal war. Auf den Punkt gebracht: Ich habe einen Mann geheiratet, der peinliche Erlebnisse sammelt. Und als seine Frau darf ich an diesem zweifelhaften Vergnügen jedes Mal teilhaben!

Ich weiß noch, wie ich einmal von der Küche aus ein Telefongespräch von Eric mitbekam. Wir hatten die ersten fünf fantastischen Monate unserer Ehe hinter uns und dann das: Eric hatte ein hohes Tier von der Universität in der Leitung. Er wollte Medizin studieren und sprach mit einem Professor über die Studienanforderungen.

»Okay«, hörte ich Eric sagen, »Sie brauchen nur meinen Namen und meine Adresse, dann schicken Sie mir die Unterlagen? Großartig! Ich heiße Eric Ludy. Genau, das schreibt sich L-O-O-D-Y.«

Ich bekam einen leichten Panikanfall, als mir klar wurde, dass Eric seinem zukünftigen Professor gerade seinen eigenen Namen falsch buchstabiert hatte.

»Nein!«, schrie ich im Hintergrund. Ich wusste nicht, was ich sonst sagen sollte.

Gerade als mein Schrei sein Ohr erreichte, bemerkte auch Eric seinen Patzer und korrigierte sich schnell. Was an das Ohr des Professors drang, war also Folgendes: »Eric Ludy. Das schreibt sich L-O-O-D-Y ... äh, warten Sie mal, nein, ich meine L-U-D-Y!«

Studienanforderung Nr. 1: Sie können Ihren eigenen Namen richtig schreiben! Versteht sich von selbst, dass Eric *nicht* Medizin studierte. Manchmal hängt deine ganze Laufbahn von so einem einzelnen Moment ab, nur leider weißt du das vorher nicht.

Anstatt an die Uni gingen wir in den vollzeitlichen Dienst – um unsere Generation herauszufordern, ihr Liebesleben in Gottes Hand zu legen. Manche Leute denken, das sei schon als fünfjähriges Mädchen mein Traum gewesen. Nun ja ... nein, das war es nicht.

Eine der ersten Veranstaltungen, zu denen wir als Redner eingeladen wurden, fand vor einer großen Gruppe Jugendlicher statt. Ich sah mir das Publikum an – lauter verhuschte Teens in zu weiten Hosen, ein paar von ihnen mit zottigem Ziegenbärtchen – und wäre beinahe durch den Hinterausgang geflüchtet. *Gott,* betete ich im Stillen, *ich habe meine Teenager-Zeit doch schon hinter mir. Die Pubertät* einmal *erleben zu müssen ist doch schon Strafe genug! Warum schickst du mich zurück in diese hormonüberladene Welt?*

Ich stellte mir vor, wie ich mich vor diesen Haufen Kids stellte – von denen sich jeder in seinen Stuhl gelümmelt und den Arm um einen Vertreter des jeweils anderen Geschlechts geschlungen hatte – und ihnen sagte: »Hey Leute! Vertraut euer Liebesleben Gott an! Klingt das nicht großartig?!«

Oh ja, bestimmt.

Wie durch ein Wunder überlebten wir diesen Abend irgendwie. (Wahrscheinlich lag es an unseren kugelsicheren Westen.) Zu meiner Überraschung hörte uns das Publikum zu. Die Teens reagierten sogar auf das, was wir zu sagen hatten! Und so begann unsere unvergessliche Reise, auf der wir unserer liebeshungrigen Generation die »schöne Seite der Liebe« nahe bringen.

Eine Rednerin *und* die Frau eines emsigen Sammlers peinlicher Erlebnisse zu sein, das ist eine wirklich interessante Kombination. Jeder deiner Schritte wird beobachtet. *»Schaut mal, da ist sie! Sie geht auf die Toilette! Cool. Kommt, wir gucken mal, was sie da macht!«* Glaubt mir, das ist wirklich passiert ... und nicht nur einmal.

Bei einer Veranstaltung erzählte Eric dem Publikum, dass er als Teenager die Angewohnheit hatte, *sein Kissen zu küssen*! Moment mal! Wenn er gerne jedem seine intimsten Geheimnisse preisgibt, dann ist das seine Sache. Der Haken ist nur: Wenn du verheiratet bist, ist *seine* Sache automatisch *deine* Sache. Das ist praktisch so, als hätte *ich* mein Kissen geküsst.

Das Publikum war von dieser Enthüllung natürlich begeistert. Alles, was man gegen den Redner verwenden kann, sorgt für Begeisterung.

Am nächsten Morgen hatte man uns eingeladen, im Sonntagsgottesdienst zu predigen. Ich hatte Eric die Sache mit der Kissenküsserei vergeben; die Sache war für uns erledigt. Er wartete an seinem Platz darauf, dass er von dem Pastor vorgestellt würde, und ging währenddessen noch seine Notizen durch. Keiner von uns beiden war auf den *Schock des Jahrhunderts* vorbereitet.

Der Pastor auf der Bühne sah auf uns herab und ein freundliches Lächeln erschien auf seinem hinterlistigen

Gesicht. Dann erklärte er: »Wir wissen die Botschaft wirklich zu schätzen, die Gott Eric und Leslie mitgegeben hat.«

Eric und ich sahen uns mit einem Lächeln an.

Der Pastor fuhr fort: »Und um ihnen unsere Wertschätzung zu zeigen, haben wir eine Überraschung für sie. Mit dem letzten Flug von Denver haben wir es gestern Abend gerade noch geschafft, sie hierher zu holen – Erics *erste* Freundin!«

WAS? ERICS ERSTE FREUNDIN? Wie geschmacklos! Ich will sie nicht sehen! Diese Leute sind solche Idioten! Innerlich schrie ich, während ich auf meinem Gesicht ein breites Lächeln zeigte. Eric hatte seine Notizen fallen gelassen. Er hatte einen leichten Herzanfall. Er wusste nicht einmal mehr, wer seine erste Freundin war. Aber als geübter Redner strahlte auch sein Gesicht eine heitere Ruhe aus.

Der Pastor kostete die Spannung noch einige Minuten aus, dann sagte er schließlich: »Und so freuen wir uns, Erics erste Freundin begrüßen zu können! Applaus bitte!«

Und dann, während wir den Atem anhielten, ging er kurz hinter die Bühne und kam zurück – mit einem *Kissen*. Das Publikum war völlig aus dem Häuschen. Bis heute verfolgen uns diese Kissenküsser-Scherze. Wir haben zu Hause sogar einen großen Papierkorb, auf dem steht: »Briefe von den Anonymen Kissenküssern«. *Super Idee, Eric, diese kleine Geschichte zu erzählen. Die werden wir im Leben nicht mehr los!*

Ja, unsere Tätigkeit hält einige Fallstricke bereit: Die Kissenküsser-Witze, die neugierigen Schaulustigen, die mir auf die Toilette folgen, und diese komische Feindseligkeit, die ich gegenüber Erics erster Freundin entwickelt habe. (An meiner Eifersucht muss ich noch arbeiten.) Aber trotz allem habe ich unsere alles andere als normale Reise wirklich genossen. Es gibt auch einen Grund, warum ich alle diese peinlichen Situationen auf mich nehme und meiner Generation diese so wichtige Botschaft bringe: Vor nicht allzu langer Zeit hat sich auch *mein* Leben durch ihre simple Wahrheit grundlegend verändert ...

Mein nicht ganz so perfekter Plan

Als junge Christin, die sich durch die Untiefen des Wer-geht-mit-wem-Dschungels manövrierte, war ich immer davon ausgegangen, dass Gott sich in Bezug auf mein Liebesleben höchstens dafür interessierte, dass ich nicht »zu weit« ging. Seit meinem siebten Lebensjahr war ich verrückt nach Jungs, und so hatten meine Eltern schon früh damit begonnen, mir die »christlichen« Verhaltensregeln für den richtigen Umgang mit Jungs einzuimpfen. Auf diese Weise hatte ich schon Jahre bevor ich mich überhaupt das erste Mal mit einem Jungen verabredet habe, die »zwei Grundregeln christlicher Jungen-Mädchen-Freundschaften« verinnerlicht:

Regel Nr. 1: Kein Sex vor der Ehe.

Regel Nr. 2: Geh nur mit Jungs, die deinen Glauben und deine Werte teilen.

Ich dachte mir damals, solange ich nur diese beiden Regeln einhalte, kann ich alles andere frei entscheiden: mit wem ich gehe, wann und wo ich jemanden treffe und auch mit wem ich es ernst meine. Dabei sehnte ich mich wirklich danach, Gott zu gehorchen und auch in diesem Lebensbereich alles auf »die richtige Art« zu tun. Trotzdem hatte ich den Hintergedanken, den Rahmen meiner christlichen Ideale so weit auszureizen, dass mir mein beginnendes Liebesleben so viel Spannung und Nervenkitzel wie nur möglich bescherte. Und das stellte ich mir nicht schwer vor. Noch bevor ich in die Oberstufe kam, hatte ich mir einen Plan zurechtgelegt, wie die nächsten Jahre aussehen sollten.

»Ich kann es gar nicht abwarten, meinen ersten Freund zu haben«, erzählte ich meinen Freundinnen bei unseren Pyjamapartys. »In der Oberstufe und später auf der Uni werde ich die Jungs genauestens unter die Lupe nehmen. Ich werde auf alle Partys und zu jedem Footballspiel gehen und zig Freunde haben.«

Bitte versteht mich nicht falsch. Ich habe schon geglaubt, dass ich eines Tages den Richtigen treffe, mit ihm in den

Sonnenuntergang fahre und wir glücklich leben bis ans Ende unserer Tage. Aber damals lag das eben noch *Jahre* vor mir. Das würde erst kommen, wenn ich älter und mein Leben etwas ruhiger wäre, dachte ich zu der Zeit. Und außerdem dachte ich, dass ich alle früheren Beziehungen sowieso vergessen würde, sobald mein Ehemann in mein Leben käme. Bis dahin ging es einfach nur darum, Spaß zu haben.

Voller Vorfreude stürzte ich mich also in eine kurzfristige Beziehung nach der nächsten – irgendwie mussten meine »zig Freunde« ja zusammenkommen – und ich besuchte jede Party und jedes Footballspiel.

Die Jahre vergingen, und irgendwann wurde mir klar, dass sich die unschuldigen Träume meiner Kindheit nicht erfüllt hatten. Mein Leben war so leer. Von außen gesehen war ich eine solide, selbstbewusste junge Christin, die ihr Liebesleben auf reife und gottgefällige Art führte. Aber in Wahrheit sah es ganz anders aus. Hatte ich früher meine Hoffnung und mein Selbstbewusstsein an Christus festgemacht, klammerte ich mich nun verzweifelt an jede neue Beziehung, um dort Halt und Zuversicht zu finden. Mein Beziehungsleben wurde zu meiner Identität. Meine Gefühle verwickelten sich immer mehr in jeder neuen, verzwickten Beziehung. Der schneidende, brutale Schmerz des Schlussmachens, egal, wie tief oder oberflächlich die Beziehung gewesen war, trieb mich dazu, meine christlichen Ideale immer weiter herabzusetzen. Ich bog die Regeln so weit wie möglich zurecht, um jeden neuen Jungen an mich zu binden. Nur klappte das nie. Ich ging immer weiter, bis mich schließlich Schuldgefühle plagten und ich ganz deprimiert war.

Ich hatte immer davon geträumt, dass ich eines Tages die Hauptrolle in einem wunderschönen Märchen spielen würde. Ich hatte mir eine freudenvolle und sorgenfreie Zeit des Ausprobierens vorgestellt, genauso, wie ich es aus den Fernsehserien kannte. Aber die hässliche Seite solcher kurzfristigen Beziehungen hatte ich nicht gekannt: den unvermeidbaren

Herzschmerz, die Verwirrung meiner Gefühle und die Verwässerung meiner geistlichen Ideale.

Ich weiß noch, mit welcher Verzweiflung ich mich an meine Beziehung mit Brandon klammerte, dem beliebten Basketballspieler, den ich mir bei einer Party nach einem Spiel geangelt hatte. Unsere lockere, kokette Freundschaft entwickelte sich schnell zu einer leidenschaftlichen Liebesgeschichte. Ich fühlte mich immer so geborgen, wenn Brandon seinen Arm um meine Schulter legte, sobald wir einen Raum voller mir unbekannter Leute betraten.

Ungefähr acht Monate lang lief alles bestens, aber dann wurde ihm irgendwann bewusst, dass sich auch noch andere Mädchen für ihn interessierten. Nicht nur das, diese anderen waren sogar bereit, mit ihm zu schlafen. Da ich immer noch versuchte, an Regel Nr. 1 festzuhalten, hatte ich Brandon schon gesagt, dass ich mit ihm nicht »bis zum Äußersten« gehen würde. Anfangs war er damit auch einverstanden gewesen. Er sagte sogar, dass er sich, da er ja auch Christ sei, ebenfalls der vorehelichen Abstinenz verpflichtet fühle. Aber irgendwann kam der Punkt, an dem ich bemerkte, wie sein interessierter Blick an anderen Mädchen, die ihn unverhohlen anmachten, hängen blieb. Ich spürte, wie das Ende unserer Beziehung näher kam. Verzweifelt senkte ich noch einmal meinen Standard in Sachen Reinheit, so weit es nur ging, und gewährte Brandon so viele »körperliche Gefälligkeiten«, wie ich wagte. Aber es half alles nichts. Kurz darauf war es vorbei und er schenkte seine Liebe und Hingabe einer anderen. Er tat sogar so, als würde er mich gar nicht kennen. Beinahe ein Jahr lang hatten wir alles geteilt und jetzt waren wir wie Fremde.

Nach diesem Muster lief mein Liebesleben immer ab. Jede Beziehung endete mit einem gebrochenen Herzen und enttäuschten Gefühlen. Jedes Mal kam ich mir ausgenutzt und missbraucht vor. Der perfekte Plan, den ich mir so sorgfältig ausgedacht hatte, brach in sich zusammen. Noch bevor ich mit der High School fertig war, kam ich mir buchstäblich so vor, als hätte ich schon fünf gescheiterte Ehen hinter mir. Ich hatte überhaupt kein Selbstvertrauen mehr. Ich wusste nicht mehr, wer ich war, und es war mir auch egal.

Gott den Stift überreichen

Sage Gott, dass du bereit bist, geopfert zu werden, und Gott wird dir beweisen, dass er all das ist, was du je von ihm geträumt hast.
Oswald Chambers[1]

Schließlich hielt ich es nicht mehr aus. Ich heulte mir die Augen aus und schrie zu Gott: »Warum passiert mir das? Ich führe ein normales Leben, folge deinen Geboten und trotzdem fühle ich mich erbärmlich. Warum segnest du diesen Bereich meines Lebens nicht? Ich lebe doch wie ein Christ, aber ich bin so unglücklich. Ich tue mein Bestes, aber alles geht schief. Wenn ich so weitermache, bin ich mit 20 reif für die Anstalt!«

Plötzlich spürte ich ein sanftes Ziehen an meinem Herzen. Gott versuchte, meine Aufmerksamkeit auf sich zu ziehen und mir eine Wahrheit zu zeigen, die mein Leben verändern sollte. Könnte man die darauf folgende innere Unterredung, die ich mit Gott führte, in Worten wiedergeben, dann würde das ungefähr so klingen:

Leslie, glaubst du nicht, dass ich weiß, wen du heiraten wirst und dass ich dich eines Tages zu diesem Mann führen werde?

»Natürlich glaube ich das, Gott, aber was hat das denn mit dem Hier und Jetzt zu tun?«

Nun, Leslie, glaubst du auch, dass ich der Herr über die Schöpfung bin? Ich kenne dich besser als du dich selbst, und ich bin absolut in der Lage, diesen Mann in dein Leben zu bringen – zu meiner Zeit, auf meine Weise ... Ich brauche deine Hilfe nicht.

Zum allerersten Mal verstand ich, dass Gottes Interesse an meinem Liebesleben sich nicht nur darauf bezog, ob ich auch wirklich die Regeln einhielt. Er wollte mit einbezogen sein. Mehr noch: Er wollte meine Liebesgeschichte für mich schreiben – *ohne meine Hilfe.*

Diese Erkenntnis brachte verschiedene Gefühle mit sich. Zuerst einmal spürte ich Angst und Zweifel. Würde Gott das wirklich ohne mein Zutun machen können? Auch wenn ich mein Liebesleben bisher nicht auf die Reihe bekommen hatte, ging ich immer noch davon aus, dass ich mich mit den delikaten Themen des Lebens wie Liebe, Sex, Verabredungen oder Ehe *bei weitem* besser auskannte als jemand, der so alt und vorsintflutlich war wie Gott! Was, wenn er die ganze Sache vermurkste? Ich stellte mir vor, wie ich diesen kostbaren Bereich meines Lebens in Gottes Hände gab und schließlich als alte Jungfer endete: Vor meinem inneren Auge sah ich mich in einem formlosen grauen Kleid in meinem Schaukelstuhl sitzen und abwesend aus dem Fenster blicken. Keine Freunde, keine Anrufe, kein Leben. Mit 93 würde ich dann einen verschrumpelten Glatzkopf heiraten (so einen wie Elmer bei Duffy Duck) und wir würden bis zu unserem Tod noch vier schreckliche Jahre miteinander verleben.

Heute lache ich über solche Gedanken. Damals hatte ich noch keine Ahnung, welchen Sinn für Romantik Gott eigentlich hat. Wenn ich damals gewusst hätte, wie sein Plan für mich aussah ... Ich hätte keine Minute daran gezweifelt!

Das andere Gefühl, das mich erfüllte, war Erleichterung. Ich hatte schon so lange versucht, irgendeinen Sinn in diesem Lebensbereich zu finden und mir auf alles selbst einen Reim zu machen. *Was, wenn ich den Falschen heirate? Was, wenn ich nie den Richtigen finde? Woran erkenne ich den Richtigen überhaupt? Was, wenn ich etwas falsch mache und mein ganzes Leben den Bach runtergeht?* Solche Sorgen waren schon seit Jahren meine ständigen Begleiter gewesen. Nun lud Gott mich ein, alle diese Ängste an ihn abzugeben – und ihm die Führung für jeden einzelnen Schritt zu überlassen. Ich musste diese Last nicht mehr alleine tragen, ich konnte sie ganz in seine Hand geben! Welche Freiheit! Aber war das nicht zu gut, um wahr zu sein? Konnte ich ihm *wirklich* vertrauen?

An jenem Tag spürte ich, wie Gott mich herausforderte: Hatte ich genügend Vertrauen, ihm das alles zu überlassen? Würde er wirklich eine aktive Rolle in diesem Bereich meines Lebens übernehmen? Würde er vorangehen und mich führen? Und noch bedeutender war eine andere Frage für mich: Würde er mich irgendwohin führen, wohin ich *nicht* wollte? (Das Szenario mit dem Schaukelstuhl und dem Cartoon-Elmer bereitete mir Albträume!)

Mehrere Tage lang tobte in mir ein heftiger Kampf. Zwar lebte ich nach außen hin ein christliches Leben, indem ich die Regeln einhielt, so gut es ging, aber tief in meinem Inneren wusste ich, dass in Wahrheit bisher *ich* die Kontrolle über diesen Bereich meines Lebens behalten hatte. Ich saß am Ruder, nicht Gott.

Es schien mir unmöglich, diesen Lebensbereich loszulassen. Und doch erinnerte mich ein sanftes Flüstern in meinem Herzen daran, dass, wenn ich jemals glücklich oder zufrieden sein und nicht länger mein Leben gegen die Wand setzen wollte, *er* im Zentrum stehen musste. Mein Liebesleben ihm völlig anzuvertrauen war wahrscheinlich die schwierigste Entscheidung, vor der ich je stand.

Schließlich gab ich diesem vorsichtigen Ziehen in meinem Herzen nach. Ich kniete mich vor mein Bett und betete: »Herr, es ist wirklich nicht einfach, dir diesen Bereich zu übergeben. Ich möchte so gerne daran festhalten und die Dinge so tun, wie ich es für richtig halte, aber ich weiß, dass du mich aufforderst, alles in deine Hand zu geben und dir die Kontrolle zu überlassen. Also tue ich das hiermit. Egal, was du mit diesem Bereich meines Lebens vorhast - auch wenn es etwas ist, für das ich mich selbst nie entschieden hätte -, ich überlasse dir diesen Bereich. Mach mit mir, was du willst. Ich gehöre dir.«

Von diesem Moment an begann Gott, meine Liebesgeschichte zu schreiben. Gott nahm den Stift aus meiner zitternden Hand und fing damit an, eine schlichtweg unvorstellbare Geschichte zu schreiben. Nein, mein Zukünftiger klingelte nicht gleich an meiner Haustür. Aber von diesem Tag an heilte Gott mich und die Verletzungen, die mir durch meine Fehler zugefügt worden waren. Er bereitete mich auf die *wahre* Liebe vor. Bevor Eric in mein Leben kommen konnte, musste Gott noch einige Grundsteine an den richtigen Platz legen.

Prioritäten setzen

Der Grund, weshalb viele von uns so armselige Beispiele für das Christentum sind, ist darin zu suchen, dass wir keinen allmächtigen Christus haben. Wir haben christliche Eigenschaften und Erfahrungen; aber wir verlassen uns nicht auf Jesus Christus.[2]
Oswald Chambers

Nun hatte ich also Gott den Stift übergeben, damit er meine Liebesgeschichte schrieb. Aber was bedeutete das praktisch? Wie wirkte sich das in meinem Alltag aus? Ich war damals auf dem Höhepunkt meiner Beziehungskistenkarriere und hatte nicht vor, in der nächsten Zeit zu heiraten. Sollte ich aufhören, mich mit Jungs zu verabreden? Waren engere Freundschaften mit Jungs in Ordnung? Woher sollte ich wissen, ob Gott nicht wollte, dass ich eine Beziehung hatte? Wenn mir wissende Erwachsene die berühmte Frage stellten: »Und, gibt es da jemanden in deinem Leben, Leslie?«, was sollte ich da sagen? Was erwartete Gott von mir?

Im Lauf der nächsten Wochen und Monate nach meiner Entscheidung, Gott die Kontrolle über diesen Lebensbereich zu übergeben, erreichte eine weitere sanfte Botschaft mein Herz. Mit seinem leisen Flüstern sagte mir Gott: *Leslie, versuche nicht länger, mich in dein Leben einzubauen. Baue lieber dein Leben um mich herum.*

Es stimmte. Ich hatte versucht, Gott in mein Leben »einzupassen«. Ich betete jeden Morgen, las jeden Abend in der Bibel und ging einmal in der Woche in die Gemeinde. Aber trotzdem stand er nicht im Mittelpunkt meines Alltags. Tatsächlich hatte ich nur hier und da ein paar Minuten Aufmerksamkeit für ihn übrig. Schließlich wurde mir klar, dass ich das Tempo etwas runterschrauben und ihn wirklich suchen musste, anstatt weiterhin nur meinen eigenen Ambitionen nachzugehen. Wie sollte ich sonst überhaupt seinen Willen erkennen?

Also machte ich mich auf die Reise, meinen Schöpfer besser kennen zu lernen. Und ehrlich gesagt war ich nicht so sicher, wohin mich das führen würde. Immerhin hatte ich von einem Leben, das sich nur um soziale Aktivitäten, Freunde und flüchtige Beziehungen drehte, einen Schritt dahin gemacht, zu Gott zu sagen: »Herr, ich lege das alles ab und stelle stattdessen dich in den Mittelpunkt.« Das soll nicht heißen, dass diese Dinge alle falsch gewesen sind, aber Gott forderte mich auf, die Prioritäten richtig zu setzen. Mein soziales Leben und meine Verabredungen lenkten mich einfach so sehr ab, dass ich seine Stimme nicht mehr deutlich hören konnte.

Oder wie Elisabeth Elliot in ihrem Buch *Amy Carmichael* schreibt: »Die Hauptinteressen 17-jähriger Mädchen – ihr Aussehen, ihre Kleidung, ihr Sozialleben – ändern sich von Generation zu Generation nicht sehr. Aber in jeder Generation scheint es einige Mädchen zu geben, die sich für etwas anderes entscheiden. Amy Carmichael war eins von diesen wenigen Mädchen.«[3] Und Gott berief mich dazu, auch eine von diesen »wenigen« zu werden. Ich wusste nur nicht, wie.

Wenn es das ist, was du für mich willst, Herr, dann musst du mir dabei helfen, betete ich im Stillen.

Und er hat mir geholfen! Er kam mir genau da entgegen, wo ich mich gerade befand, und zeigte mir, wie er ist. Ich lernte, ihn von ganzem Herzen zu lieben, ihn ernsthaft zu suchen, täglich seine Stimme zu hören und mich in sein Wort zu verlieben. Das war die aufregendste Zeit meines Lebens! Auf einmal kam mir mein hektisches Leben von vorher, in dem es nur darum gegangen war, so viele Jungs wie möglich kennen zu lernen, so unglaublich hohl vor. Jeden Tag entdeckte ich etwas Neues über ihn und verstand besser, zu welcher Person er mich formen wollte. Ich fing an, ein Tagebuch zu führen, in das ich meine Sehnsüchte, Ängste und Gebete schrieb. Ich schrieb auch alles auf, wovon ich dachte, dass er es mich lehren wollte – sei es durch die Bibel oder durch dieses sanfte Ziehen an meinem Herzen. Wenn ich mir heute meine Einträge von damals anschaue, bin ich begeistert, wie treu er jedes Detail meines Lebens zur rechten Zeit an den rechten Platz gebracht hat.

Ja, ich habe einige Freunde dabei verloren (die in Wahrheit aber auch gar keine richtigen Freunde waren). Und: Ja, ich habe auch an Beliebtheit verloren. Aber was ich gewonnen habe, war unbezahlbar: Jesus Christus als meine erste Liebe, als meinen allerbesten Freund.

Du fragst dich jetzt, was das alles mit meiner Beziehung mit Eric zu tun hat? *Alles.* Dass ich Jesus diesen Platz in meinem Leben eingeräumt habe, war der Schlüssel zu meiner Liebesgeschichte mit Eric, und zwar aus den folgenden beiden Gründen:

1. Ich lernte, meine Hoffnung, Freude und Sicherheit aus meiner Beziehung zu Jesus zu ziehen, anstatt in einer romantischen Beziehung danach zu suchen. Auch wenn Eric schon einen sehr guten Märchenprinzen abgibt, ist er doch nur ein Mensch (eine Tatsache, an die ich ihn manchmal erinnern muss!). Wenn ich meine Beziehung mit ihm angefangen hätte in der Hoffnung, nun alle meine emotionalen Bedürfnisse befriedigt zu bekommen, wäre ich enttäuscht worden. Ich war nicht wirklich bereit, mich auf die Ehe mit meinem zukünftigen Ehemann zuzubewegen, bis ich gelernt hatte, meine Hoffnung und Sicherheit allein in Jesus zu finden.

2. Jesus Christus blieb im Mittelpunkt meiner Beziehung mit Eric. Jesus Christus war die Leidenschaft meines Herzens, als ich Eric Ludy begegnete. Und Jesus Christus war auch die Leidenschaft von Erics Herz. Daraus folgte, das wir auf Grund unserer gemeinsamen Liebe zum Herrn in Freundschaft zueinander hingezogen wurden. Je mehr Zeit wir miteinander verbrachten, in der wir uns gegenseitig im Glauben unterstützten, desto enger wurde unsere Beziehung zu Gott. Wann immer ich eine neue Wahrheit in Gottes Wort entdeckte, konnte ich es nicht abwarten, Eric davon zu erzählen. Wir redeten stundenlang über unseren Herrn und unseren Glauben. Als wir anfingen, mehr als freundschaftliche Gefühle füreinander zu empfinden, führte uns Gott Schritt für Schritt in unsere Liebesbeziehung. Er blieb dabei im Mittelpunkt.

In einer Beziehung können uns unsere Gefühle für die andere Person manchmal so sehr in Beschlag nehmen, dass wir Gott in den Hintergrund drängen. So etwas entwickelt sich schnell zu einer emotionalen Achterbahnfahrt, und wir fragen uns, warum Gott uns nicht besser führt. Aber eigentlich ist er die ganze Zeit da und wartet nur darauf, dass wir ihm wieder den ersten Platz in unserem Herzen geben. Nur wenn er wirklich den ersten Platz in unserem Herzen einnimmt, sind wir für eine von Gott geschriebene Liebesgeschichte bereit.

Es geht nicht um eine Formel

Selbst nachdem wir unser Liebesleben in Gottes Hand gegeben haben, passiert es sehr leicht, dass wir nach einer »Zauberformel« Ausschau halten, mit der wir alles klären können. Ich habe aufgehört zu zählen, wie oft mir schon Fragen gestellt wurden wie: »Ist es falsch, wenn ich mich mit einem Jungen verabrede?«, oder: »Was soll ich machen, wenn ich glaube, den Richtigen getroffen zu haben?«

Meine Antwort lautet immer: »Frag Gott!«

Viele sind dann frustriert und sagen: »Ich hab ihn schon gefragt, aber er antwortet nicht.«

Jana, eine quirlige Erstsemesterin an einer Universität in Kalifornien, hat sich vor zwei Jahren dazu entschlossen, Gott den Stift zu übergeben, damit er ihre Liebesgeschichte schreibt. Das Problem ist nur, dass sie seitdem keine Führung in diesem Bereich ihres Lebens bekommen hat, und nun ist sie wütend auf Gott.

»Ich kapier's einfach nicht«, beschwert sie sich. »Als ich Gott die Führung in diesem Bereich überlassen habe, habe ich erwartet, dass er mir meinen Märchenprinzen bringt, aber trotzdem endete jede Beziehung, die ich seitdem eingegangen bin, in einer Katastrophe. Warum greift Gott da nicht ein? Warum hat er da noch nichts bewirkt?«

Wenn ich mir Janas Alltag anschaue, wird mir klar, dass sie zwar versucht hat, Gott die Kontrolle zu überlassen, aber nie ihrem Lebensstil eine neue Orientierung gegeben hat, sodass er sich um ihre Beziehung zu *ihm* dreht. Sie erwartet Antworten von Gott, ohne ihn wirklich zu suchen. Ihre Vorstellung davon, was es heißt, »ihn zu suchen«, besteht darin, einmal in der Woche fünf Minuten in der Bibel zu lesen. Sie schlägt die Bibel irgendwo auf und liest den Vers, der ihr gerade in die Augen springt. Wenn dann keine göttliche Einsicht über sie kommt, geht sie fröhlich ihrer Wege in der Überzeugung, dass Gott schon einen himmlischen Boten oder eine Feuersäule schicken wird, wenn er mit ihr sprechen und ihr die Richtung zeigen will.

Wenn wir Gott einladen, unsere Liebesgeschichte zu schreiben, haben wir selbst auch unseren Part dabei. Ein hastiges Gebet hier und da ist nicht genug, und es reicht auch nicht, von Zeit zu Zeit mal einen Blick in die Bibel zu werfen, um eine neue Einsicht präsentiert zu bekommen. Wir müssen Gott täglich suchen, ihn in allem an die erste Stelle setzen und sein Herz erforschen.

Er kommt vielleicht nicht mit einem Blitz vom Himmel oder schreibt dir eine Botschaft in die Wolken, aber wenn du ihn und sein Wort wirklich kennen lernst, wirst du seine Wünsche für dich verstehen. Es kostet Mühe. Es ist nicht leicht. Aber es ist der Schlüssel, um das »schönere Lied« zu entdecken.

Wäre es nicht schön, wenn wir ein Buch mit dem Titel *Zehn Schritte zur perfekten Liebesgeschichte* schreiben könnten, mit einem narrensicheren, unmissverständlichen Plan, wie alles funktioniert?

Aber wir sind Gott viel zu wichtig, als dass er uns mit einer einfachen Formel abspeisen würde. Er möchte, dass wir uns auf ihn verlassen und uns von ihm führen und leiten lassen. Er möchte an jeder Kleinigkeit, an jedem Schritt unseres Weges teilhaben. Sobald wir versuchen, uns auf eine Formel zu verlassen, entgeht uns die ganze Schönheit dessen, was eine von Gott geschriebene Liebesgeschichte sein kann. Eric und ich sind vielen Leuten begegnet, die verzweifelt versuchen, »es richtig zu machen«, indem sie einem Regelwerk für eine gottgefällige Beziehung folgen. Und meistens geht es ihnen dabei sehr schlecht, sie sind frustriert und deprimiert.

Bitte versteht mich nicht falsch. In der Bibel gibt uns Gott einige klare und unmissverständliche Gebote für diesen Bereich unseres Lebens: sexuelle Reinheit vor der Ehe, keinen Ungläubigen heiraten, absolute Treue innerhalb der Ehe usw. Das sind Richtlinien eines liebenden und treuen Vaters, der nur das Beste für uns will.

Aber es gibt auch einige Grauzonen, die uns in ganz schöne Verwirrung stürzen können. Die Bandbreite der Meinungen unter Christen in diesem Bereich ist ziemlich groß.

Da gibt es die Superlässigen, die in ihrer coolen Art sagen: »Alter, versuch einfach, das mit dem Sex vor der Ehe sein zu lassen, und wenn's doch irgendwie passiert, dann ist das natürlich ein ganz schöner Abtörner, aber hey, wer ist schon ohne Fehler? Hauptsache, du bittest Gott um Vergebung, dann ist alles wieder cool.«

Dann gibt es noch eine Gruppe von Christen, die mit fester Stimme erklären: »Meidet das andere Geschlecht! Lasst euch nicht von euren Augen verführen! Hütet euch vor der Sünde oder ihr werdet in der Hölle brennen!«

Und zwischen diesen beiden Extremen gibt es natürlich so ziemlich jede Lehre. Das Problem ist nur, dass es keine Rolle spielt, auf welcher Seite des Pendels wir uns befinden – ob wir nur den Minimalanforderungen genügen oder uns irgendwelchen superstrengen Regeln unterwerfen –, solange wir dabei nur einer »Regel« folgen, weil wir es *müssen*, werden wir im Inneren bitter und unzufrieden. Wir befolgen die Gebote dann nicht deshalb, weil wir Gott lieben und ihm gefallen wollen, sondern einfach deshalb, weil es von uns erwartet wird.

Regeln, Regeln, Regeln

Der Versuch, eine 100-prozentige Formel für eine gottgefällige Beziehung zu finden, kann nur scheitern. Wann immer wir zu unserem Schutz unser Vertrauen auf Regeln setzen, verweigern wir Gott die erste Stelle in unserem Leben.

Ich wuchs mit der »Alter-versuch-einfach-das-mit-dem-Sex-vor-der-Ehe-sein-zu-lassen«-Einstellung auf und dachte, solange ich mir Mühe gab und bestimmte Grenzen nicht überschritt (d. h. vor der Ehe sexuell rein bleiben), würde dieser Bereich meines Lebens vor Schaden bewahrt bleiben. Trotzdem ließen die Grenzen, die ich mir selbst gesetzt hatte, einigen Spielraum für Kompromisse, sodass ich sie nicht im strengen Sinne »übertreten« musste. Und obwohl ich mich immer noch diesseits meines Zaunes befand, lebte ich ein Leben voller Herzschmerz und Verzweiflung.

Sarah, eine hübsche Blondine mit Hang zum Melodramatischen, hat genau die entgegengesetzte Erfahrung gemacht. Sie kam aus einer Gemeinde mit übermäßig strengen und detaillierten Regeln zum Thema Jungs und Mädchen. Sie erzählte mir: »Man musste auf so viele Regeln achten, dass man sich eine Liste an den Badezimmerspiegel kleben musste, um sie sich alle zu merken!«

Sarah lernte John kennen, den »Mädchenschwarm mit den schönen Locken« aus ihrer Gemeinde, und schließlich hatten beide den Eindruck, dass Gott sie zu einer Ehe führte. Sie befolgten jede Regel auf den Buchstaben genau. Sie durften nie alleine zusammen sein, ihnen war jeglicher körperlicher Kontakt untersagt und ihre Eltern waren aufs Engste an jeder Entscheidung bezüglich ihrer Beziehung beteiligt. Von außen gesehen hätte man nicht geglaubt, dass sie unter solch einer strengen Aufsicht und bei so engen Richtlinien irgendwelche Kompromisse hätten eingehen können.

»Wir waren uns so sicher, dass wir auf dem richtigen Weg waren. Wir hielten uns für immun gegen Sünde«, erinnert sich Sarah heute.

Aber die Regeln bewahrten sie nicht vor der Verführung und eines Tages geschah es. Sie wurde schwanger, und man zwang sie, auf der Stelle zu heiraten. Sie hatten ihre Familien, ihre Gemeinde und sich selbst enttäuscht, aber sie lernten eine wertvolle Lektion: Egal, wie viele Regeln wir selbst aufstellen, sie schaffen keine gottgefälligen Beziehungen. Der Rahmen für eine wundervolle Liebesgeschichte kann nur geschaffen werden, wenn wir unser Vertrauen auf unseren treuen Vater setzen und ihm von ganzem Herzen gefallen wollen.

Pflicht oder Wahl?

In unserer Hingabe übergeben wir uns Gott so, wie er sich für uns gegeben hat, d.h. ohne jede Berechnung. Wir denken nicht an die Folgen unserer Hingabe, weil unser Leben ganz von ihm erfüllt ist. [4]
Oswald Chambers

Erinnerst du dich noch daran, wie du als Kind von deinen Eltern zur Sklavenarbeit gezwungen wurdest? Als du das schwere Joch tragen musstest, nach dem Essen die Küche aufzuräumen? Wenn du auch nur ein bisschen so warst wie ich, dann warst du von dieser schrecklichen Aufgabe sicher alles andere als begeistert, und vielleicht hast du dabei die ganze Zeit gejammert. Meine legendäre Reaktion war der unter Tränen geäußerte Ausruf: »Ihr behandelt mich wie Aschenputtel!« Dabei lehnte ich mich theatralisch auf den Besen und gab mir alle Mühe, völlig erschlagen und erledigt auszusehen, so als würde ich jeden Moment ohnmächtig. (Meine Eltern zeigten sich von meinem erbärmlichen Appell an ihr Mitleid übrigens immer ziemlich ungerührt.)

Aber egal, wie sehr du diese furchtbare Pflicht gehasst hast, du hast sie trotzdem erfüllt. Warum? Weil du wusstest, dass es negative Folgen haben würde, wenn du es nicht tun würdest. Deine Eltern hatten schon schreckliche Drohungen geäußert, dich etwa von deinem Fahrrad zu trennen oder dich auf dein Zimmer zu schicken, wenn du nicht gehorchst. Wie ich hast du wahrscheinlich nur das absolute Minimum erledigt und dabei ständig gefragt: »Bin ich jetzt fertig?«, bis sie dich schließlich aus der Folterkammer, die auch Küche genannt wird, entlassen haben!

Und jetzt versuche mal, dich an etwas anderes zu erinnern. Wir alle hatten als Kinder unsere engelsgleichen Momente. Für einige – wie für mich – waren diese Momente zwar sehr rar, aber es gab sie. Das eine oder andere Mal hast du sicher so etwas Ähnliches wie die folgende Szene erlebt:

Deine Eltern waren abends weggegangen. Die Küche war ein einziges Chaos, aber niemand hat dich gebeten, sie aufzuräumen. Da kam dir die brillante Idee, Mama und Papa mit etwas »Besonderem« zu überraschen. Also hast du dich an die Arbeit gemacht (ganz von allein!) und den Abwasch erledigt. Du hast dir besonders viel Mühe gegeben, dass alles wieder blitzte wie neu. Du hast sogar die Arbeitsfläche gewischt und den Boden geputzt (und das bedeutet wirklich, die sprichwörtliche Meile mitzugehen!). Du konntest es kaum erwarten, dass deine Eltern nach Hause kamen und sahen, was du getan hattest. Als sie dann kamen und riefen: »Wer hat denn die Küche aufgeräumt? Das ist ja wunderbar!«, wärst du fast geplatzt vor Stolz. Erinnerst du dich an dieses Gefühl? Dir hat die ganze Sache tatsächlich Spaß gemacht. Die Küche aufzuräumen war keine dumpfe Schufterei mehr, sondern Freude. Warum? Weil dich nicht irgendeine Regel dazu gebracht hat, sondern die Liebe zu deinen Eltern.

Wenn Gott zu gehorchen nur eine Pflicht ist, zu der wir gezwungen sind, wird es zu einer sinnlosen Schufterei, über die wir uns permanent beschweren. Gott wird der Große Spielverderber, der uns unser Leben vermiest.

Aber wenn wir verstehen, wer Gott *wirklich* ist, und wir unsere Entscheidungen auf einer leidenschaftlichen Liebe zu ihm aufbauen, macht uns Gehorsam Freude. Wir *wollen* dann sogar die zusätzliche Meile mit ihm gehen!

Worum es wirklich geht

Als Christen brauchen wir ein neues Verständnis davon, welche Rolle Gott in diesem Bereich unseres Lebens spielen will. Ob du nun im »Versuch-einfach-keinen-Sex-vor-der-Ehe-zuhaben«-Lager aufgewachsen bist oder ob du ein zehnseitiges Regelheft für Beziehungsfragen hattest, beide Ansätze lassen die Schönheit von Gottes Wegen außen vor.

Erinnerst du dich noch an die berüchtigte Frage, die die meisten von uns vor langer Zeit beim Jungschar-Zeltlager gefragt haben? Genau. *Wie weit ist zu weit?* Das ist natürlich nur eine harmlosere Art und Weise zu fragen: »Womit komme ich noch durch, ohne Gott zu verärgern?«

Wie wär's stattdessen mit einer neuen Frage: »Wie viel Freude kann ich meinem himmlischen Vater in diesem Bereich meines Lebens möglichst machen?«

Sobald du einmal den König persönlich kennen gelernt hast, sobald Jesus Christus der Mittelpunkt und die Leidenschaft deines Lebens geworden ist, fällt es überhaupt nicht mehr schwer, diese Frage zu stellen, denn sie fließt dann aus einem Herzen voller Liebe für deinen Herrn hervor. Wenn du aufrichtig fragst: »Wie kann ich dir gefallen, Herr?«, wird er es dir jeden Tag neu zeigen – auf seine eigene, sanfte Art. Und es wird keine Schufterei sein, der du dich gezwungenermaßen fügen musst. Wenn du ihn liebst, *wirklich* liebst, dann wirst du mit dem Psalmisten David sagen können: »Mein Gott, ich bin bereit zu tun, was du von mir erwartest« (Psalm 40,8).

Gott hat uns alle als Individuen geschaffen und er hat einen einzigartigen und besonderen Plan für jeden von uns. Gib dich nicht mit einer Formel zufrieden! Wenn du bereit bist für eine unvergessliche Liebesgeschichte, dann fang damit an, die Freude einer engen, täglichen Beziehung mit dem König der Könige zu entdecken. Und lass das Abenteuer beginnen!

Jetzt noch was Praktisches

Vor langer Zeit gab es einmal einen Mann, der Gott so sehr vertraute, dass er bereitwillig seinen wertvollsten und liebsten Besitz aufgab, als Gott ihn darum bat. Die erstaunlichen Dinge, die daraus resultierten, waren schlichtweg wunderbar! Diese Geschichte ist eins der größten Beispiele für Liebe, Aufgabe und Hingabe an Gott überhaupt. Sie hat durch die Jahrhunderte hinweg auf Millionen von Menschen eine tiefe Wirkung gehabt. Du kannst sie in 1. Mose 22 nachlesen. Erlaube Gott, vorsichtig dein Herz in seinen Händen zu halten und dich zu lehren, wie du diesen tieferen Grad an Vertrauen und Hingabe auf deinem persönlichen Weg mit ihm entdecken kannst.

Teil II

Bereite dich auf eine Liebesgeschichte vor

Beginne dein Liebesleben!

Wie du deinen zukünftigen Ehepartner lieben kannst, bevor du ihn triffst

Was, wenn ich einen Bauch bekomme?

Liebe reift im Laufe einer Beziehung, zumindest sollte das so sein. Ich weiß noch, wie ich einmal völlig eifersüchtig wurde, als ein Kellner bei *Taco Bell*, der aussah wie Kirk Cameron, Leslies Bestellung aufnahm. Ich erinnere mich auch noch an die Unsicherheit, die mich befiel, als mal ein gelocktes Muskelpaket in unsere Gemeinde kam und sich einige Stühle neben ihr hinsetzte. Ich sah mir meine eigenen Bizepse an (die so klein waren, dass sie zusammen gerade für einen gut waren) und zuckte zusammen. Unreife Liebe vergleicht ständig und schafft so Unsicherheit in Bezug auf die Beziehung.

Vielen Beziehungen entgeht so leider die Freiheit und das Selbstvertrauen, die mit einem gereiften Liebesleben kommen.

»Eric«, fragte mich Leslie eines Tages schüchtern, »wer waren eigentlich die Mädchen, mit denen du vor mir ausgegangen bist?«

»Les!« Ich wäre am liebsten im Boden versunken. »Ich will nicht über *die* reden. Lass uns über *uns* reden!«

Das war gut sechs Monate vor unserer Hochzeit und unsere noch nicht sehr gereifte Liebe kämpfte hart gegen einen schweren Fall von Wenig-Selbstwertgefühl-Blues.

»Sahen sie gut aus?«, bohrte sie weiter.

»Äh, also ...« Ich geriet ins Stocken. »Nein!« Ich gewann etwas Selbstvertrauen und zwinkerte ihr verliebt zu. »Die waren hässlich!« (Falls welche von meinen früheren Freundinnen das hier lesen: Bitte nehmt mir das nicht übel. Ich hatte wirklich keine andere Wahl!)

»Was für einen Charakter hatten sie denn? Und welche Haarfarbe? Wie groß waren sie? Wie dick oder dünn?« Frage um Frage wurde auf mich abgeschossen.

Glaubt mir, wenn ihr noch nie so ein Gespräch erlebt habt – das ist hart, *richtig* hart! Wenn es um dieses legendäre Gespräch geht, rede ich immer nur von »dem Abend, an dem meine schmutzige Wäsche ans Tageslicht kam«.

Mit Tränen in den Augen erzählte ich der Frau, die ich mehr als alles andere auf der Welt liebte, dass ich nicht immer schon an sie gedacht hatte. So detailliert, wie sie und ich es aushalten konnten, berichtete ich, wie ich in der Vergangenheit nicht an die Bedürfnisse meiner zukünftigen Frau gedacht, sondern nur meine eigenen zu befriedigen versucht hatte. Wir weinten und umarmten uns und weinten wieder. Zehn schmerzvolle Minuten lang saßen wir einfach nur still da und hielten einander fest, während die Tränen nur so strömten und ich in meinem Herzen das Messer des Bedauerns spürte. Dann löste sie sich vorsichtig von mir, fasste mein Kinn und drehte meinen Kopf so, dass ich ihr in die feuchten Augen sehen konnte. Dann sagte sie die süßesten, heilsamsten Worte, die meine Ohren je vernommen haben.

»Eric«, flüsterte sie mit ihrer zarten, leisen Stimme, »ich vergebe dir!«

Sie berührte mich an der Wange und sagte mit zitternden Lippen: »Eric, ich liebe dich! Du bist mein Held, mein Märchenprinz, mein edler Ritter in glänzender Rüstung! Und ich habe mich entschlossen, dich so zu lieben, wie Jesus mich liebt!«

Es gibt Menschen auf der Welt, die denken, dass sie es »gut haben«. Aber sie wissen gar nicht, was Leben bedeutet, solange sie nicht *so* eine Liebe empfangen haben. Ich hatte sie nicht verdient, aber die Liebe meines Lebens hatte sich dafür entschieden, sie mir zu schenken. Es ist eine demütigende Erfahrung, solch eine unverdiente Annahme und Akzeptanz zu erleben. Unsere Gesellschaft bringt uns bei, nur unter gewissen Bedingungen zu lieben. Wir lieben nur, solange wir Liebe »fühlen«; wir lieben nur, solange unser Partner unsere Bedürfnisse erfüllt; wir lieben nur, solange er oder sie äußerlich liebenswert ist.

Einige Tage nach meinem »Schmutzige-Wäsche-Abend« hatte ich mit einem anderen Anfall von »Wenig-Selbstwertgefühl-Blues« zu kämpfen. Wir hatten gerade einen alten guten Freund von Leslie besucht. Einen sehr männlichen, sehr talentierten guten Freund. Den ganzen Nachmittag verglich ich mich mit ihm, meine Selbstzweifel sprangen mir im Kopf herum wie eine Flipperkugel mit Koffeinschock: *Vielleicht wäre er ein besserer Mann für Leslie als ich? Vielleicht würde sie mit ihm glücklicher werden? Vielleicht bin ich nicht gut genug für eine so wunderbare und perfekte Frau wie Leslie?*

Wie ich schon sagte, unreife Liebe ist groß darin, sich mit anderen zu vergleichen und vor lauter Selbstzweifeln die Beziehung in die Brüche gehen zu sehen. Ich habe aber herausgefunden, dass eine der großartigsten Möglichkeiten, Liebe zur Reife zu bringen, darin besteht, dass man sie in ihrer verschwenderischsten und uneingeschränktesten Form empfängt.

Später am Abend gestand ich Leslie meine Unsicherheit und starrte anschließend zu Boden wie ein getretener Hund.

»Eric«, kicherte Leslie, »wie konntest du nur so was denken?«

Ich zuckte nur mit den Schultern.

»Eric, du sollst wissen, dass ich keinen anderen will. Ich halte nicht einmal Ausschau! Ich möchte nicht mit Dirk alt werden.« (Ich nenne ihn übrigens Dirk Würg.) »Ich möchte mit *dir* alt werden.«

Als ich heranwuchs, achtete ich ständig auf mein Aussehen, meine Frisur, meinen Teint, meine Kleidung, meinen Gang, meine tiefe Stimme und meinen ganz persönlichen Geruch. Ich wurde nicht müde, »mein perfektes Image« zu pflegen, weil ich Angst hatte, sonst niemals von einer schönen jungen Frau akzeptiert zu werden. Ich hatte Angst, niemals der Liebe einer Frau würdig zu sein, wenn ich nicht möglichst so aussah wie Ken von Barbie.

Und hier war ich nun, Jahre später, und verstand zum ersten Mal, dass ich absolut unwürdig war, von einer Frau geliebt zu werden, und doch wurde ich von einer Frau geliebt und angenommen. Jetzt stellte sich natürlich die nächste Frage: *Kann ich ihre Liebe wieder verlieren, wenn ich das verliere, was sie am Anfang zu mir hingezogen hat?*

»Selbst wenn du einen Bauch und eine Glatze bekommst, werde ich dich lieben, Eric! Du kannst meine Liebe nicht verlieren, weil sie nicht davon abhängt, dass ich sie *fühle*. Ich habe mich zu dieser Liebe *entschlossen*!«

Dann lieferte Leslie mir ein eindrucksvolles Bild für die Art von Liebe, zu der sie sich entschlossen hatte. »Eric, selbst wenn du einen schrecklichen Unfall hättest und den Rest deines Lebens im Rollstuhl verbringen müsstest, selbst wenn ich den Mann, den ich geheiratet habe, in deinem entstellten Gesicht nicht wieder erkennen würde ... Ich würde dich noch genauso lieben!«

Wow! (Hab ich nun einen guten Frauengeschmack oder nicht?) Das ist eine Art von Liebe, die so viele Menschen im Lauf der Geschichte gesucht und nicht gefunden haben, weil sie ganz einfach an den falschen Orten gesucht haben.

Viele von euch denken: *Ich möchte auch so lieben! Aber wie soll das gehen, solange ich niemanden habe, den ich so lieben könnte?*

Nun, auch wenn sich das vielleicht komisch anhört: Um so zu lieben, muss man nicht verheiratet sein. Es ist absolut wichtig, diesen einen wichtigen Punkt zu verstehen: Dein Liebesleben beginnt nicht erst, sobald du deinen zukünftigen Liebsten oder deine zukünftige Liebste triffst. Wenn du ein wirklicher Romantiker nach Gottes Plan bist, dann musst du dich hier und heute um dein Liebesleben kümmern! Also, ab und los! Ich habe eine gute Nachricht für alle Singles, die sich nach einem Liebesleben sehnen: *Ihr habt schon eins!* Der Augenblick, in dem ihr den Großen Liebhaber eurer Seele trefft, ist genau der Augenblick, in dem euer leidenschaftliches Liebesleben beginnt!

Dein Liebesleben

Wenn wir ihnen die Zungen abschneiden und den Christen verbieten zu reden, lieben sie mit ihren Händen, ihren Füßen und Augen, sie lieben immer und überall bis zu ihrem letzten Atemzug. Weiß denn niemand, wie man diesen dummen Christen die Kraft zu lieben wegnehmen kann?[1]

Ein rumänischer Gefängniswärter, dem das Foltern von Christen so viel Lust wie Frust bereitete.

Liebe ist das Parfüm Gottes. Du kannst dich ihm nicht nähern, ohne dass dir sein umwerfender Duft in die Nase steigt. Liebe ist auch der Wohlgeruch der wahren Nachfolger Christi. Es ist unsere persönliche Verantwortung als Nachfolger Christi, uns mit diesem Duft der Liebe zu durchtränken. Also nimm den Verschluss ab – und keine falsche Zurückhaltung bitte! Je stärker der Geruch, desto mehr bekommt diese Welt von Jesus mit.

Jesus hat kein Blatt vor den Mund genommen, als er sagte: »An eurer Liebe zueinander werden alle erkennen, dass ihr meine Jünger seid« (Johannes 13,35). Anders ausgedrückt: Wenn jemand nicht den Wohlgeruch Christi an sich hat, dann hat er keinen Beweis seiner wahren Hingabe an Christus. Liebe ist unser Ausweis als Christen. So wie ein FBI-Agent seinen Ausweis aufschlägt und »FBI!« ruft, so sollten wir als Christen mit unseren Einstellungen, Handlungen und Worten unter Beweis stellen: »Ich gehöre zu *ihm*!«

Den meisten Menschen ist einfach nicht bewusst, wie sehr unser Leben für andere klar und deutlich alles widerspiegelt, woran wir glauben und wen oder was wir anbeten. Du kannst, wie die folgende Geschichte beweist, eine Botschaft übermitteln, ohne auch nur ein Wort zu sagen.

Liebe kann nicht eingesperrt werden

In einer kalten, feuchten Gefängniszelle lag blutend ein Pastor, der misshandelt und gefoltert worden war. Diese Zelle war den Sterbenden vorbehalten. Es waren noch andere in der »Todeszelle« - geprügelte und leidende Gefangene, die auf den Tod warteten. Obwohl er schon fast keine Kraft mehr hatte, erzählte Pastor Iseu den anderen von der Schönheit des Himmels und von der Liebe Jesu. Sein Körper war noch auf Erden, aber sein Geist befand sich schon im Himmel.

Einer der anderen Gefangenen war der Kommunist, der Iseu beinahe zu Tode gefoltert hatte. Er war bei der Regierung in Ungnade gefallen und war nun selbst verhaftet und gefoltert worden. Auch er sah dem Tod ins Auge.

Der Gefangene, der Zeuge des folgenden Dramas wurde, beschrieb es als eine Szene wie im Himmel und sagte: »Du musst nicht im Himmel sein, um den Himmel zu sehen.«

Mitten in der Nacht wachte der verzweifelte Kommunist auf und schrie laut: »Bitte, Pastor, sprich ein Gebet für mich. Ich habe so schlimme Verbrechen begangen. Ich kann nicht sterben.«

Unter größten Schmerzen ging der Pastor, gestützt von zwei anderen Gefangenen, langsam zu seinem Folterer. Iseu streichelte ihm den Kopf und sagte: »Ich habe dir von ganzem Herzen vergeben und ich liebe dich. Wenn ich, der ich nur ein Sünder bin, dich lieben und dir vergeben kann, dann kann es Jesus, der der Sohn Gottes und die Fleisch gewordene Liebe ist, erst recht. Kehre um zu ihm. Seine Sehnsucht nach dir ist größer als dein Wunsch nach Vergebung. Du musst nur Buße tun.«

In der dunklen Zelle, in der sonst Härte und Hoffnungslosigkeit zu Gast waren, fand der Folterer die zärtlichste Zuwendung und die unverdienteste Gnade. Der Folterer beichtete seinem Opfer alle seine Morde und gemeinsam beteten sie. Dann umarmten sich die beiden geschundenen Männer wie zwei Brüder, die sich nach langer Zeit endlich wieder gefunden hatten. Der herzlose, verbitterte und immer einsame Verächter und Verfolger des Christentums blickte geradewegs in die wunderbaren Augen der Liebe ... und schmolz dahin. Und auch er wurde ein Liebhaber Christi.

Noch in dieser Nacht starben die beiden. Gewöhnlich hatte in der »Todeszelle« der Tod das letzte Wort. Aber wo Liebe ist, da ist es Jesus, der triumphiert.[2]

Lieben lernen

Eine solche Liebe ist übernatürlich! Eine solche Liebe ist nicht durch unsere eigene Willensstärke oder Entschlusskraft zu bewirken. Eine solche Liebe können wir nur durch den Großen Liebhaber selbst lernen. Und genau diese Liebe ist es auch, die den Mittelpunkt deines Liebeslebens bilden muss. Das Geheimnis des »schöneren Liedes« besteht in dieser außergewöhnlichen Liebe. Wir haben schon davon gesprochen, wie wichtig es ist, Gott zu vertrauen. Das Vertrauen auf Gott ist der Schlüssel, mit dem wir diese Schatzkiste aufschließen können. Aber sobald diese Kiste einmal offen ist, wirst du die Art von Liebe entdecken, die das funkelnde Geheimnis einer himmlischen Liebesbeziehung ist.

Um diese Art von Liebe zu erfahren, musst du dich zuerst auf den Großen Liebhaber verlassen. Indem du dich auf ihn verlässt und von ihm lernst, wirst du für alle Welt ein strahlendes Beispiel für ihn sein.

Gott hat mir eine Frau geschenkt, die mir Jesu Liebe zeigt. Ich erzähle den Leuten gerne, dass ich jeden Morgen das Vorrecht genieße, neben dem Ebenbild Jesu Christi aufzuwachen.

Anders ausgedrückt: Dadurch, dass ich ihre Liebe empfange, habe ich zu einem tieferen Verständnis der Liebe meines Herrn gefunden.

Ich hoffe, das ist jetzt kein Schock, aber ich bin nicht immer ein vollkommener Heiliger. Ich weiß, ihr könnt das fast nicht glauben, aber es stimmt. Wenn jemand ein Lied davon singen kann, dann Leslie. Sie hat einen anderen Blick auf mein Leben als die meisten anderen Menschen. Sie spricht von meinen schlechten egoistischen Launen als von meiner »Kaka-Seite«. Ich bin nicht gerade stolz auf meine »Kaka-Seite«, aber noch ist Gott nicht fertig mit mir. Ich würde meiner Frau und der ganzen Welt nur zu gerne *jederzeit* das Wesen und den Charakter Jesu zeigen, aber ich habe immer noch meine »Kaka«-Momente.

Es gibt Tage, an denen ich wirklich nicht liebenswert bin. An solchen Tagen kommt es mir vor, als ob ich im Durchschnitt 273-mal »Es tut mir Leid, Les« sage. (Ich bin gut in Buchführung.) Aber ich habe eine Frau, die sich entschlossen hat, *nicht* Buch zu führen. Oder vielleicht sollte ich sagen, dass sie sich entschlossen hat, ihre Strichliste wegzuwerfen, anstatt sie zu behalten. Egal, wie launisch ich auch gewesen war, es ist in unserer Beziehung nicht ein einziges Mal vorgekommen, dass sie mir nicht vergeben hat, wenn ich sie darum gebeten habe. Ich liebe es, so geliebt zu werden! Es ist ernüchternd, aber lebensspendend!

Jetzt noch was Praktisches

Such dir ein Zimmer, wo du alleine sein kannst, am besten einen völlig stillen Ort. Bitte Gott, dir die großartige Liebe zu zeigen, die er für dich bereithat. Dann schlag deine Bibel bei Lukas 23 und 24 auf. Stell dir vor, dass du diese erstaunliche Geschichte zum ersten Mal liest. Gehe mit Jesus durch diese kurze Geschichte. Spüre den Staub zwischen deinen Zehen und höre das Durcheinander der herzlosen Menge. Fühle seinen Schmerz, versuche, seinen Leidenskampf zu verstehen, und gib dir wirklich Mühe, seine überschwängliche Liebe anzunehmen, *die dir gilt.* Schau ihm schließlich in der Stunde seines größten Leidens in die sanften Augen, und lasse zu, dass er die Frage stellt: *Mein Kind, bist du bereit, mir zu folgen und so zu lieben?*

Eine Liebe für die Ewigkeit

Romantik ist mehr als nur ein Gefühl

Turtel, turtel

Hast du schon mal zwei Menschen gesehen, die so hoffnungslos voneinander vereinnahmt waren, dass sie stundenlang einfach nur dasaßen, sich in die Augen schauten und die Welt um sich herum komplett vergaßen? So etwas bringt jeden, der sich in der Nähe aufhält, zum Würgen. Das nennt man Turteln!

Jan, eine Freundin von mir, erzählte mir, wie ihre Treffen mit dem Mann aussahen, der später ihr Ehemann werden sollte: »Wir achteten zum Beispiel gar nicht auf den Film, den wir eigentlich miteinander ansehen wollten, wir saßen nur da und schauten uns die ganze Zeit tief in die Augen.« Oh ja, das ist Turteln!

Bist du schon einmal so bis über beide Ohren in jemanden verknallt gewesen, dass du dich zum Affen gemacht hast? Während unserer Verlobungszeit waren Eric und ich geradezu idiotisch verliebt. Für die meiste Zeit jener sechs Monate waren wir fast 2.000 Kilometer voneinander entfernt, und ich kann gar nicht sagen, wie erleichtert ich bin, dass niemand unsere Telefongespräche aus jener Zeit aufgenommen hat! (Ich sag nur: turtel, turtel!)

Einmal, als Eric auf Reisen war, übernachtete er im Haus

eines Freundes namens Ryan (ein Single, der keinen Sinn fürs Turteln hatte). Sobald Eric dachte, dass die Luft rein sei, schlich er spätabends zum Telefon und rief mich an. Während er mir mit seiner »Kussi-Bussi«-Stimme (die wie eine Mischung aus Kermit dem Frosch und dem Ferkelfreund von Winnie Pooh klang) sein Herz ausschüttete, lauschte Ryan hinter der Wand und lachte sich halb tot über Eric. Bis heute erinnert Ryan Eric und mich immer wieder an dieses Gespräch! Aber Eric hat eine Antwort auf seine Sticheleien parat: »Warte nur ab, bis die Liebe dich erwischt, Kumpel! Dann zahl ich's dir heim!«

Wenn wir daran denken, in jemanden »verliebt« zu sein, kommt uns meistens als Erstes die Turtelei in den Sinn – diese leidenschaftlichen, überwältigenden Gefühle der Bewunderung und Hingabe.

Eine andere Flamme, die gewöhnlich unsere Leidenschaft für eine andere Person anfeuert, ist die körperliche Anziehung. Wenn wir jung und sorgenfrei sind, basieren unsere Gefühle für eine andere Person häufig auf dem, was unsere Hormone uns sagen. Wenn wir uns körperlich von jemandem angezogen fühlen, wird jedes Mal ein Feuer in uns entfacht, und unser Herz schlägt Funken, wenn er oder sie den Raum betritt.

Seien wir ehrlich, die Turtelei macht Spaß. Und was wäre eine Beziehung ohne einen gewissen Anteil an solch einer idiotischen Leidenschaft? Aber es gibt eine Frage, der wir uns stellen müssen: Reicht die Turtelei aus, um auf ihr eine dauerhafte Liebe aufzubauen?

Glücklich bis an ihr Ende?

Für den Fall, dass du es bisher noch nicht bemerkt hast: Die Turtelphase ist eine ziemlich wacklige Angelegenheit. In einer Minute bist verrückt nach jemandem und kannst dir nicht vorstellen, ohne ihn zu leben, und schon einen Tag später fragst du dich, was du überhaupt an ihm oder ihr gefunden hast. Die meisten meiner Beziehungen waren nicht mehr als eine emotionale Achterbahnfahrt – die Höhepunkte waren die Turtelphasen, die Talsenken waren die Momente, wenn diese Gefühle langsam aufhörten.

Ein anderer nicht sehr stabiler Faktor ist die körperliche Schönheit. Wie die ganze Sache mit der Turtelei kann auch körperliche Anziehung sehr wacklig sein. Schönheit vergeht unweigerlich mit der Zeit. Ich meine, wann hast du das letzte Mal erlebt, wie eine Clique Jungs an einem Freitagabend einer 97-jährigen Frau mit Gehhilfe hinterhergesehen haben? Ich glaube nicht, dass du in so einer Situation einen Pfiff hören würdest oder einen jungen Kerl, der ruft: »Ui, ist die heiß!« Schönheit bleibt *nicht* ewig.

Mir machte das immer Sorgen, wenn ich über die Ehe nachdachte. *Wenn die Turtelphase kommt und geht und auch körperliche Schönheit mit der Zeit vergeht, woher soll ich dann wissen, dass unsere Liebe bleibt?*

Solche Sorgen sind in unserer Zeit und in unserem Alter nicht von der Hand zu weisen. Wer möchte sich schon gerne Hals über Kopf in jemanden verlieben, in den Sonnenuntergang reiten und bis ans Ende glücklich zusammenleben ... und sich dann scheiden lassen? Und doch trifft dieses zum Albtraum gewordene Märchen für zu viele Paare den Nagel auf den Kopf. Scheidung ist eine Seuche, die unsere Gesellschaft in bislang nicht gekanntem Maß durchdringt.

Tatsächlich zeigen Untersuchungen, dass die Scheidungsraten unter Christen inzwischen denen von Nichtchristen in nichts mehr nachstehen!

Wenn wir daran denken, einmal zu heiraten, wie können wir verhindern dass auch wir nur zu einem weiteren Fall für die Statistik werden? Wie können wir sicher sein, dass unsere von Gott geschriebene Liebesgeschichte ein Leben lang hält?

Die Antwort liegt in der *Art* von Liebe, für die wir uns als

Grundlage einer Beziehung entscheiden. Wenn wir sie auf der Turtelei oder auf körperlicher Anziehung aufbauen, steuern wir mit hoher Wahrscheinlichkeit auf eine Scheidung zu, weil wir eines Tages aufwachen werden, um festzustellen, dass diese Gefühle vergangen sind.

Jemand hat mir einmal gesagt: »Verschiedene Partner gehabt zu haben ist eine gute Vorbereitung auf die Ehe. Indem man verschiedene Freunde ausprobiert, findet man heraus, was man von seinem Ehepartner erwartet.«

So sehr mir diese Aussage auch gefallen hat, mir wurde schnell klar, dass meine Beziehungen mich nicht sehr gut auf die Ehe vorbereiteten. Ehrlich gesagt bereiteten sie mich wohl eher auf die *Scheidung* vor! Aus einer Laune heraus stürzte ich mich kopfüber in eine Beziehung, kostete die Turtelphase und Schwärmerei aus, und wenn diese Gefühle dann nachließen, machte ich Schluss und suchte mir jemand Neues – ein ewiger Kreislauf *kurzzeitiger* Beziehungen. Aber Gott hat die Ehe nicht als eine kurzzeitige Sache angelegt. Indem ich so lebte, bereitete ich mich nicht darauf vor, mein Leben lang einen Mann zu lieben; ich bereitete mich auf zahlreiche kurze Affären vor, die allein auf meinen Gefühlen basieren würden.

Wahre Liebe

Es gibt eine andere Liebe, eine höher stehende Liebe, die stark genug ist, um eine lebenslange Beziehung zu tragen. Es ist dieselbe Liebe, die der rumänische Christ seinem Peiniger im Gefängnis gegenüber gezeigt hat. Es ist genau die Liebe, die Gott für uns hatte, als er seinen einzigen Sohn an unserer Stelle geopfert hat. Und diese Liebe beruht nicht auf Gefühlen oder körperlichem Verlangen. Sie basiert auf einer *Entscheidung*: »Dein Wohlergehen ist mir wichtiger als mein eigenes. Ich gebe, wenn es sein muss, mein Leben für dich hin.«

Als Eric und ich uns gegenseitig versprochen haben, dass wir unser Leben lang zusammenbleiben – egal, ob ihm die Haare ausgehen oder er einen Bauch bekommt, und egal, ob ich jedes Essen anbrennen lasse –, wussten wir, dass wir dieses Versprechen würden halten können, weil es nicht auf unseren Gefühlen beruhte, sondern auf einer *Entscheidung*.

Bitte versteht mich nicht falsch, die ganze Turtelei und die körperliche Anziehung sind ein aufregender und schöner Teil jeder gesunden Beziehung. Aber in unserer Kultur sind leidenschaftliche Gefühle und körperliches Verlangen die *ausschließliche* Basis für beinahe jede romantische Beziehung. Kein Wunder also, wenn um uns herum die Beziehungen nur so auseinander brechen!

Wir müssen uns die Turtelei und was damit zusammenhängt als bloßen Zuckerguss auf einem Kuchen vorstellen – sie verleiht einer Beziehung noch das gewisse Etwas, aber sie ist nicht die Zutat, die eine Beziehung zusammenhält. Wenn wir keine dauerhafte Liebe und Hingabe für unseren Ehepartner als Grundlage unserer Beziehung haben, haben wir gar nichts.

Wenn überhaupt jemand wissen sollte, wie man mit einer dauerhaften Liebe liebt, dann sollten das Christen sein. Wir haben schließlich das Beispiel Jesu Christi, nach dem wir unser Leben und unsere Liebe für andere gestalten können. Er hat uns zuerst geliebt und ermöglicht es uns, so zu lieben wie er! Warum vernachlässigen wir diese Art von Liebe so oft, wenn es um diesen entscheidenden Bereich geht – um unser Liebesleben?

Liebe, die Stürme überdauert

Karen und Scott waren seit zehn Jahren glücklich verheiratet, als etwas passierte, das ihr Leben für immer veränderte. Scott, ein angesehener Geschäftsmann, stieß auf dem Weg zur Arbeit mit einem Lastwagen zusammen, der einen zwei Tonnen schweren Anhänger zog. Der Anhänger landete auf seinem Wagen und klemmte ihn ein. Scott erlitt einen schweren Schlag gegen den Kopf.

Im Krankenhaus sagte man Karen, dass Scotts Gehirn schwere Schäden davongetragen habe. Er konnte nicht mehr wie ein Erwachsener denken oder sich verständigen. Im ersten Moment erkannte er sie nicht einmal wieder.

In den nächsten Wochen und Monaten musste Karen mit der Tatsache fertig werden, dass ihr Mann im Rollstuhl saß und wie ein Kind redete und handelte. Er konnte nicht mehr alleine essen, sich waschen oder anziehen ... er war nicht mehr der selbstständige Mann, den sie geheiratet hatte.

Die meisten von uns hätten Karen sicher keinen Vorwurf gemacht, wenn sie ihn in ein Pflegeheim gegeben und ihr eigenes Leben weitergelebt hätte. Immerhin konnte er in keiner Weise mehr ihre Bedürfnisse erfüllen, und es musste eine große Last für sie sein, sich um ihn zu kümmern.

Aber Karen sah das anders: »Ich erinnerte mich daran, dass ich Scott an unserem Hochzeitstag ein Versprechen gemacht hatte – und Versprechen bricht man nicht!«

Und so dient sie Scott seit Jahren treu. In all diesen Jahren liebte sie ihn, auch wenn er sie nicht erkannte, und half ihm, auch wenn er keine Hilfe zurückgeben konnte. Inzwischen hat Scott enorme Fortschritte gemacht, auch wenn er nach wie vor körperlich behindert ist. Er bedarf ständig der Liebe, Hilfe und Unterstützung von Karen, und all das gibt sie ihm treu. Ist das nicht unglaublich?

Das ist die heldenhafte Liebe Christi in Aktion. Das ist die Art von Liebe, aus der christliche Ehen geschnitzt sein sollten!

Ein einfaches Glas Wasser

Bedingungslose Liebe kann man aber auch auf weniger dramatische Weise zeigen. Seit unserer Hochzeit habe ich Eric zahlreiche Gelegenheiten geboten, seine bedingungslose Liebe zu mir zu beweisen. Er hat mich krank im Bett gesehen, mit einem Haufen Taschentücher auf dem Boden. Er hat mich in meiner schlechtesten Laune gesehen, in der ich kindisch durchs Haus stürme und Türen knalle, damit auch ja jeder weiß, dass ich einen schlechten Tag habe. Er hat mich ungekämmt und ungeschminkt gesehen, wenn ich gerade aufgewacht bin (kein schöner Anblick!), und er liebt mich noch immer!

Ich weiß nicht, woran es liegt, aber jedes Mal, wenn wir gerade gemütlich abends im Bett liegen und das Licht ausgemacht haben und kurz vor dem Einschlafen sind ... bekomme ich irgendwie Durst. Natürlich bin ich dann schon viel zu schläfrig und faul, um selbst noch einmal aufzustehen und mir ein Glass Wasser zu holen! Also sage ich mit meiner überzeugendsten Kleinmädchen-Stimme zu meinem geliebten Ehemann: »Schahaaatz? Ich brauche etwas Wasser.«

Er muss darauf nicht reagieren. Er könnte einfach so tun, als sei er schon eingeschlafen, oder bloß sagen: »Hol's dir selbst.« Aber das tut er nicht. Nach einem müden »Hä? Äh ... okay« steht er heldenhaft aus dem warmen Bett auf und schlurft in die Küche, um mir ein Glas Wasser zu holen. Keine Beschwerden. Kein Murren. Einfach reine, bedingungslose Liebe in Aktion.

Ich würde nicht dazu raten, bedingungslose Liebe einfach mal so zum Spaß zu testen. (Auch wenn diese Wasser-Sache dem schon sehr nahe kommt, ich geb's zu.) Aber es ist einfach wunderbar zu wissen, dass unsere Beziehung auf dieser Art von Liebe beruht ... ein Leben lang.

Mein ganzes Leben lang

Kurz nach meiner Entscheidung, »Gott den Stift zu überreichen«, um ihn meine Liebesgeschichte schreiben zu lassen, lernte ich eine Wahrheit darüber, wie ich meinen zukünftigen Ehemann lieben sollte, die mein Leben grundlegend veränderte.

Ich las wie jeden Tag in den Sprüchen, und an diesem Tag war ich gerade bei Kapitel 31 – der Bibelstelle, in der »die gottgefällige Ehefrau« beschrieben wird.

Ich muss zugeben, dass ich nicht sehr sorgfältig las und die Worte nicht allzu ernst nahm. Schließlich würde mich das meiste davon ja erst betreffen, *wenn* ich einmal eine Ehefrau wäre, und das hatte ja, was mich anging, noch Zeit! Doch plötzlich fiel mein Blick auf einen Vers, der aus den anderen hervorstach:

Ihr ganzes Leben lang macht sie [die tüchtige, gottgefällige Frau] ihm [ihrem Ehemann] Freude und enttäuscht ihn nie.
(Sprüche 31,12)

Moment mal! Meine Gedanken galoppierten. *Ihr ganzes Leben lang?* Was sollte das denn heißen? Eine Frau, die ihr *ganzes* Leben lang verheiratet war, hatte ich noch nie getroffen. Sollte dieser Vers etwa bedeuten, dass sie ihm Freude machte ... bevor sie ihm überhaupt begegnete?

Etwas gab meinem Herzen einen sanften Schubs, und irgendwie wusste ich, dass das genau das war, was Gott für mich wollte – dass ich meinem zukünftigen Ehemann Freude zu machen versuchte ... und zwar schon jetzt.

Wie kann ich jemanden lieben, dem ich noch gar nicht begegnet bin?, versuchte ich es innerlich mit einem Gegenargument. *Ich meine, immerhin hebe ich mich schon für meinen zukünftigen Ehemann auf. Was soll ich denn sonst noch tun?*

Das sanfte Schubsen ging weiter und ließ mir keine andere Wahl, als meinen Lebensstil noch einmal genau unter die

Lupe zu nehmen. Wie war ich bisher an Beziehungen herangegangen? Jedes Mal, wenn ich mit jemandem zusammen war, schütte ich dieser Person meine Gefühle aus, widmete ihr meine Zuneigung, Zeit und Aufmerksamkeit. Ganz zu schweigen davon, dass ich mich, auch wenn ich technisch gesehen noch Jungfrau war, nicht gerade keusch verhielt. Ständig setzte ich meine eigenen Ansprüche Stück für Stück herab.

Wie würde sich dein zukünftiger Ehemann fühlen, schien mein Herz zu fragen, *wenn er sehen könnte, wie du alles, was dich ausmacht, in diese Beziehungen steckst? Wenn er sehen könnte, wie du bereitwillig dein Herz, deine Gefühle und deine körperliche Reinheit weggibst – einen Schatz, der ihm zusteht?*

Ich spürte einen Stich in meinem Herzen. Mir wurde plötzlich so klar, dass ich mit dem Lebensstil, den ich bislang gepflegt hatte, meinen zukünftigen Ehemann nicht geliebt hatte. Ich hatte überhaupt nicht an ihn gedacht! Stattdessen hatte ich mich ausschließlich darum gekümmert, meine eigenen unmittelbaren Bedürfnisse zu erfüllen. Eine Traurigkeit überkam mich – darüber, dass ich seinen Schatz Stück für Stück an jeden neuen Mann, mit dem ich zusammen war, weggegeben hatte.

»Herr, ich möchte dir und meinem zukünftigen Ehemann mit meinem Lebensstil Ehre erweisen«, betete ich an diesem Tag, »und ich verpflichte mich heute, ihn von nun an zu lieben und ihm Freude zu machen.«

Mein Liebesleben veränderte sich völlig. Auch wenn ich ihn damals noch nicht kannte, begann ich von diesem Moment an, meinen zukünftigen Ehemann wirklich »mein ganzes Leben lang« zu lieben. Das war nicht immer leicht. Manchmal schmerzte es auch. Und natürlich gab es zahlreiche Augenblicke, in denen die alte Selbstsucht wieder hervorzukommen versuchte. Aber mit Gottes Hilfe legte ich den Grundstein für eine lebenslange Beziehung, denn ich war bereit, meinen zukünftigen Ehemann mit einer aufopfernden, einer selbstlosen, einer dauerhaften ... ja, mit einer bedingungslosen Liebe zu lieben.

Jetzt noch was Praktisches

Such dir einen Platz, wo du ganz für dich bist. Leg eine romantische Hintergrundmusik in den CD-Player und lies 1. Korinther 13. Denke über all diese Eigenschaften der wirklichen Liebe Christi nach, die einen himmlischen Liebenden ausmachen. Bist du von Eigenliebe erfüllt oder von *selbstloser* Liebe? Bist du bereit, aufopferungsvolle Liebe zu erlernen? Bete und bitte Gott, dich zu lehren, wie du mit dieser großartigen Liebe lieben kannst, selbst wenn es schwer und schmerzhaft ist.

Innere Vortrefflichkeit entwickeln

Reinheit, die unter die Haut geht

Eine unschätzbare 91-Cent-Lektion

»Hey, Eric!«, schrie Steve, als ich es mir gerade in der gelben Plastiksitzecke bei McDonald's gemütlich machte. »Bob wettet, dass die *Huskers* deine *Buffs* um 20 Punkte schlagen!«

»Was?«, kreischte ich. »Bob, deine *Huskers* können von Glück reden, wenn sie aus *Folsom Field* lebend wieder rauskommen, von einem Sieg ganz zu schweigen!«

Ah ... die selige Unizeit! Mir kommen die Tränen, wenn ich nur daran denke. Da war ich also mit meinen Kumpels, die, wie ich, mal wieder einen Freitagabend ohne weibliche Verabredung vor sich hatten. Um unsere Egos etwas zu bauchpinseln, trafen wir uns alle an unserem Lieblings-Abhäng-Treff und hauten unsere teuer ersparten 91 Cent für ein riesiges Schoko-Vanille-Softeis auf den Kopf ... und führten unsere »Männergespräche«.

Für alle weiblichen Leser, die immer schon mal wissen wollten, wie Männer gestrickt sind, ist jetzt der Augenblick gekommen. Wann immer wir Jungs in so einer gelben Plastiksitzecke zusammenhocken, verhalten wir uns eigentlich immer wie folgt (oder so ähnlich):

Als Erstes reden wir über Sport. Wir streiten uns darüber, grunzen, schwitzen, vergleichen unsere Muskeln und machen, was sonst noch männlich ist. Wenn wir dieses Thema erschöpfend behandelt haben, fangen wir an, über eins unserer anderen Lieblingsthemen zu reden: Essen!

»Wusstet ihr schon, dass es bei *Zips* jetzt fünf Cheeseburger für zwei Dollar gibt?«

Da heißt es dann: Begeisterung zeigen.

»Na ja, *ich* habe mir für zwei Dollar gerade erst 20 Bagel bei *Rosauers* gekauft!«

Das wird dann von uns allen mit einem lauten »Kein' Scheiß, Alter!« quittiert.

Schließlich haben wir dann alles Wichtige besprochen, was mit unserem Verdauungssystem zusammenhängt, und können zum Endokrinium weitergehen (das ist die Stelle, wo unsere ganzen Hormone rumhängen).

Ich glaube, in genau diesem Moment passierte es. Bob posaunte gerade aufgeregt die Neuigkeiten über die »scharfe Blondine« von *Sweeney Hall* heraus, die seine Hausarbeit zum Thema »Enten und tödliche Krankheiten« Korrektur las, als ich plötzlich ein sanftes Klopfen an meinem Herzen spürte.

Poch, poch!

Es war *Gott*, der mich an seine Position in diesem so überaus wichtigen Bereich meines Lebens erinnerte. Es war schon einige Monate her, dass ich »den Stift aus meiner Hand gegeben« hatte, und noch immer hatte ich manchmal deswegen mit ihm zu kämpfen.

Poch, poch!

Ich hatte einige ernsthafte Zweifel an Gottes Verlässlichkeit in Liebesdingen gehabt. Aber als er an diesem schicksalsträchtigen Freitagabend wieder anklopfte, erinnerte er mich an die Tatsache, dass ich ihm nicht nur den Stift zu meinem Liebesleben anvertraut hatte, sondern dass er mir auch eine Kleinigkeit gegeben hatte. Er hatte mir eine *wunderbare Hoffnung* geschenkt. Die Hoffnung, dass er jemanden darauf vorbereitete, mein Leben auf vollkommene Weise zu ergänzen!

Poch, poch!

Ich weiß noch, wie ich mich langsam aus dieser Realitätsebene verabschiedete. Bob erzählte uns gerade, wie seine »scharfe Blondine« sanft seine Hand berührte hatte, als sie einen Fehler im ersten Satz seines Textes gefunden hatte. Körperlich saß ich noch mit meinen Unikumpels dort am Plastiktisch, aber mental befand ich mich auf einem anderen Planeten. Zum ersten Mal in meinem Leben wurde mir wirklich bewusst, dass, wenn Gottes Plan und Ziel für mein Leben in der Ehe lag, es *irgendwo* auf diesem riesigen Planeten die Person geben musste, die ich eines Tages heiraten würde. Und genau in diesem Moment war sie mit irgendetwas beschäftigt! Ich verschwand völlig in einem ungeheuren Gedanken: *Sie lebt!*

Hast du darüber schon einmal nachgedacht? Nein? Dann tu es jetzt mal für einen Moment. Wenn Gottes Plan und Ziel für dein Leben in der Ehe liegt, dann ist die Person, die du eines Tages heiraten wirst, am Leben und wandelt auf der Erde (es sei denn, sie ist noch nicht geboren worden). Wenn das stimmt, wenn es sie wirklich irgendwo da draußen gibt, fragst du dich dann nicht, was sie gerade macht?

Genau das dachte ich nämlich damals: *Ich frage mich, was sie gerade macht!*

Ich dachte darüber nach, dass gerade Freitagabend und Vollmond war. Ich fragte mich, ob sie vielleicht auch den Mond ansah und womöglich an mich dachte. Alles war wunderbar. Dann traf es mich.

Hoffentlich ist sie nicht gerade mit irgendeinem Typen *zusammen!*

Vor meinem geistigen Auge sah ich plötzlich ein groteskes Bild: Irgendein Schönling legte wie eine Schlange seinen Arm um meine zukünftige Frau und flüsterte ihr mit seiner abscheulichen Stimme zu: »Sieht der Mond nicht wunderschön aus, Kleines?«

Als ob das nicht schon schlimm genug gewesen wäre, stellte ich mir vor, wie dieser Süßholz raspelnde Unhold seine riesigen, gierigen Lippen vorstülpte und ... meine zukünftige Frau *küsste*!

Ich fletschte die Zähne und meine Augen traten mir vor Wut fast aus dem Kopf. Mit der rechten Hand formte ich eine Faust und schlug sie mit voller Kraft in meine leere linke Hand. Ich war bereit, diesen Typen zu erledigen! Er rührte etwas an, das alleine *mir* gehörte!

Ich bin froh, dass mich keine Überwachungskamera aufgenommen hat, als ich da in der Plastiksitzecke saß. Meine Kumpel und ich verloren nie ein Wort darüber (davon wollte ich den anderen ganz bestimmt nicht erzählen!). Vielleicht dachten sie, mein kleiner Ausfall sei eine allergische Reaktion auf Softeiswaffelmehl oder etwas in der Art gewesen. Aber an diesem Abend, an dem ich ganze 91 Cent für eine Sache ausgab, an der ich mich nur schlappe fünfeinhalb Minuten erfreuen konnte, lernte ich eine unschätzbare kleine Wahrheit, die mir für den Rest meines Lebens Freude macht.

Während dieses beunruhigende Bild von meiner zukünftigen Frau und diesem »Hochstapler« meinen Kopf ausfüllte, pochte Gott erneut an mein Herz. Es war fast so, als ob sich sein großer, starker väterlicher Arm wie von selbst um meine Schultern legte. Auf eine Weise, wie nur Gott es kann, gab er meinem Herzen einen Schubs und steckte mir einen kleinen Zettel zu.

»Eric«, stand da auf diesem imaginären Zettel, »du möchtest gerne, dass deine zukünftige Frau rein ist, oder?«

»Und ob ich das möchte!«, tönte ich. »Ich will eine *reine* Frau!«

»Sehr gut, Eric«, hieß es da weiter auf dem Zettel. »Ich freue mich, dass du Wert auf Reinheit legst. Ich mag Reinheit auch!«

In diesem Moment lernte ich die Lektion meines Lebens.

»Stell dir vor, Eric! Wenn du dir eine reine Frau wünschst, was glaubst du, wie viel mehr sie sich Reinheit wünscht ... *von dir*!«

Der Donny-Lucero-Effekt

Ich weiß nicht genau, was letztlich den Ausschlag gab. Ob es Donny Lucero war, der mir wieder einmal einen Vortrag über die »leichten« Mädchen gab, oder ein lockeres Gespräch der Cheerleader, das ich zufällig mitbekam, bei dem es darum ging, dass endlich mal jemand ein Kondom für Frauen erfinden müsste, damit Mädchen mehr Kontrolle in einer sexuellen Beziehung hätten. Jedenfalls kam ich irgendwann zu dem Schluss, dass es auf der ganzen weiten Welt wohl kein Mädchen gab, das sich für mich aufsparen würde.

Man könnte das den »Donny-Lucero-Effekt« nennen. Unsere Sehnsucht nach etwas Schönem ist am Anfang sehr stark. Wir sehnen uns danach, wir glauben daran und wir warten sogar darauf – ähnlich wie beim Weihnachtsmann. Aber irgendwann kommt immer der Moment, wo wir der Realität ins Auge sehen. Wir sehen es nie, wir hören nie davon, und wir haben nicht einmal den leisesten Hauch eines Hinweises darauf, dass dieses »Schöne« wirklich existiert. Dann ist es schließlich so weit, und Donny Luceros Worte sind der letzte leichte Schubser, der unsere einst so zuversichtliche Sehnsucht in sich zusammenfallen lässt.

»Mir reicht's!«, grummeln wir angewidert. »Ich werde mich nicht für jemanden aufsparen, der sich nicht für mich aufspart!«

Der Donny-Lucero-Effekt hatte auch mich erwischt, und es würde mich nicht wundern, wenn es vielen von euch ähnlich ergangen ist. Ich meine, warum sollte ich mir das antun und meine Sehnsüchte so viele Jahre verleugnen, wenn die Person, für die ich das alles tue, nicht dasselbe für mich tut? Was für eine Verschwendung!

Ein schmieriger Kerl wie Donny

Als ich an jenem unvergesslichen Freitagabend in der Plastiksitzecke saß, dachte ich über mein Liebesleben nach. Ich dachte darüber nach, was es heißt, jemanden wirklich zu lieben, und was es heißt, rein zu sein.

Jahrelang hatte die Welt mich für eine »Sex-Machine« halten sollen. Ich war noch Jungfrau, aber das sollte niemand wissen. Man stelle sich vor, damals hätte mir jemand sowohl Jesus Christus als auch den schleimigen kleinen Donny Lucero vor die Nase gesetzt und gesagt: »Eric, du hast die Wahl. Du kannst dir aussuchen, in wessen Ebenbild du verwandelt wirst und wessen Charakter du bekommst – den des Königs des Universums oder den dieses schmierigen Kerls Donny. Was wäre dir lieber? Denk gut darüber nach, Eric, denn mit dieser Entscheidung wirst du leben müssen.«

Auch wenn es sehr erniedrigend ist, das zuzugeben, aber bis zu jenem Punkt in meinem Leben hätte ich mich höchstwahrscheinlich für den schmierigen Kerl und gegen Jesus entschieden. Donnys Leben kam mir von außen so attraktiv vor. Es sah so aus, als würden seine Sehnsüchte gestillt, als würde ihm jedes Verlangen freudig erfüllt. Sein leeres und zielloses Leben sah ich damals nicht, genauso wenig wie seine endlose Suche nach einem Sinn, nach Annahme und ... Liebe.

Reinheit ist ein schöneres Lied

Mit Gott an meiner Seite las ich den Zettel, den er mir »zugesteckt« hatte, zu Ende. Der letzte Satz lautete: »Geben ist seliger als nehmen, Eric« (vgl. Apostelgeschichte 20,35).

Es war mal wieder das »schönere Lied«! Dieses Wort *seliger* – genau dieses Wort beleuchtet den Weg zu *höchstem Glück*! Ich stellte fest, dass ich darüber nachdachte, was ich geben konnte, anstatt darüber, was ich bekommen konnte.

Mein ganzes Leben lang hatte ich mir von meiner zukünftigen Frau gewünscht, dass sie mir den Gefallen tat und rein blieb, mich respektierte und mir bewies, dass ich die Liebe ihres Lebens bin. Ich hungerte nach der »schöneren Seite der Liebe«, aber mir war nicht klar gewesen, dass ich sie nur dann finden würde, wenn ich mit meinem eigenen Leben anfinge und mir Gedanken um *meinen* Lebenswandel machte statt um *ihren*, und dass ich sie nur finden würde, wenn ich mich schließlich darauf konzentrierte, sie zu ehren, *bevor* wir uns trafen, selbst dann, wenn sie selbst möglicherweise *keinen Gedanken* daran verschwendete, mich zu ehren.

Meine unschätzbare 91-Cent-Lektion lautete daher:

Eric, willst du wirklich dieses »schönere Lied«? Dann behandle dein Leben wie einen unbezahlbaren Schatz und bewahre und poliere ihn beständig für deine zukünftige Ehefrau. Wenn sie eines Tages dieses Geschenk erhält, dann wird es kein Liebeslied auf dieser Welt geben, das die zärtliche Liebe und Romantik eines solchen Momentes auszudrücken vermag. Nur der Himmel kann eine so schöne Melodie spielen!

Genau diese Szene hat sich vor 2000 Jahren schon einmal abgespielt – der Bräutigam damals hieß Jesus, die Braut waren seine Nachfolger. Das Universum ist seitdem nicht mehr dasselbe!

Faule Mangos

Dein ganzer Körper – von deinem Herzen über deinen Verstand bis zu der Haut, die alles zusammenhält – ist ein Schatz. Aus irgendeinem Grund betrachtet unsere Generation von Christen Reinheit als eine rein äußerliche Angelegenheit. Solange wir keinen Sex haben, sind wir – so meinen sie – »rein«.

»Ich lese nur die Artikel!«

Ach ja. Der berühmte Satz, der auf ewig seinen Platz in der Geschichte von McDuffey Hall hat. Der Satz, den dieser wirkliche »Kerl« sagte, als er mit einem *Playboy* in der Hand vor das selbst ernannte Moral-Kommitee der Universität gerufen wurde. Der Rest des Satzes lautete ungefähr: »Das ist doch lächerlich. Ich gucke mir doch nicht die Bilder an!«

Nun, jeder Typ, der schon einmal mit leerem Magen vor einem Teller Spare Rips saß und dem dabei das Wasser im Mund zusammengelaufen ist, wird sagen: »Na klar!«

Reinheit ist nichts Oberflächliches. Kein ehrlicher Mann würde das leugnen. Menschen sind wie Mangos. Es passiert oft, dass eine völlig verfaulte Mango von außen ganz normal aussieht, aber ich würde nicht empfehlen, sie zu essen. Und ich würde auch nicht empfehlen, eine faule Mango zu heiraten. Von außen sehen sie vielleicht ganz appetitlich aus, aber du läufst Gefahr, dir nicht nur den Magen zu verderben, wenn du sagst: »Ja, ich will.«

Mal unter uns Männern

Lasst diese verdrehte Welt ein wenig Himmel auf Erden schmecken, indem ihr wohlwollend das Blatt annehmt, das das Leben euch zuspielt. Leuchtet im dichten, verdorbenen Nebel dieser Generation wie ein Leuchtturm, führt andere zur Güte und Gnade Gottes. Auch wenn diese Welt verschmutzt ist, lebt in makelloser Reinheit, lasst euch nicht von all dem Unrat um euch herum beflecken.
Nach Philipper 2,14–15

Jungs, stellt euch mal vor, dass Gott vorhat, eines Tages eine kostbare und wunderbare Ehefrau in euer Leben zu bringen, die euer Herz jedes Mal schneller schlagen lässt, wenn ihr sie anschaut. Könnt ihr euch das vorstellen?

Jetzt möchte ich, dass ihr euch vorstellt, dass diese schöne junge Frau euch in diesem Moment sehen kann. Tut so, als könnte sie euch *überall* beobachten und als könnte sie *alles* sehen, was ihr tut. Ich weiß, das strapaziert eure Fantasie ganz schön, aber probiert es mal!

Gut, dann stellt euch jetzt die folgende Frage: *Wenn sie mir den ganzen Tag folgen würde, an jedem Tag meines Lebens, würde sie sich von mir geschätzt und geliebt fühlen durch die Art und Weise, wie ich mit anderen Mädchen umgehe? Würde sie am Ende eines jeden Tages sagen können: »Er liebt mich wirklich«? Oder wäre sie tief verletzt dadurch, dass ich anderen Frauen gebe, was ihr zusteht?*

Was, zum Beispiel, wenn ich den Freitagabend nicht mit meinen Kumpels verbringe, sondern mit einer parfümierten jungen Dame? Was, wenn meine zukünftige Frau sehen könnte, wie ich meinen Arm um die Schultern eines anderen Mädchens lege? Was, wenn sie mitbekäme, wie ich meine riesigen, gierigen Lippen vorstülpe und eine andere küsse? Glaubt ihr, sie würde mich womöglich noch anfeuern?

»Los, Eric, komm schon! Meine Güte, er wird ein *unglaublicher* Küsser sein. Ich kann gar nicht abwarten, bis ich an der Reihe bin.«

Wohl kaum! Ich weiß genau, wie Leslie auf so eine Szene reagieren würde. Sie hätte Tränen in den Augen und ein gebrochenes Herz, weil ich meine Liebe und Zuneigung einer anderen gegeben hätte als ihr.

Eheversprechen sind eine ernste Angelegenheit! Vor einer ganzen Menge von Zeugen verkündest du deine Liebe und lebenslange Treue zu deiner Frau. Ob sie krank ist oder gesund, geschminkt oder ungeschminkt, *du hast dich verpflichtet.* Viele von uns Jungs warten bis zum allerletzten Augenblick, um sich wirklich dieser einen Frau gegenüber zu verpflichten. Das ist ungefähr so, als hättest du noch nie einen Basketball in der Hand gehabt und wolltest dich dann bei den *Harlem Globetrottern* bewerben. Auf diese Weise wirfst du in deinem Leben eine Menge Bälle ins Leere. Das Geheimnis einer himmlischen Liebesbeziehung liegt darin, dass du damit anfängst, für eine Frau ein reines Leben zu führen und sie mit deinen Gedanken, Taten und Worten zu ehren, und das lange *bevor* du ihr begegnest.

Von jener Nacht an, in der ich den Riesenbetrag von 91 Cent investierte, war es mein Ziel anzufangen, so zu leben, als könnte sie mich sehen. Ich wollte sie lieben und ehren, bevor ich sie überhaupt traf. Und mir wurde klar, dass ich das schaffen konnte, indem ich mir bei jeder Situation, in der ich mich befand, vorstellte, dass sie direkt neben mir stünde, und darüber nachdachte, welche Auswirkungen meine Entscheidungen auf sie hätten.

Sechs Monate vor unserer Hochzeit sagte Leslie etwas zu mir, das mich erschaudern ließ. Sie sagte einfach nur: »Eric, ich wünschte, du hättest in deinem *ganzen* Leben kein anderes Mädchen begehrt!«

Wie soll man als Mann auf so eine Aussage reagieren? Es geht nicht darum, ob das ein unrealistischer Wunsch für eine Frau ist oder nicht. Worauf es ankommt, ist das: Ihre Sehnsucht in diesem Moment war es, dass ihr Mann ihr sein *ganzes* Leben lang treu gewesen wäre, nicht erst, seit er sie kennen gelernt hatte. Und deiner zukünftigen Frau geht es in diesem Moment ebenfalls so, auch wenn du sie noch nicht kennst.

Versprich ihr *jetzt* dein Herz, deinen Verstand und deinen Körper! Es ist leicht, von einer oberflächlichen Beziehung zur nächsten zu gehen und deine eigenen egoistischen Bedürfnisse zu erfüllen. Aber es braucht einen richtigen Mann, einen richtigen Liebhaber, um einer Frau ihr ganzes Leben lang das zu geben, was sie braucht. Ich garantiere dir, dass die Belohnung für solch eine Entscheidung unvergleichlich ist. Und sie wird dich so lieben, wie ein Mann sich wünscht, geliebt zu werden.

Aber was, wenn ...?

Eine wichtige Frage steht allerdings immer noch im Raum.

»Was, wenn ich *nicht* heirate? Was, wenn es gar nicht Gottes Plan und Ziel für mich ist, einmal das Jawort zu geben? Welchen Sinn hätte das, was ich jetzt tue, wenn es nicht mal einen zukünftigen Ehepartner für mich gibt, für den das wichtig sein könnte?«

Das ist eine berechtigte Frage. Ich meine, es ist eine Sache, all diese Sehnsüchte zurückzustellen, wenn sie eines Tages in der Ehe erfüllt werden - aber was, wenn das *nicht* der Fall ist?

Eines der wertvollsten und kostbarsten Dinge, die wir lernen können, ist diese einfache Wahrheit: Auch wenn wir nie heiraten, ist es keine Verschwendung, unser Herz zu bewahren, auf unsere Gedanken zu achten und unseren zukünftigen Ehepartner mit unserem Lebensstil zu ehren. Denn wir tun das nicht nur für unsere zukünftige Ehe hier auf der Erde; es ist auch eine Investition in unsere glorreiche zukünftige Ehe mit Jesus im Himmel.

Noch viel wichtiger als was unser zukünftiger Ehepartner denkt und fühlt, sind die Gedanken und Gefühle unseres liebevollen Retters und Herrn Jesus. Hat er Tränen in den Augen, wenn er unser Leben betrachtet?

Für den Großteil meines Lebens bin ich in den Fußspuren von Donny Lucero gewandelt anstatt in denen von Christus. Ich danke Jesus, dass er Geduld mit mir hatte und seine Treue zu mir nicht von meiner Loyalität zu ihm abhing. Es gab mit Sicherheit viele Tage, an denen er wegen meines unbesonnenen Lebensstils Tränen in den Augen hatte. Aber jetzt gehöre ich zu ihm, höre auf das »schönere Lied« und lerne, Leslie so zu lieben, wie er mich zuerst geliebt hat. Und ich würde zehn Millionen schwieriger Schritte in seiner Nachfolge nicht gegen ein einziges träges Schlurfen in Donny Luceros Schuhen tauschen.

Das ist es, worum ich Gott für euch bitte: dass euer Liebesleben Jesus stolz mache, dass es erfüllt sei von der Erkenntnis der Wahrheit, dass ihr das nötige Werkzeug habt, das Feinste und Beste zu erkennen. Und dass jeder, dem ihr begegnet, durch euch die unglaubliche Schönheit Jesu erkennt und zum Glauben kommt, damit auf diese Weise das Lob Gottes immer noch zunehme.
Nach Philipper 1,9-11

Jetzt noch was Praktisches

Hast du nicht manchmal Phasen in deinem Leben, in denen du am liebsten Gott in den Kopf gucken würdest? Dann schlag doch deine Bibel mal bei Matthäus 5 auf, und du bekommst eine kleine Ahnung, wie der Herr des Universums denkt. Wenn du die Worte Jesu liest, wirst du feststellen, dass Gottes Wege vollkommen anders sind als unsere Wege. Wo wir Menschen äußerlichen Gewinn und äußerliche Schönheit schätzen, sieht Gott tiefer und applaudiert *innerem* Gewinn und *innerer* Schönheit. Frag dich selbst einmal, ob du in deinem Leben die richtigen Schwerpunkte gesetzt hast.

Aufs Herz kommt es an

Innere Vortrefflichkeit aus weiblicher Sicht

Als meine Mutter 13 war, spielte sie immer noch mit ihrer Puppe und hatte noch nie ein Paar hochhackiger Schuhe getragen. Die Zeiten haben sich geändert. Als ich 13 war, hing ich im Einkaufszentrum rum und mir wurden Zigaretten und Bier angeboten. Und das war nicht das Einzige, was mir angeboten wurde. Mit 13 bot sich mir die erste Gelegenheit, Sex zu haben.

Ich kannte Bryan, einen 15-jährigen Möchtegern-Gangster mit ausgebeulten Hosen, der sich für die Teenager-Ausgabe von David Hasselhoff hielt, gerade einmal zwei Tage, als er mich aus heiterem Himmel anrief, um mir einen »romantischen Vorschlag« zu machen. Das Ganze lief ungefähr folgendermaßen ab:

»Hi, Lisa«, nuschelte er, während er mit einem grotesken Krachen einen Kartoffelchip zerbiss.

»Ich heiße Leslie«, korrigierte ich ihn.

»Ach, 'tschuldigung, hab ich vergessen.« Er kam ins Stocken beim Versuch, einen Rülpser zu unterdrücken. »Na ja, jedenfalls mag ich dich echt gern, und ich hab mich gefragt, wann wir wohl mal in die Kiste steigen könnten, was meinst du?«

O Bryan, du hast es echt raus, einem Mädchen den Atem zu rauben!

Glücklicherweise hatte man mir eine gehörige Dosis Enthaltsamkeit gepredigt, und in der Gemeinde hatte ich gelernt, dass »wahre Liebe wartet«. Mit Erfolg probierte ich also am schleimigen Bryan die »Einfach-Nein-Sagen«-Technik und er verschwand angenehmerweise aus meinem Leben. Aber von diesem Punkt an reihte sich eine Gelegenheit, meine Unschuld zu verlieren, an die nächste.

Als meine Mutter in der High School war, waren »leichte« Mädchen schlecht angesehen. Es war allgemein akzeptiert, ja sogar ganz selbstverständlich, dass man die Schule als Jungfrau abschloss. Als *ich* in die High School kam, wurden auf den Fluren Verhütungsmittel verteilt, und wenn jemand als Jungfrau von der Schule ging, dann nur weil er oder sie ein Freak war, mit dem niemand etwas zu tun haben wollte.

In der Welt, in der ich lebte, fand sexuelle Verführung nicht in dunklen Ecken statt - die sexuelle Verführung war allgegenwärtig. Fast alle meine Freundinnen hatten ein aktives Sexleben - und sie erzählten mir regelmäßig von ihren neuesten Eroberungen. Ich kannte Pärchen, die sich in der Pause in ihr Auto zurückzogen und so während der Schulzeit miteinander schliefen. Und auf jeder Party, auf die ich ging, drehte es sich natürlich nur darum, mit seinem neuesten Schwarm in eine stille Ecke zu verschwinden und sexuelle Experimente zu veranstalten. Auf den Schulfluren wurden die Mädchen von den Jungen auf eine Art und Weise berührt und betatscht, die unseren Eltern in unserem Alter die Schamesröte ins Gesicht getrieben hätte. Aber uns wurde beigebracht, darüber zu lachen oder sogar mitzumachen. Jedes Mädchen, das seine »Reinheit bewahren« wollte, machte sich lächerlich und wurde als prüde beschimpft ... und wurde für die meisten Jungs unattraktiv.

Der Enthaltsamkeits-Ansatz

Genau zu dieser Zeit gab es eine ganze Welle christlicher Predigten und Lehren zum Thema Reinheit, es gab Enthaltsamkeits-Seminare, Bücher mit Richtlinien zu »Beziehungen im Sinne Gottes« und Freundschaftsbänder. Die »Verpackung« sah jeweils anders aus, aber die Kernbotschaft lautete immer ungefähr folgendermaßen: »Kids, kein Sex vor der Ehe! Ihr müsst euch und euren zukünftigen Ehepartner respektieren. Sex wird viel schöner, wenn ihr damit bis nach der Eheschließung wartet. Schützt euch vor Geschlechtskrankheiten, Schwangerschaft und Herzeleid. Enthaltsamkeit ist cool! Tausende junger Leute sind entschlossen zu warten. Warum wartet ihr nicht auch?«

Irgendwie führten die Belehrungen meiner Eltern und die »Keuschheits-Crash-Kurse« meines Jungendpastors schließlich dazu, dass ich eine Ahnung davon hatte, dass meine Unschuld ein Schatz war, den ich für meinen zukünftigen Ehemann bewahren musste. Ich gab mir Mühe, die Vorstellung zu akzeptieren, dass es eines Tages einen Mann geben würde, der es zu schätzen wüsste, dass ich seinetwegen Jungfrau geblieben war. Auch wenn ich um mich herum nicht einen einzigen Mann sah, der den Eindruck erweckte, dass er sich eine »reine« Frau wünschte, versicherte man mir, dass es solche Männer tatsächlich gab.

Mein Bekenntnis zur Reinheit gipfelte in dem heldenhaften Versprechen: »Ich werde bis zur Ehe keinen Sex haben.« Ich hoffte, mein Ehemann würde solch ein Opfer einmal zu würdigen wissen! Bis dahin würde ich mich mit anderen verabreden und Spaß haben, mein Leben auskosten, bis an die Grenzen gehen und meine Beziehungen genießen. Sobald ich dann irgendwann den Richtigen treffen würde, würde ich alle meine früheren Freunde vergessen. Ich war mir sicher, dass, solange ich keinen Sex hatte, mein künftiger Ehemann, meine Eltern, Pastoren und sogar Gott von meiner Willensstärke beeindruckt sein mussten.

Kurze Affären bedeuten dauernden Schaden

Sehr schnell fand ich dann heraus, dass meine Verabredungen nicht so wundervoll verliefen, wie ich es mir vorgestellt hatte. Niemand hatte mich auf die emotionalen Schmerzen vorbereitet, die ein solches Leben mit sich bringt. Als mein erster Freund mit mir Schluss machte, hatte ich das Gefühl, einen völligen Zusammenbruch zu erleben. Monatelang kam ich aus dem Heulen nicht mehr heraus. Es war, als hätte mir jemand das Herz herausgerissen und auf dem Boden in tausend Scherben zerschmettert. Ich hatte noch nie solche Schmerzen erlebt.

Um nach dieser traumatischen Erfahrung die schmerzende Leere in meinem Herzen zu füllen, machte ich mich auf die verzweifelte Suche nach einem neuen Freund. Und so begann der Teufelskreis. Jedes Mal, wenn eine Beziehung vorbei war – ob sie nun ernst oder nur oberflächlich war, ob sie lange gedauert hatte oder nur zwei Wochen –, war ich emotional am Ende.

Das Ganze entwickelte sich zu einer Droge: Ich benutzte Beziehungen, um mich selbstbewusst und sicher zu fühlen. Wenn ich mal *keine* Beziehung hatte, war ich rastlos, hektisch und unsicher – also sorgte ich dafür, dass dies nicht allzu oft der Fall war.

Je länger eine Beziehung dauerte, desto mehr investierte ich in den Jungen, mit dem ich zusammen war – meine Energie, meine Zeit, meine Zuwendung, meine Gefühle. Jeden Abend telefonierten wir stundenlang und besprachen unsere Träume, Ängste und Wünsche und versicherten uns unserer Liebe und Leidenschaft füreinander. Jede freie Minute verbrachten wir miteinander. Zwischen den Unterrichtsstunden fielen wir uns auf dem Flur in die Arme. In einigen Fällen kam ich mir sogar schon so vor, als sei ich mit dem Jungen verheiratet.

Ein beschädigter Schatz

Die ganze Zeit über betrachtete ich mich nach wie vor als »rein«, da ich an meiner Jungfräulichkeit festhielt (wenn auch manchmal mit letzter Kraft!). Wenn ich mit jemandem zusammen war, achtete ich darauf, dass der Junge dieselben Überzeugungen hatte wie ich.

»Klar, Baby, ich meine, ich glaube auch an Enthaltsamkeit vor der Ehe und so«, besänftigten mich die Jungs dann immer mit einem unwiderstehlichen Lächeln, ehe wir zu fummeln anfingen.

Aber ich fühlte mich nicht rein. Tief in mir hatte ich das Gefühl, dass nichts an diesen oberflächlichen, kurzfristigen Beziehungen richtig war. Ich hatte mich immer nach einem »Ritter in glänzender Rüstung« gesehnt, der mich auf Armen trug, mich wie eine Prinzessin behandelte und ehrte. Als blauäugiges junges Mädchen hatte ich mir die Freundschaft mit einem Mann als eine schöne, romantische Erfahrung vorgestellt, die mir das Gefühl geben würde, geliebt und geschätzt zu werden.

Diese animalische, körperliche Leidenschaft von Jungen, die mich nicht wirklich kannten und denen ich eigentlich egal war, war *nicht* die Erfüllung meiner romantischen Träume. Ich fühlte mich nicht geschätzt. Ich fühlte mich missbraucht. Ich fühlte mich schmutzig. Vor allem dann, wenn ich so viel von mir selbst in eine Beziehung gesteckt hatte und ich den Typen dann, kaum dass es mit uns vorbei war, mit einem anderen Mädchen sah und er so tat, als gäbe es mich gar nicht.

Entgegen der herrschenden Meinung in christlichen Kreisen, dass Reinheit gleichbedeutend mit »Jungfräulichkeit« sei, wurde mir langsam klar, dass es nicht nur darum gehen konnte, einfach keinen Sex zu haben. Warum sonst fühlte ich mich jedes Mal, wenn ich mein Herz und meinen Körper einem Jungen geschenkt hatte, so schmutzig? Ich hatte mir den »Verlust der Reinheit« als eine Linie vorgestellt, die es nicht zu überqueren galt. Aber nach einigem schmerzhaften Nachdenken brannte sich die Wahrheit tief in mein Herz: Indem ich dieser Linie so nahe wie möglich gekommen war, hatte ich schon etwas verloren.

Emotional? Wer, ich?

Eins der größten Geschenke, die wir als Frauen besitzen, ist unser Herz – der Sitz unserer Gefühle, unserer empfindsamen Natur und unserer Weiblichkeit. Es ist ganz natürlich für uns, dass wir uns voll und ganz in eine Beziehung hineingeben, dass wir uns gefühlsmäßig so sehr auf den Mann einlassen, mit dem wir zusammen sind, dass sich unsere ganze Welt nur noch um ihn dreht. Bei einem Mann ist das nicht unbedingt so. Ein Mann steht nicht so sehr in der Versuchung, jemandem sein Herz zu öffnen; er weiß vielleicht gar nicht, wie das geht. Sein Leben dreht sich gewöhnlich nicht nur um das Mädchen, mit dem er zusammen ist. Für einen Mann ist es nicht ungewöhnlich, sich körperlich auf eine Frau einzulassen, ohne dass seine Gefühle beteiligt sind.

Wie oft hatte ich es während meiner High-School-Zeit erlebt, dass ein anderes Mädchen in Tränen aufgelöst zu mir kam, um sich auszuweinen, weil es sich emotional und körperlich einem Typen hingegeben hatte, der, wie sich dann herausstellte, nur an Sex interessiert war. Das Mädchen dachte, er liebte es. Er dachte, sie sei eine leichte Beute.

Als ich dann älter wurde, lernte ich eine etwas überraschende Variante dieser Szene kennen. Nun waren es die Mädchen, die, anstatt sich selbst als Sexobjekte behandeln zu lassen, ihrerseits auf Eroberungszüge gingen.

»Er hat so einen heißen Körper! Dieses Wochenende werde ich mit ihm schlafen.« Diesen Kommentar hörte ich öfter von meinen Freundinnen, auch wenn sie sich gewöhnlich noch etwas drastischer ausdrückten.

Sie ließen ihre Gefühle einfach außen vor. Unbewusst

machten sie sich weis, dass sie sich nur dann vor einem gebrochenen Herzen schützen konnten, wenn sie so taten, als hätten sie gar keins. Sie verfielen in dieselbe animalische, unbeteiligte Leidenschaft, die sie bei ihren Freunden gesehen hatten.

Aber das funktioniert nur so lange, bis der Schmerz den um das Herz errichteten Schutzwall durchbricht. Als Frauen sind wir so geschaffen, dass wir uns ganz und gar - emotional und körperlich - *einem* Mann hingeben. Und tief in uns gibt es ein Bedürfnis, ein Leben lang von dem Mann geliebt und geschätzt zu werden, dem wir dieses Geschenk machen.

Körperliche Reinheit und Emotionen gehören untrennbar zusammen - es gibt das eine nicht ohne das andere. Wenn wir uns jemandem emotional hingeben, führt das unweigerlich zum nächsten Schritt, nämlich, dass wir uns ihm auch körperlich hingeben.

Ich werde nie die Worte einer unverheirateten Freundin von mir vergessen, die mir erklärte, warum sie ihre Unschuld einem Mann geopfert hatte, in den sie seit Jahren »verliebt« gewesen war: »Ich habe Matt mein Herz gegeben«, sagte sie mir. »Ich habe ihm mein ganzes Leben gegeben. Ich konnte mir nicht vorstellen, meine Unschuld an einen anderen zu verlieren - er hatte sowieso schon alles andere von mir, also habe ich mich entschlossen, ihm auch meinen Körper zu geben.«

Auch wenn wir versuchen, unsere Gefühle außen vor zu lassen und einen Typen einfach nur körperlich zu »erobern«, wird uns das emotional berühren - ob uns das gefällt oder nicht. Wenn wir diesen empfindlichen, verletzlichen und emotionalen Aspekt unserer Persönlichkeit zu ignorieren versuchen, leugnen wir das, was uns überhaupt zu Frauen macht.

Vielleicht hast du die bittere Pille schon geschluckt, dass leichtfertige körperliche Hingabe an einen Mann dir schreckliche seelische Schmerzen verursachte und du dich hinterher schuldig, schmutzig und missbraucht fühltest.

Aber hast du schon mal daran gedacht, dass dein Herz ein

genauso wertvoller Schatz ist wie deine körperliche Reinheit? Hast du schon einmal den Schmerz gespürt, der daher rührt, dass du dein Herz zu leichtfertig verschenkt hast? Dass du dich jemandem ganz geöffnet hast und anschließend feststellen musstest, dass dieser wertvolle Schatz weggeworfen und mit Füßen getreten wurde?

Hamburger-Herz

Als ich dieses Schlüsselerlebnis mit dem Vers aus Sprüche 31 hatte, das ich oben erwähnte, und mich entschloss, meinen zukünftigen Ehemann zu ehren, musste ich einer schockierenden Erkenntnis in die Augen sehen: Ich war alles andere als rein gewesen. Ich hatte den Schatz meines Herzens und meiner Gefühle sorglos an kurzfristige Beziehungen verschwendet.

Wie viel von diesem Schatz wird noch übrig sein, hörte ich ein sanftes Flüstern in meinem Herzen, *wenn du es weiter so verschwendest – mehr und mehr mit jeder Beziehung?*

Ich wusste, dass ich irgendwann meinen zukünftigen Ehemann treffen würde und ihn dann mit allem, was in mir war, lieben wollte. Aber wie sollte ich eines Tages meinen Ehemann von ganzem Herzen lieben, wenn es nur noch ein missbrauchtes, geschundenes und zerbrochenes Etwas war?

Oder wie Carrie, eine unglückliche Kommilitonin von mir, es ausgedrückt hat: »Ich hatte schon so viele Beziehungen und bin so oft verletzt worden, dass mein Herz nur noch ein Stück Hamburger-Fleisch ist.«

Das kann ich sehr gut nachvollziehen. Ich kenne nicht viele Mädchen, die *nicht* so eine »Hamburger-Herz«-Erfahrung gemacht haben.

Die unbezahlbare Perle

Als Frauen haben wir ein großartiges Geschenk bekommen: unsere Reinheit. Und alles, was uns emotional zu dem macht, was wir sind – unsere feminine Natur, unsere Sensibilität, unsere Verletzlichkeit, unsere Sehnsucht danach, uns einem Mann ganz hinzugeben –, hat mit dieser Gabe zu tun. Unsere Reinheit ist ein Schatz. Sie ist viel mehr als nur unsere körperliche Unschuld, sie ist die Grundlage unserer inneren Persönlichkeit. Sie ist wie eine unbezahlbare Perle, die, sicher verborgen in der Muschel, mit der Zeit größer und schöner wird.

Mit meinen kurzen Beziehungen habe ich der unbezahlbaren Perle meiner Reinheit Schaden zugefügt. Deshalb habe ich mich schmutzig und missbraucht gefühlt. Aber der Schaden fing nicht erst an, als ich körperlich »ein bisschen zu weit« gegangen war. Er hatte schon damit angefangen, dass ich mein Herz und meine Gefühle an Männer gehängt habe, die diesen Schatz nie hätten bekommen dürfen. Ich war leichtfertig damit umgegangen. Ich hatte es zugelassen, dass mein Herz zerbrochen und geschunden wurde.

Ich hatte immer gedacht, dass die verheerende Wirkung des »Schlussmachens« mit einem Freund ganz natürlich zu Beziehungen dazugehört. Aber das war alles andere als natürlich! Gott hatte diesen Schmerz für mich niemals vorgesehen. Die kostbare und verletzliche Perle meiner Reinheit war vor der Zeit aus ihrer schützenden Muschel gerissen und dann zurückgeworfen worden, und sie hatte dabei einige Schrammen abbekommen.

Die Frau *eines* Mannes

Eine der besten Arten, unsere zukünftigen Ehemänner mit selbstloser, aufopfernder Liebe zu lieben, besteht darin, dieses wertvolle Geschenk – unsere innere und äußere Reinheit – gut zu beschützen. Reinheit bedeutet mehr, als nur seine Jungfräulichkeit zu bewahren. Als Frauen können wir unsere Hingabe auf unsere inneren Werte lenken – um innen wie außen ein wunderschöner, vollkommener und unversehrter Schatz zu werden. Wenn wir das tun, werden wir unseren Ehemännern so viel mehr geben können. Das soll nicht heißen, dass wir dann immer perfekt sein werden, aber wir sind immerhin schon mal in der richtigen Richtung unterwegs ... nicht auf dem Weg der Kompromisse, sondern auf dem der strahlenden und freudigen Reinheit in ihrer wahren Form.

Ann, eine meiner besten Freundinnen, ist eine hübsche Brünette. Sie studiert an einer christlichen Uni in Illinois. Ihre Vorstellung von Reinheit unterscheidet sich sehr von der, die ich früher hatte. Mit 19 hatte sie noch nie einen Freund gehabt, sie hatte noch nie ihr Herz verschenkt und war noch nie von einem Jungen geküsst worden! Extrem? Unmöglich? Erbärmlich? Keineswegs.

Schon in jungen Jahren hat sich Ann entschieden, ihrem Ehemann an ihrem Hochzeitstag den Schatz ihrer Reinheit zu schenken. Aber das war nicht nur ein übliches »Enthaltsamkeitsgelöbnis«. Ann hat eine Entscheidung getroffen – ihr Herz, ihre Gefühle, ihre körperliche Reinheit und alles, was sie ausmacht, sicher zu behüten für den Mann, den sie eines Tages heiraten wird. Ihr Ziel ist es, sich ihrem Mann ganz und gar zu schenken, ohne unnötigen Ballast.

In ihrer Jugend erlaubte sie ihrem Schöpfer, diese unbezahlbare Perle ihrer Reinheit zu hegen und zu pflegen, sodass sie zu einem glänzenden, makellosen Schmuckstück für ihren Ehemann wird. Und sie bat den Herrn, auf ihr zartes Herz gut aufzupassen und es sicher in seiner Hand zu bewahren.

Ann ist kein Mauerblümchen. Sie hat Selbstvertrauen und Freude am Leben, und sie ist so hübsch, dass sie gut und gerne als Model arbeiten könnte. Der Mann, der sie einmal heiratet, sollte sich ihrer nur ja als würdig erweisen!

Weil Ann mit ihrem Schatz so vorsichtig umgegangen ist, steht sie nicht in der Gefahr, ihn gleich dem Erstbesten zu schenken. Ihr zukünftiger Ehemann wird erst einmal ihr Herz gewinnen müssen.

»Was Jungs angeht, die nur eine kurze Affäre wollen«, erklärt sie, »denen mache ich klar, dass ich praktisch schon vergeben bin. Bis Gott mir meinen zukünftigen Ehemann schickt und ich weiß, dass er es ist, stehe ich nicht zur Verfügung.«

Was für ein Unterschied zu der Einstellung, die ich zu der Zeit hatte, als ich mein Herz durch die Gegend warf wie einen Softball! Meine kostbare Perle war jeweils an den »Meistbietenden« gegangen, und das Ergebnis war, dass es nicht zur vollen Blüte kommen konnte. Ann dagegen hat ihren Schatz sicher in Gottes Händen verborgen, wo er sicher ist, bis Gott ihr zeigt, dass die Zeit gekommen ist.

Das soll nicht heißen, dass Ann nicht auch mal einen Fehler gemacht hat. Auch sie musste manchmal kämpfen, um ihrer Entscheidung treu zu bleiben. Sie ist die Erste, die zugibt, dass sie auch nur ein Mensch ist. Sie muss mit denselben Enttäuschungen, Versuchungen, Ängsten und Zweifeln umgehen wie wir alle. Manchmal fühlt sie sich unendlich einsam. Sie hat sich auch schon gefragt, ob ihre Ansprüche nicht doch zu hoch sind und ob es das alles wert ist. Und sie gesteht sich ein, dass sie es überhaupt nur deshalb so weit geschafft hat, weil sie sich Tag für Tag auf ihren Erlöser verlässt.

Aber Anns Entscheidung ist beispielhaft für den Anspruch, nach dem wir uns mit Gottes Hilfe eigentlich alle ausstrecken sollten: die Frau eines einzigen Mannes zu werden und unsere Liebe zu unseren zukünftigen Ehemännern durch unsere Lebensweise und den sorgsamen Umgang mit unserer Perle der Reinheit auszudrücken ... unser ganzes Leben lang. Nicht aus Pflichtgefühl, sondern aus einer bedingungslosen Liebe für unseren zukünftigen Mann und einer tiefen Sehnsucht heraus, unseren Schöpfer zu ehren.

Zwei Menschen, die sich vollkommen füreinander aufgespart haben – innerlich und äußerlich, emotional und körperlich –, die zusammenfinden, um sich ein Leben lang mit der reinsten, uneingeschränktesten Liebe zu lieben, die man sich vorstellen kann ... kann es etwas Romantischeres geben? Das ist Gottes perfekter Plan für dich! Das ist das »schönere Lied«! Und das ist etwas, auf das wir ab sofort hinarbeiten können!

Viele von uns haben ihre Perle der Reinheit schon beschädigt. Viele von uns haben ihren Schatz bereits vollständig weggegeben. Aber selbst wenn das bei dir der Fall ist, es ist nicht zu spät, mit Gottes Gnade einen anderen Weg einzuschlagen. Es ist nicht zu spät, deine von Gott verfasste Liebesgeschichte zu entdecken. Es ist an der Zeit, dass du Gott erlaubst, dich nach seinem Bild zu gestalten. Wenn wir Gott auf seine Weise handeln lassen, werden wir in eine Prinzessin von wahrer Reinheit verwandelt.

Was ein richtiger Mann will

»Aber was, wenn es da draußen gar keinen Mann gibt, der eine Prinzessin der Reinheit *will*?« Machen wir uns nichts vor, Mädels, genau diese Frage geht Tausenden junger Christinnen durch den Kopf.

Und ich weiß auch, warum. In unserer Gesellschaft ist Reinheit, egal, in welcher Form, nicht hoch angesehen, vor allem nicht bei Männern. Man macht uns weis, dass Männer »unkomplizierte« Frauen mögen und ihre Zeit nicht mit solchen verschwenden wollen, die sich »unnahbar geben«.

Eine der größten Schwierigkeiten der Frauen in meinem Umfeld, die sich fest vorgenommen haben, ihre Reinheit zu bewahren, ist, dass die Männer in ihrem Leben sie immer wieder dazu bringen wollen, ihre Ansprüche herabzusetzen. Selbst die meisten gläubigen Männer scheinen es nicht wirklich zu schätzen zu wissen, wenn eine Frau ihr Herz bewahrt und ihre Reinheit behütet. Für eine Frau ist es ein nicht enden wollender Kampf, an ihrem Schatz festzuhalten, und so fängt sie irgendwann an, sich zu fragen, ob es das überhaupt wert ist. *Was, wenn Männer an dieser Form von Reinheit bei einer Frau gar nicht interessiert sind?*

Ich habe einmal ein Gespräch unter vier gläubigen jungen Männern mit angehört, die sich darüber unterhielten, was für eine Art Frau sie suchen. Die Jungs sagten Folgendes:

»Ich suche eine Frau mit einem Geheimnis – eine, die ihr Herz bewahrt und nicht leicht zu kriegen ist.«

»... eine Frau mit Rückgrat und hohen Ansprüchen.«

»... eine Frau, für die Gott im Mittelpunkt steht und die sich nicht so einfach von Männern ablenken lässt.«

»... eine Frau, die sich mir nicht gleich an den Hals wirft, sondern mir die Möglichkeit gibt, nach und nach ihr Herz zu erobern.«

Ich konnte mir einige Fragen nicht verkneifen.

»Also wollt ihr alle eine Frau, die ihre Reinheit bewahren will?«

Allgemeine Zustimmung.

»Und was haltet ihr von Mädchen, die leicht zu kriegen sind?«

»Die widern mich an.«

»Abstoßend.«

»Völlig unattraktiv.«

»Wie denkt ihr über ein Mädchen, das gut auf seine Gefühle Acht gibt?«

»So einem Mädchen gegenüber habe ich den größten Respekt.«

»Das ist die Art von Mädchen, wie ich eins heiraten will.«

»Wenn ich mich für ein Mädchen interessiere, ist es am Anfang vielleicht frustrierend, wenn sie mir nicht gleich zufällt, aber tief im Innern nimmt mich das noch mehr für sie ein, und ich freue mich über die Herausforderung, ihr Herz zu erobern.«

Das sind ehrliche Antworten von richtigen Männern. An diesem Tag entdeckte ich, dass es die Art von Männern, auf die es sich zu warten lohnt, tatsächlich gibt. Und sie suchen *wirk-*

lich nach einer Prinzessin der Reinheit. Seitdem habe ich ähnliche Gespräche mit Hunderten von verantwortungsbewussten jungen Männern geführt, für die Christus im Mittelpunkt steht. Und ich habe noch keinen getroffen, der sich *nicht* nach einer wirklich reinen Frau sehnt. Männer, die auf leichtlebige Frauen aus sind, um einen »Treffer« zu landen, wollen nur ihr Fleisch befriedigen. Sie suchen nicht nach wahrer Liebe und sie haben deine Zeit und Aufmerksamkeit ganz sicher nicht verdient.

Ein *richtiger* Mann - die Art von Mann, dem eine Frau ihr Leben anvertrauen will - respektiert ihre Würde und ehrt sie wie einen wertvollen Schatz, der sie tatsächlich ist. Ein *richtiger* Mann wird nicht versuchen, ihre kostbare Perle aus der Muschel zu reißen oder sie mit seinem Charme dazu zu bringen, ihren Schatz vor der Zeit zu verschenken. Er wird stattdessen geduldig warten, bis sie ihm freiwillig ihr Herz schenkt. Ein *richtiger* Mann wird dieses Geschenk für immer behüten und bewahren.

Es ist eine Schande, dass Frauen heutzutage ihr Herz so vehement verteidigen müssen. Wenn es mehr *richtige* Männer gäbe, die mit Frauen so umgehen, wie Gott es vorgesehen hat, wäre die Sache nicht so schwierig! Aber auch wenn richtige Männer schwer zu finden sind, es gibt sie wirklich, und sie sind es wert, dass man auf sie wartet. Also lass dich auf deiner Reise zur inneren Vortrefflichkeit nicht entmutigen. Richtige Männer finden deine Reinheit wunderschön und werden sie dir eines Tages hoch anrechnen.

Mein Schwager Mark ist Single. Er ist ein attraktiver, talentierter und gottesfürchtiger Mann. Er hat einmal auf den Punkt gebracht, nach was für einer Frau ein *richtiger* Mann Ausschau hält: »Ich will eine Frau, die nicht nur meinen Augen gefällt, sondern meinem *Herzen*.«

Überleg dir das mal: Wenn Gott für dich die Ehe geplant hat, dann gibt es in genau diesem Moment irgendwo einen Mann, der von seiner Prinzessin der Reinheit träumt.

Jetzt noch was Praktisches

Gott schuf die Frau mit einem Hauch von Geheimnis um sie herum. Die Welt versucht ständig, dieses Geheimnis zu lüften und es ihr zu entreißen, aber eine Frau Gottes weiß, wie sie den Schatz, den Gott ihr anvertraut hat, schützen kann. Lies Lukas 1,26–28 und Lukas 2,8–20, die Geschichte einer jungen Frau, die Gott vertraut, auf Gott gewartet und seine Versprechen in ihrem Herzen bewahrt hat. Mädels, wenn ihr diese Geschichte lest, fragt euch einmal, was es Gott wert ist, dass ihr diesen euch anvertrauten Schatz behütet. Und Jungs, wenn ihr diese Geschichte lest, denkt mal darüber nach, wie ihr den Frauen in eurem Leben helfen könnt, ihr Geheimnis, ihren Schatz, zu bewahren.

Teil III

Warten auf die Liebesgeschichte

Die Kunst der Treue

... und wie man sie lange vor dem Jawort erlernt

Ritterliches Verhalten und romantisches Benehmen

Ich weiß noch, wie ich im zarten Alter von sieben Jahren die Grundlagen für den Umgang mit Mädchen lernte. Ihr Name war Emily und sie war »bäh!« Die bösartige Emily war allein dafür verantwortlich, dass mein 1978er-Mannschaftsposter der *Denver Broncos* bekritzelt war. Sie war auch das unerträgliche menschliche Wesen, das Mädchenparfüm auf mein Kopfkissen verschüttet hat (kein Wunder, dass ich es später dann geküsst habe). Und was das Schlimmste war: Sie nannte mich vor meinem guten Kumpel Stevie einen »Doofkopf«.

Ich werde nie die Standpauke vergessen, die mir meine Mutter erteilt hat, nachdem ich Emily mit dem parfümierten Kissen vermöbelt hatte.

»Eric, junger Mann«, ermahnte mich meine Mutter, »du darfst nie, und ich meine NIE, ein Mädchen schlagen!«

»Aber sie hat Doofkopf zu mir gesagt«, protestierte ich, mein Gesicht so rot wie Supermans Cape.

»Es ist mir egal, was sie gesagt hat! Ein junger Mann darf NIEMALS ein Mädchen schlagen!« Während mir diese sehr deutliche Botschaft noch im Schädel nachhallte, verbrachte ich den Rest des Tages mit meinem parfümierten Kissen und bekritzeltem *Broncos*-Poster in meinem Zimmer. Aber nicht alles war verloren! Immerhin hatte ich an diesem furchtbaren Tag eine wertvolle Lektion über ritterhaftes Verhalten gelernt.

Im Laufe der Jahre kamen dann noch einige weitere wertvolle Lektionen über ritterliches Verhalten dazu. Die Schreie der kleinen blonden Rebecca, die einem das Blut gefrieren ließen, lehrten mich, niemals in Anwesenheit einer Dame einem Schneider ein Bein auszureißen. Dann war da noch Priscilla, die Kleine mit den roten Locken die Straße runter, die mich die Nützlichkeit einer WC-Ente bei der Beseitigung von Jungsgerüchen im »Töpfchen-Zimmer« lehrte.

Im Alter von elf Jahren hatte ich genügend wertvolle Lektionen gelernt, sodass ein Mädchen nicht gleich Reißaus nahm, wenn es sich in einem Umkreis von 30 Metern von mir aufhielt. Aber ich hatte noch einiges zu lernen, wenn es darum ging, einer Frau wirklich den Hof zu machen.

Es fiel mir nicht leicht, aber als ich 20 war, fing ich langsam an, diese »Gentleman«-Sache zu verstehen. Es war Leslie, die mir schließlich das meiste von dem beigebracht hat, was ich über ritterliches Verhalten und romantisches Benehmen weiß:

Regel Nr. 1: Bemerke *immer* und *unverzüglich*, wenn eine Frau eine neue Frisur hat.

Regel Nr. 2: Achte aufmerksam darauf, wie ihre Ohrringe das Funkeln ihrer Augen betonen.

Regel Nr. 3: Halte regelmäßig an Rastplätzen, wenn du mit einer Frau länger als 37 Minuten im Auto unterwegs bist, auch wenn dich keiner darum bittet.

Wenn junge Männer einfach nur diese drei Regeln beherzigen würden, würde die Scheidungsrate der nächsten Generation von Ehepaaren um fünf Prozent sinken. Aber als revolutionärer Romantiker gebe ich mich mit mageren fünf Prozent nicht zufrieden. Auch ich würde liebend gerne sehen, wie Männer anfangen, Frauen zu schätzen, und Frauen anfangen, Männer so zu ehren, wie Gott sie geschaffen hat. Aber das lässt sich nicht bewerkstelligen, indem wir einfach nur ein paar ritterliche Verhaltensweisen in unser Liebesleben übernehmen. Und auch das »schönere Lied« bringen wir auf diese Weise nicht in unsere Liebesbeziehungen hinein.

Wenn wir wirklich hinter der »schönen Seite der Liebe« her sind, der Version von Romantik, die ganz Hollywood vor Staunen das Kinn auf den Boden fallen ließe, dann müssen wir uns danach ausstrecken, ein Liebhaber wie der Große Liebhaber selbst zu werden! Wir müssen die Güte unseres großartigen Gottes widerspiegeln. Er war nicht nur ein Liebender, der sein Leben für seine Braut gab und sich an Herz, Verstand und Körper makellos rein hielt, er war auch ein absolut treuer Liebhaber. Anders ausgedrückt: Jesus wusste seine Liebe und Reinheit mit Geduld zu verbinden. Er wusste ein sinnvolles Singledasein zu führen, auf eine Weise, die seine zukünftige Braut, die Gemeinde, ehrte und schätzte.

Wenn wir lernen, ein Abbild der Treue Jesu in Bezug auf unseren zukünftigen Ehepartner zu sein, dann wird das Wort Scheidung zu einem alten, verstaubten Begriff werden, unter dem sich die kommenden Generationen nichts mehr vorstellen können.

Wie man ein Abbild Jesu wird

Matt hat *endlich* geheiratet! Nach mehr als drei Jahrzehnten ... ist er jetzt verheiratet! Puh! Manche Männer heiraten nie, weil sie Verbindlichkeiten scheuen. Dann gibt es noch die, die niemals »unter die Haube« kommen, weil ihr Atem einen Bernhardiner umhauen könnte.

Nach 32 Jahren als Single wusste Matt, dass es nicht an seinem Mundgeruch lag und sicher auch nicht an seiner Angst vor Verbindlichkeit. In Wahrheit war Matt gerade *wegen* seiner Verbindlichkeit so lange Single. Er war der Frau verpflichtet, die er *noch nie getroffen* hatte. Bis sie ihm über den Weg lief, hat er gewartet und gewartet und gewartet!

Ich bekomme eine Gänsehaut, wenn ich eine wirklich romantische Liebesgeschichte höre, und ich bekam Gänsehaut, als Matt mir seine erzählte.

Am besten gefiel mir die Stelle, als sie sich die ewige Treue versprachen. Liza sah Matt tief in die Augen und fragte: »Matthew, wirst du mir treu sein?«

»Liebling«, antwortete Matt zärtlich, »ich bin dir schon seit 32 Jahren treu!«

Wow! Auf Grund der Verpflichtung, die er in der Vergangenheit eingegangen war, konnte Matt seiner schönen Braut in einem einzigen Augenblick Sicherheit für die Zukunft geben. Männer, eure zukünftige Frau wünscht sich die gleiche Kraft und Sicherheit von euch, und es steht in eurer Macht, sie ihr zu geben. Ich höre schon, wie einige von euch jetzt beten: »Gott, ich bin bereit, mich für meine zukünftige Frau aufzusparen, aber BITTE LASS MICH NICHT WARTEN, BIS ICH 32 BIN!«

Es ist eine Kunst

Treue ist ein Aspekt der himmlischen Liebesgeschichte, der oft völlig falsch verstanden wird. Wie kann man jemandem treu sein, *ehe* man ihm begegnet? Ist Treue nicht erst dann wichtig, wenn eine Beziehung besteht?

Nun, so wie Norman Rockwell niemals ein zeitloses Meisterwerk hätte malen können, wenn er in seinem ganzen Leben keinen Kunstunterricht bekommen hätte, so kannst du nicht erwarten, die Kunst der Treue zu meistern, wenn du mit dem Üben wartest, bis die Hochzeitsglocken bereits läuten.

Auch wenn nur einige wenige ein zeitloses Meisterwerk auf die Leinwand malen können, befiehlt Gott uns *allen*, die Kunst der Treue zu meistern. Treue ist eine Disziplin, die jahrelangen Feinschliff erfordert. Mit der Zeit wird sie zu einer Gewohnheit. In einem bestimmten Sinn besteht sie darin zu lernen, deinen zukünftigen Ehepartner zu lieben, indem du geduldig wartest, beständig hoffst und dem hohen Standard gemäß lebst, zu dem du berufen bist. Ich vergleiche Treue gerne mit einer Eiche, die geduldig Wind und Regen standhält, um noch stärker und stabiler zu werden. Treue bedeutet Stärke durch Ausdauer; sie bedeutet Integrität durch Warten. Und sie ist unabdingbar für die »schöne Seite der Liebe«.

Gewohnheiten

Wenn wir in den Windeln stecken, fangen wir an, Gewohnheiten zu entwickeln. Frühstück um vier in der Früh, Aa um fünf, Tobsuchtsanfall um sechs, Fläschchen um sieben, Aa um acht, Wauwau hauen um neun, Aa um zehn, Wand bekritzeln um elf, und schließlich zur Abrundung des ereignisreichen Vormittags, Pampe in Mamas Haare werfen um zwölf.

Alle Mamas wissen: Wenn man im Krabbelalter nicht lernt, einige neue Gewohnheiten zu entwickeln, wird man nicht nur ein unmöglicher Erwachsener – man hat mit 26 außerdem noch immer Tobsuchtsanfälle.

Wenn die meisten von uns an Gewohnheiten denken, dann kommen uns Dinge in den Sinn wie: Zähneputzen, vor dem Schlafengehen die Tür abschließen, vor dem Essen beten oder mein Favorit: geistesabwesend in den Kühlschrank starren, wenn ich mich nicht daran erinnern kann, was Leslie von mir wollte.

Wir wollen unseren Horizont mal ein wenig erweitern und Treue in unsere Definition von Gewohnheiten mit einbeziehen. Denn Treue ist nicht nur eine Gewohnheit erster Güte, sie ist überhaupt *die* Gewohnheit – sowohl in unserem Liebesleben mit unserem zukünftigen Ehepartner als auch in unserem Liebesleben mit Jesus, unserem großen Liebhaber und König.

Stell dir vor, in deinem Herzen gäbe es einen Ort, den außer Gott nur eine einzige Person betreten kann. Es ist so eine Mischung aus einem Mini-Königreich, wo du deine wertvollsten Schätze verwahrst, und einer überwältigenden Wiese, wo deine schönsten Blumen blühen. In diesem Mini-Königreich verwahrst du die verschwenderischste Liebe und auf dieser überwältigenden Wiese hegst du deine zärtlichsten Gefühle. Je länger dieses Heiligtum treu bewacht, gepflegt und verschönert wird, desto bezaubernder wird es einmal sein.

Noch eine antike Geschichte

Es war einmal eine wunderschöne Königin namens Penelope, die voller Sorgfalt an einem weißen Leinentuch webte. Es sollte ein Geschenk für ihren Ehemann werden, dessen Rückkehr sie jeden Tag gespannt erwartete. Seit Jahren schon war der König fort und kämpfte im Trojanischen Krieg. Jeden einzelnen Tag sprach sie wieder und wieder seinen Namen in der Hoffnung, er würde vielleicht den Schrei ihres traurigen Herzens hören.

Eines Tages nahmen viele große Stammesführer und Prinzen, die alle eine Frau suchten, Kurs auf Ithaka, um um Penelopes Hand anzuhalten. Sie versicherten der einsamen Königin, dass ihr Ehemann, der König, sicher längst im Kampf gefallen sei, und drängten sie, zum Wohle des Volkes und zu ihrem eigenen Schutz einen von ihnen als ihren neuen Mann zu nehmen.

Aber Penelope antwortete mit Tränen in ihren königlichen Augen: »Helden und geehrte Prinzen, ich weigere mich, das zu glauben, was ihr sagt. Ich bin sicher, dass mein edler Ehemann lebt, und ich muss sein Königreich treu für ihn bewahren, bis er wiederkehrt. Selbst jetzt webe ich noch an einem weißen Leinentuch für ihn.«

Die Stammesführer und Prinzen weigerten sich stoisch, nach Hause zu fahren, und erinnerten sie täglich daran, dass sie einen Ehemann und Ithaka einen König bräuchte.

Wochen vergingen, und immer noch beugte sich Penelope dem Druck nicht, sondern webte treu an ihrem Leinentuch weiter in der Hoffnung auf die Rückkehr des Königs. Die Stammesführer und Prinzen versuchten, sie auf jede mögliche Art zu überzeugen, aber ohne Erfolg. Die Gruppe hoffnungsvoller Verehrer zog in den Palast, trank den königlichen Wein und aß das königliche Essen. Sie weigerten sich zu gehen, ehe Penelope einen von ihnen heiratete.

Die erschöpfte und noch immer widerstrebende Penelope willigte schließlich ein, sich einen neuen Ehemann zu erwählen, sobald sie mit ihrem Leinentuch fertig sei – falls bis dahin der König nicht zurückgekommen sei. Wochen vergingen und sie webte noch immer. In der Nacht nämlich trennte sie all das wieder auf, was sie am Tag gewebt hatte. Schließlich wurde ihr Plan durchschaut.

Ein Führer unter ihnen, Agelaus, berief eine Versammlung ein und wandte sich mit lauter Stimme an Penelope. Er schäumte vor Wut. »Königin Penelope, Eure Dickköpfigkeit lässt uns keine andere Wahl. Wir müssen diese Sache selbst in die Hand nehmen. Wir haben Euren Täuschungsversuch durchschaut, mit dem Ihr die Vollendung Eures Leinentuchs hinausgezögert habt, und wir werden das nicht länger hinnehmen. Stellt es bis morgen fertig und wählt Euch vor Mittag einen neuen Ehemann, sonst werden wir ihn für Euch aussuchen! Wir werden keinen weiteren Tag warten!«

Am nächsten Nachmittag versammelten sich alle Verehrer, um Penelopes Entscheidung zu hören. Gerade als sie die Halle betrat, kam leise ein seltsamer Bettler herein. Sein mattes Haar war unter einer zerlumpten Kapuze verborgen, ein zerrissener Mantel umhüllte seinen ausgezehrten Körper. Er schlurfte unauffällig in die Halle, nur einige wenige bemerkten und verspotteten ihn. Penelope begann zu sprechen und hatte die ungeteilte Aufmerksamkeit aller Anwesenden.

»Stammesführer und Prinzen«, sagte sie bekümmert und mit einem Knoten im Hals, »wir werden diese Entscheidung dem Schicksal überlassen. Seht her, hier habe ich den großen Bogen meines Mannes, des Königs. Jeder von euch soll versuchen, ihn zu biegen. Denjenigen, der den sichersten Pfeil damit schießen kann, werde ich erwählen.«

»Einverstanden!«, riefen die Verehrer und stellten sich in einer Reihe auf, um ihre Kräfte zu messen.

Einer nach dem anderen gab sich alle Mühe, den großen Bogen zu biegen. Doch jeder der galanten Edlen verlor die Geduld und warf den Bogen zu Boden.

»Nur ein Riese könnte diesen eisernen Bogen biegen!«, klagten sie.

»Vielleicht möchte dieser dreckige Bettler ja auch seine Kraft messen«, rief einer höhnisch.

Daraufhin erhob sich der Bettler von seinem Stuhl und ging zögernd zu dem Bogen.

»Du alter Narr!«, spotteten die Verehrer einstimmig, als der schmutzige Reisende den großen Bogen aufhob.

Doch plötzlich ging eine erstaunliche Wandlung in dem Bettler vor. Der ausgezehrte Mann richtete sich auf und erhob sich zu seiner vollen Größe, und auch wenn er in Bettlerlumpen gekleidet war, konnte niemand übersehen, dass dieser müde Reisende durch und durch ein *König* war. Dann bog er mühelos den Bogen und legte einen Pfeil ein, während jeder in der Halle verblüfft zusah. Der König war zurückgekehrt!

Die Verehrer waren sprachlos. Dann rannten sie panisch los und liefen um ihr Leben. Aber die Pfeile des Königs waren schnell und genau, kein einziger verfehlte sein Ziel. An diesem Tag überlebte nicht ein Verehrer die Rache des Königs.

Penelope lief zu ihrem Helden in Lumpen und umarmte ihn. Dann sagte sie mit der Stimme eines Engels: »Ich habe treu auf dein Königreich aufgepasst, mein edler König!« Zärtlich überreichte sie ihm das weiße Leinentuch. »Jahrelang habe ich an diesem Geschenk für dich gewebt und auf deine Rückkehr gehofft. Man sagte mir, ich solle an dem Tag, an dem ich es fertig stelle, meinen Ehemann auswählen.« Dann gab sie ihm einen zärtlichen Kuss auf die schmutzige Wange. »Ich wähle *dich*.«[1]

Eine gehetzte Generation

Ist Treue nicht heldenhaft? Es ist eine Schande, dass unsere Gesellschaft sie nicht mehr so honoriert wie es frühere Generationen getan haben. Wenn Penelope eine typische postmoderne Frau gewesen wäre, wäre sie mit dem ersten hübschen Prinzen durchgebrannt, der einen Fuß auf ihre Insel gesetzt hätte. Aber stattdessen schien sie verstanden zu haben, was es bedeutet, treu ein Königreich zu bewahren und unter Tränen auf den Liebsten zu warten.

In unserer Mikrowellen-Fast-Food-Gesellschaft können alle unsere Bedürfnisse auf Knopfdruck erfüllt werden. Die Chance, dass jemand tatsächlich darauf hört, wenn ihm gesagt wird, dass es besser ist zu warten, ist ungefähr so groß, wie wenn man einem wilden Löwen ein Stück Fleisch hinwirft und ihm sagt, er solle es in eine Tupperbox tun und bis morgen verwahren. Wir sind es gewohnt, alles, was wir wollen, *sofort* zu bekommen, und wenn wir ehrlich sind, haben wir auch keine Lust zu warten.

Unsere Generation leidet an einer Geisteskrankheit, die mein guter Freund Dave als das »Lass-mich-jetzt-lachen-und-später-weinen-wenn-ich-dann-noch-lebe-Syndrom« bezeichnet. In anderen Worten: Die meisten von uns machen sich keine Gedanken über die Zukunft und darüber, welche Folgen unsere heutigen Entscheidungen auf lange Sicht haben.

Ich habe ehrlich nie damit gerechnet, älter als 25 zu werden. Warum? Genau weiß ich es auch nicht, aber vielleicht hatte es ja was damit zu tun, dass mir mehr als 3709-mal gesagt wurde, dass das Ende der Welt bevorstehe. Wenn ich am Strand ein Sonnenbad nahm, badete ich in Babyöl, weil ich mir einfach sicher war, dass ich sowieso nicht so alt werden würde, dass ich noch Hautkrebs bekommen könnte. Wenn ich mir Makkaroni mit Käse warm machte, hielt ich den Kopf quasi in die Mikrowelle, um auch ja nichts zu verpassen. Ich dachte, ich würde ja ohnehin nicht so alt werden, dass ich noch an den Folgen eines verstrahlten Hirns leiden könnte.

Und in Beziehungen tat ich in körperlicher Hinsicht Dinge mit meinen Freundinnen, die für meine zukünftige Frau entehrend waren. Aber ich war mir ja sicher, dass ich vor dem Ende der Welt ohnehin nicht mehr heiraten würde.

Es ist kein Wunder, dass man unserer Generation ein X verpasst hat. Wir sind als die »Generation ohne Sinn und Hoffnung« bekannt. Manche haben uns sogar als die »erste Generation nach dem Tod Gottes« bezeichnet. Hier suchen wir also nach etwas Schönem, aber der eigentliche Ursprung der Schönheit ist uns schon genommen worden. Die wunderbare und romantische Welt um uns herum wird als eine Laune der Natur wegerklärt – unsere liebsten Freunde sind nur ein Haufen bedeutungsloser Materie, die aus einem Klecks Ursuppe entstanden ist. Und Liebe ist nur eine Abfolge chemischer Reaktionen in unserem Gehirn, die durch unseren Fortpflanzungsinstinkt ausgelöst wird.

Um ehrlich zu sein, wenn die moderne Wissenschaft Recht hätte und alles, was existiert, nur eine Folge des Urknalls wäre, dann wäre ich der Erste, der zugibt, dass es Wahnsinn ist, darauf zu warten, die eigenen Sehnsüchte zu erfüllen. Ich meine, wenn du und die »Liebe deines Lebens« nur ein Haufen bedeutungsloser Materie seid, dann nichts wie los und diese chemische Reaktion in Gang gesetzt!

Unsere Generation kennt sich bestens mit der Biologie aus, aber wir sind Analphabeten, wenn es um das »Schöne« geht. Wir suchen unermüdlich danach, aber wir werden es nicht finden, ehe wir begreifen, dass das »Schöne« *Gott* ist! Egal, wie oft wir Sex haben, egal, wie oft uns jemand sagt: »Ich liebe dich« – das alles wird auf ewig hohl bleiben, wenn wir nicht den Gott mit einbeziehen, der die wahre Liebe erfunden hat und der der Autor aller Liebesgeschichten ist. Wenn du Gott aus dem Mittelpunkt deines Lebens verbannst, wird sehr schnell auch alles Schöne, Zarte, Reine und Liebenswerte aus deinem Leben verschwinden.

Ein Rufer in der Wüste

Wir haben gelernt, immer gehetzt zu sein. Wir gehen unruhig vor der Mikrowelle auf und ab, wir beschweren uns über den langsamen Service bei Drive-Ins und klopfen ungeduldig mit dem Fuß, bis der Aufzug endlich im dritten Stock ankommt. Und wir denken, dass wir auch einen guten Grund für diese Ungeduld haben. Denn tief in uns drin glauben wir, dass alles bald ein Ende haben wird und uns die Zeit für die persönliche Entspannung davonläuft – jeden Tag, jede Minute.

Ich höre mich vielleicht ein wenig an wie Johannes der Täufer. Mit einem Kamelpelz um den dürren Körper geschlungen und mit struppigem Bart rufe ich in die Wüste: »Hey! Lernt endlich, Geduld zu haben!«

Ich habe großen Respekt gegenüber der ersten Plattenfirma der Beatles. 1962 lehnte Decca sie ab mit der Begründung: »Uns gefällt euer Sound nicht. Gitarrenbands werden bald passé sein.«

Aber Decca hatte keine Ahnung, was für einen fantastischen Sound sie sich da entgehen ließen! Es ist noch schwerer, im 21. Jahrhundert Werbung für Jesus zu machen, wenn man überall hört: »Diese Sache mit Jesus wird bald passé sein.« Ich will ja keine Beatles-Fans beleidigen, aber verglichen mit dem wunderbaren Lied, das Jesus in eurem Leben spielen will, klingt »Hey Jude« wie eine schaurige Katzenmusik.

Jesu Botschaft lehrt uns zielgerichtete Geduld und überwältigende Treue. Seine Botschaft lautet:

Seid stille und erkennet, dass ich Gott bin!
Psalm 46,11, Luther

Wenn ihr zu mir umkehrt und stillhaltet,
dann werdet ihr gerettet. Wenn ihr gelassen abwartet
und mir vertraut, dann seid ihr stark.
Jesaja 30,15

Auf seine sanfte Art möchte er uns auf seinen Schoß nehmen, seine großen starken Arme um uns legen, unsere Tränen der Sehnsucht und des Schmerzes wegwischen und uns ins Ohr flüstern: »Ist schon gut, mein Kind. Lehn deinen Kopf ruhig an meine Schulter. Ich werde für dich sorgen. Diese Welt ist immer in Eile, aber ich lehre meine Kinder Geduld. Lebe in Erwartung eines erfüllten und frohen Lebens. Und lerne, meinem vollkommenen Zeitgefühl zu vertrauen, damit du erkennst, dass der ganze Schmerz, der durch das Warten kommen kann, einem großartigen und Ehrfurcht gebietenden Ziel und Zweck dient.«

Einsame Regennächte

Geduld ist mehr als Dulden. Das Leben eines Heiligen ist in den Händen Gottes wie Pfeil und Bogen in den Händen eines Schützen. Gott zielt auf etwas, das der Heilige nicht sehen kann; er streckt und spannt den Bogen, und der Heilige sagt von Zeit zu Zeit: ›Mehr kann ich nicht ertragen.‹ Gott achtet nicht darauf; er spannt den Bogen weiter, bis sein Ziel in Sicht ist; dann lässt er den Pfeil fliegen. Vertraue dich den Händen Gottes ruhig an! Wofür bedarfst du gerade jetzt der Geduld? Halte deine Verbindung mit Jesus Christus durch die Geduld des Glaubens aufrecht. ›Obschon er mich vernichten wird, will ich doch seiner harren‹ (Hiob 13,15).[2]
Oswald Chambers

Ich erinnere mich noch genau an einen ganz bestimmten verregneten Abend im Jahr 1991. Ich war noch Single und nicht sehr glücklich darüber. Diese drängende Sehnsucht, mein Leben mit einer Frau zu teilen, war erdrückend. Ich versuchte zu beten, aber mehr als ein Stöhnen brachte ich nicht heraus. Ich kannte Leslie damals noch nicht, und um ehrlich zu sein, bekam ich langsam Zweifel daran, dass es meine zukünftige Ehefrau überhaupt gab. Ich rang mit Gott, unbewusst wollte ich ihm den Stift, den ich ihm ein Jahr zuvor überreicht hatte, wieder entreißen. Wenn Gott wirklich meine Liebesgeschichte schreiben wollte, hielt ich es langsam für an der Zeit, mir wenigstens mitzuteilen, dass er immerhin schon die Rollen besetzt hatte.

Ich nenne so Momente wie diesen gerne »Momente mit Gott«. Wenn du schon mal einen erlebt hast, wirst du wissen, was ich meine. Er ist immer bei uns, aber in einem »Moment mit Gott« erleben wir ihn auf eine ganz intime Weise, die unser Leben verändert. Die Rocky Mountains auf einer Landkarte anzugucken ist etwas ganz anderes, als ihre majestätische Schönheit in der Realität zu sehen. Ebenso ist es etwas anderes, auf Grund seines Verstandes von der Existenz Gottes auszugehen, als seine Gegenwart in einem »Moment mit Gott« zu *spüren*.

In einem »Moment mit Gott« ist Gottes Wort wirklich lebendig, nicht nur erbauliche Literatur zwischen zwei Buchdeckeln. Und in einem »Moment mit Gott« ist auch Jesus lebendig und voller Kraft, nicht nur eine historische Persönlichkeit aus irgendwelchen verstaubten Annalen.

An jenem einsamen verregneten Abend im Jahr 1991 hatte ich einen solchen »Moment mit Gott«, mitten in meinem Anfall von Selbstmitleid.

Ich kniete betend auf dem Boden meines Zimmers, als Gott seinen himmlischen Tabasco in mein Herz goss. Ich weiß noch, wie mein Herz zu brennen anfing, als mir klar wurde, wie gewaltig, wie stark, wie mächtig, wie gnadenvoll, wie zärtlich und wie liebevoll Gott ist. Ich weiß noch, wie ich wieder einmal einsah, wie lächerlich es doch war, mein ganzes Vertrauen *nicht* auf ihn und seine Art, die Dinge zu tun, zu setzen. Und ich weiß noch, wie ich die Hände vor mein tränennasses Gesicht schlug und Gott wieder einmal sagte: »Ich bin bereit zu warten, Herr Jesus!«

Ich holte einen Stift und ein Blatt Papier aus meinem Schreibtisch und fing an zu schreiben. Während mir die Tränen noch über die Wangen flossen, war ich entschlossen, meiner zukünftigen Frau irgendwie zu zeigen, dass ich auf sie wartete, egal, wo sie auch gerade sein mochte! Also schrieb ich:

Ich fühle den Regen auf meinem Kopf,
sind das vielleicht deine Tränen? Brauchst du einen Freund?
Ich weiß nicht, wie sehr und wie lange.
Aber ich weiß, dass er treu ist.
Solch eine Liebe brennt tief im Innern.
Ich weiß, dass du alle meine Tränen wert sein wirst.

Jahre später nahm ich diese einfachen Worte aus meinem Tagebuch und setzte mich ans Klavier. Aber dieses Mal war ich nicht allein. Unter Tränen sang ich meiner frisch angetrauten Frau die Worte vor, die ich in dieser einsamen Regennacht nur für sie geschrieben hatte.

Mach die Penelope

Die schönsten Dinge in unserer heutigen Welt sind durch Tränen und Schmerzen zu uns gekommen.[3]
J. R. Miller

Hier ist eine Aufforderung an alle aus unserer Generation: Lasst uns die Penelope machen. Alle Stammesfürsten und Prinzen des Landes versuchen uns zu überzeugen, dass wir uns mit weniger zufrieden geben sollen, dass unsere Hoffnungen und Träume unrealistisch und lächerlich sind. Aber wir wollen entgegen all diesem Gerede treu sein, wir wollen geduldig ausharren, selbst wenn Wochen, Monate und sogar Jahre vergehen und wir immer noch nichts von unserem Liebsten gehört haben. Lasst uns die Penelope machen und unserer Generation etwas Heldenmut zurückgeben. Lasst uns die Penelope machen und den überwältigenden und wunderbaren Lohn der Geduld entdecken. Lasst uns die Penelope machen und große Schmerzen aushalten, um großen Gewinn zu erlangen.

Jeder von uns kennt einsame Regentage. Aber nur die wenigsten wissen, wie man sich an einem bewölkten Tag die Aussicht auf ein schönes Morgen bewahren kann. Einer meiner liebsten kitschigen Sprüche stammt von einer Glückwunschkarte, die Leslie und ich einmal bekommen haben. Er lautet: »Wenn sich zwei Menschen wirklich, wirklich lieben, macht sogar ein Regentag Spaß!«

Das gilt für die Zeit *vor* der Ehe wie für die *während* der Ehe. Wenn du an einem Regentag alleine bist, mach die Penelope und webe für deinen zukünftigen Liebsten dein ganz persönliches »weißes Leinentuch«.

Die meisten Menschen verstehen nicht, dass Alleinsein eine Gabe Gottes ist. Es kann uns nicht nur näher zu Jesus ziehen, es kann uns auch lehren, eine lang erwartete Ehe noch mehr zu schätzen. Und wir können in dieser Einsamkeit ein ganz eigenes Geschenk für die Person weben, die einmal unser treues Warten belohnen wird. Lerne an solchen Tagen, für sie zu beten, und bitte Gott, sie zu einer vollkommenen Ergänzung zu deinem Leben zu formen. Schreib ihr Liebesbriefe. Stell dir vor, du kannst diesem Menschen Einblick in dein Herz gewähren und Anteil nehmen lassen an den Tagen, Monaten und sogar Jahren deines Lebens, von denen er *ohne* dein Schreiben nichts wissen würde. Wenn du musikalisch bist, schreib ein Liebeslied. Wenn du eine künstlerische Ader hast, male ein Bild. Und wenn du gut mit Holz umgehen kannst, dann schnitze ihm etwas, dass ihn ewig wissen lässt, dass er das Warten wert war!

Ob ihr es glaubt oder nicht, Penelope war nicht die Erste, die »die Penelope gemacht« hat. Gott schuf das Konzept von Treue schon vor Grundlegung der Welt. Er war das erste Beispiel für schmerzvolles Ausharren und zielgerichtetes Warten. Mit Tränen in den Augen wartet er in diesem Moment noch auf einige von uns, damit sie ihm völlige Freiheit in ihrem Leben geben. Wenn du schließlich an seinem offenen Palasttor ankommst, wird er dir entgegenlaufen, dich umarmen und dir ins Ohr flüstern: »Du, mein Kind, warst das schmerzvolle Warten wert!«

Jetzt noch was Praktisches

In unserer Gesellschaft meinen wir, es sei schwierig, zwei Monate zu warten, aber versuch es mal mit Tausenden von Jahren! Lies Lukas 2,22–40 und entdecke ein wirklich wunderbares Beispiel für Treue. Es ist die Geschichte eines Volkes, aber mehr noch die Geschichte eines Mannes und einer Frau, die ihr Leben wartend verbracht haben. Und Gott hat sie wahrlich dafür geehrt. Wenn du mit dem Lesen fertig bist, stell dir diese Frage: »Wenn ich wüsste, dass es Gott Freude machen würde, wäre ich bereit, auf meinen Ehepartner mit derselben Treue und Hoffnung zu warten, die diese beiden gottesfürchtigen Menschen besaßen?«

Kann das »schönere Lied« ein Solo sein?

Ein neues Verständnis für die Schmerzen und den Sinn des Singleseins

Liebesbriefe für die Flitterwochen

Eric strahlte wie ein aufgeregter kleiner Junge, während er aus dem Koffer eine dicke Kladde hervorholte.

»Ich möchte dir etwas zeigen, Leslie«, sagte er mit sanfter Stimme und lächelte mir zu.

Wir waren in den Flitterwochen – die mit Abstand aufregendsten zwei Wochen meines Lebens. Nachdem ich, wie mir schien, eine Ewigkeit darauf gewartet hatte, war ich nun endlich *Mrs Ludy*! Und gerade als ich dachte, ich wüsste nun, wie sehr Eric mich liebt, entdeckte ich, dass seine Liebe noch viel weiter ging.

»Siehst du all diese Briefe?«, fragte er und blätterte die Kladde durch. »Die habe ich für dich geschrieben, Jahre bevor wir uns überhaupt begegnet sind. Ich habe sie für unsere Flitterwochen verwahrt!«

Stundenlang versank ich in diesen Briefen, voller Faszination für den Mann, den ich geheiratet hatte. Der erstaunliche Weg, den er als Single zurückgelegt hatte, beeindruckte mich.

»Heute Abend bin ich auf einem Missionseinsatz in Bulgarien«, hieß es in einem Brief, »und ich wünschte, du könntest jetzt bei mir sein und die Freude teilen, die der Dienst für Gottes Wahrheit bringt.«

»Ich betrachte gerade einen unglaublichen Sonnenuntergang«, schrieb er in einem anderen, »aber ihn ohne dich anzusehen ist nur halb so schön. Ich weiß nicht, wo du heute Abend bist, aber ich bete für dich. Ich liebe dich.«

Auch wenn die Briefe nicht an mich adressiert waren, hätte doch mein Name auf ihnen stehen können. Jeder einzelne gab auf seine ganz besondere Weise Zeugnis von der unwandelbaren Liebe und Hingabe, die Eric der Frau entgegenbrachte, mit der er eines Tages sein Leben teilen würde. Seine Treue zu mir, die er schon bewies, bevor wir uns überhaupt kennen lernten, gab mir eine große Sicherheit in unserer Ehe. Während ich die Briefe las, fühlte ich mich mehr als je zuvor wie eine Prinzessin. Was für eine Ehre, von Gott als die Frau ausgewählt worden zu sein, die diesen Mann ihr Leben lang liebt!

Es wirkt vielleicht komisch, dass ich dieses Kapitel über das Singlesein ausgerechnet mit einer Geschichte über meine unglaublichen Flitterwochen anfange. Nein, ich versuche nicht, euch Singles zu quälen! Der Grund dafür, warum ich das tue, ist, dass es in diesem Kapitel nicht nur ums Singlesein geht. In diesem Kapitel geht es um Singlesein, das einen Sinn hat. Wenn Gott uns durch eine schwierige Zeit führt, können wir den Schmerz aushalten, indem wir uns an die Hoffnung klammern, dass wir am Ende entdecken werden, dass alles einen Sinn hatte. Wir können wissen, dass sich all die Schmerzen eines Tages auszahlen werden. Ob dein Singledasein mit einem wahr gewordenen Traum hier auf Erden endet oder mit einem glorreichen Fest in der Ewigkeit, Gott hat etwas im Sinn mit dieser Solophase deines Lebens.

Als Eric an jenem Tag seine frisch gebackene Ehefrau die Briefe lesen sah, die er Jahre zuvor für sie geschrieben hatte, wird er sich gesagt haben: »Es hat sich gelohnt, all die Jahre darauf zu warten. Das war all die einsamen verregneten Abende wert.« Und eines Tages wirst auch du in der Lage sein, ihm diese Worte nachzusprechen.

Kreatives Singlesein

Jean und Kirsty sind zwei aufgeweckte junge Frauen aus Australien. Die beiden sind seit vielen Jahren die besten Freundinnen. Ihr Sinn für Humor und ihr unüberhörbarer australischer Akzent machen sie zu amüsanten Gesprächspartnern. Als sie vor kurzem zu Besuch in Amerika waren, führten Eric und ich ein längeres Gespräch mit ihnen über ihr Singledasein.

»Gott hat mir wirklich deutlich gezeigt, dass ich den Richtigen noch nicht getroffen habe, weil er noch nicht damit fertig ist, mich auf die Ehe vorzubereiten«, erzählte uns Jean. »Im Moment lerne ich gerade, was es heißt, Gottes Prinzessin zu sein. Er zeigt mir, dass ich so, wie ich bin, genüge, auch wenn ich niemals heiraten sollte.«

Fällt es den beiden leicht, allein zu sein? Keineswegs. Kirsty erzählte uns: »Ich träume die ganze Zeit von dem Mann, den ich heiraten werde. Jean und ich malen uns gerne aus, auf was für eine Art von Mann wir warten. Wir reden über die wichtigsten Charaktereigenschaften, die unsere Zukünftigen haben sollten. Aber manchmal verlässt uns auch der Mut. Es gibt nicht sehr viele Männer mit Charakter! Da kriegt man schnell mal das Gefühl, dass wir auf etwas warten, das es gar nicht gibt.

Abgesehen von dem Problem, dass es nirgends gottesfürchtige Männer zu geben scheint, die noch zu haben sind, müssen wir uns mit dem Unverständnis von anderen auseinander setzen.

Man hat uns schon gesagt, dass wir zu hohe Ansprüche hätten. Man hat uns gesagt, dass wir nie heiraten werden, wenn wir nicht einfach mal ausgehen, Männer kennen lernen und zu verstehen geben, dass wir frei sind«, sagte Jean mit einem entmutigten Blick.

Aber Jean und Kirsty sind standfest geblieben und warten weiter darauf, dass Gott ihrer beider Liebesgeschichten schreibt – wann er es will, wenn er es denn will. Und mit ihrem Versprechen zu warten haben sie sogar Spaß!

»An jedem Valentinstag schreiben wir Liebesbriefe an unsere zukünftigen Ehemänner – das ist viel besser, als sich einer Depression hinzugeben, weil wir immer noch Singles sind«, erzählte uns Kirsty mit freudigem Gesicht. »Das macht uns immer sehr viel Spaß, und es erinnert uns daran, dass diese Phase unseres Lebens einen Sinn hat. Wir bewahren alle diese Briefe auf, um sie irgendwann unseren Ehemännern zu geben.«

Das nenne ich kreatives Singlesein! Die Mischung aus Schmerz und Hoffnung, von der Jean und Kirsty erzählen, ist die Quintessenz des Singleseins. Es ist nicht leicht, aber es hat einen ganz besonderen Sinn. Und eines Tages wird der Herr die beiden für ihre Treue belohnen. In diesem Moment werden Kirsty und Jean wissen, dass es die Sache wert war.

Single mit Ausstrahlung

»Wenn ich noch einmal jemanden, der verheiratet ist, predigen höre, dass Singlesein eine Gabe ist, muss ich würgen!«, rief Brice, ein 28-jähriger Single, den wir bei einem Vortrag in Texas kennen lernten. Brice ist mehr als bereit für die Ehe. »Verheiratete vergessen einfach, wie es ist, allein zu sein!«

Vielleicht vergessen Verheiratete es nicht – sie verdrängen nur die Erinnerung an ihre Singlezeit, weil sie sie nicht noch einmal erleben möchten! Das Singledasein ist eine einsame Angelegenheit. Aber muss es gleich eine Art Hölle auf Erden sein?

Brice hat die letzten acht Jahre ziemlich elend zugebracht. Er ist wie besessen von dem Gedanken, die richtige Frau zu finden und endlich den »Fluch« des Singleseins abzuschütteln. In vielerlei Hinsicht hat er sein Leben auf »Stopp« gestellt, bis er die Sache mit dem Heiraten hinter sich gebracht hat. Er geht nicht seiner Berufung oder seinen Zielen nach, weil er das Gefühl hat, dass ihm etwas fehlt. Sein geistliches Wachstum steht still und er hat sich in keiner Weise auf die Ehe vorbereitet. Er hat nur wütend zu Gott geschrien, dass er ihm eine Frau schicken soll, aber *pronto*! Brice ist verbittert und beleidigt. Seine größte Angst ist es, zu sterben, bevor er seine Liebe findet.

Viele Singles in unserer Kultur befinden sich in derselben traurigen Lage wie Brice. In christlichen Kreisen wird oft nicht anerkannt, dass Gott einen Sinn für die Phase des Singleseins hat, und das führt dazu, dass sich viele Singles minderwertig und wie »Zweite-Klasse-Christen« vorkommen.

Jen, eine humorvolle und geistlich reife Studentin, erzählt davon, dass ihr beinahe überall dieselbe Frage gestellt wird: »Und, hast du einen Freund?«

»Es ist wirklich nicht leicht, diese Frage immer und immer wieder zu hören«, gesteht Jen. »Schließlich definiere ich mich doch nicht nur über eine Beziehung. Ich habe die Uni, meinen Dienst in der Gemeinde und, was das Wichtigste ist, meine Beziehung zum Herrn. Aber danach werde ich fast nie gefragt, und wenn, dann ist das nur so ein Nebenaspekt. Eigentlich wollen die Leute doch wieder nur wissen, wie es beziehungsmäßig bei mir aussieht. Wenn sich alles immer nur um Beziehungen dreht, dann kommt man schnell dazu, dass man meint, man bräuchte eine Beziehung, um ein ›vollwertiger Mensch‹ zu sein. Aber das stimmt nicht. Ich bin auch als Single ein vollwertiger Mensch.«

In einer Kultur, die dem Finden eines Partners so viel Gewicht und Bedeutung beimisst, ist Jens Einsicht, dass ihr Leben so viel mehr zu bieten hat als nur die Suche nach einer Beziehung, umso erstaunlicher. Dabei haben Christen genauso viel indirekten Druck auf sie ausgeübt, »jemanden zu finden«, wie Nichtchristen. Sie empfindet einen Mangel an Unterstützung durch den Leib Christi für ihre Entscheidung, bezüglich ihres zukünftigen Ehemanns ihr Vertrauen ganz auf Gott zu setzen.

Zahllose andere junge Frauen hängen einfach »in der Warteschleife« für ihren zukünftigen Ehemann. Sie denken, ihr

Leben könne nicht wirklich anfangen, solange sie nicht verheiratet sind.

Ein beliebter Witz an Universitäten bei uns in den USA lautet: »Ach, sie ist nur hier, weil sie sich jemanden mit Diplom angeln will.« Anders gesagt: Die Uni ist ihr egal, sie sucht nur einen Ehemann!

Entgegen der Versuchung, darauf zu warten, dass das Leben endlich losgeht, sobald wir den Richtigen treffen, hat Gott in unserer Singlezeit mehr für uns bereit als nur die Kunst, den Kopf hängen zu lassen und ungeduldig zu sein.

Krissy, meine hübsche Schwägerin, ist 31 und immer noch Single. Sie gibt das beste Beispiel für ein Singledasein mit Sinn ab, das ich je gesehen habe. Als Teenager hat Krissy sich entschieden, ihrem zukünftigen Ehemann treu zu bleiben und geduldig auf ihn zu warten, bis Gott sich entscheidet, ihn in ihr Leben zu bringen. Das war vor fast 18 Jahren. Ist Krissys Leben seitdem auf »Stopp« gestellt? Ganz im Gegenteil. Krissy ist nicht nur zufrieden mit ihrem Singledasein, sie ist ein Single mit Ausstrahlung! Das soll nicht heißen, dass ein Single zu sein das Schönste ist, was sie sich vorstellen kann, aber sie sieht diese Phase ihres Lebens als ein kostbares Geschenk von Gott. Sie versteht, dass ihr Singlesein ein Teil des Planes ist, den ihr liebender Schöpfer für ihr Leben hat.

In den vergangenen 18 Jahren hat sich Krissy ganz dem Herrn hingegeben. Für jeden, der sie kennt, ist deutlich zu erkennen, dass sie leidenschaftlich in Jesus Christus verliebt ist. Sie ist voller Freude, humorvoll und hat einfach Spaß am Leben. Sie ist in der Lage gewesen, die Talente, die ihr Gott gegeben hat, als Lehrerin, Seelsorgerin, Künstlerin und Autorin umzusetzen. Sie hat sich voller Energie dem Dienst an anderen verschrieben und unterhält Freundschaften zu Menschen jeden Alters. Sie führt ein wirklich erfülltes Leben.

Als ihr jüngerer Bruder Mark sie eines Tages fragte: »Krissy, denkst du, du bist vielleicht zum Singlesein berufen?«, antwortete sie nach einer kurzen Bedenkpause: »Heute jedenfalls, ja.«

Was für eine Antwort! *Heute jedenfalls.* Krissy sieht in ihrem Singledasein keine niemals endende Bergerklimmung. Sie erlaubt Gott, sie *von Tag zu Tag* auf dieser Reise zur Spitze zu führen. Und das Ergebnis ist, dass sie eine Freude an diesem Lebensabschnitt empfindet, die die meisten Singles nicht einmal ansatzweise erahnen.

Auch für Krissy ist es nicht einfach gewesen. Wie viele andere Singles hat auch sie tränenreiche, verzweifelte Nächte durchlebt. Sie hat diese unstillbare Sehnsucht nach einem Gefährten gespürt, das schmerzhafte Verlangen nach wahrer Liebe. Aber in solchen Zeiten hat sie sich nur noch stärker auf ihren Erlöser verlassen. Und er hat sich bei jedem einzelnen Schritt des Weges als treu erwiesen.

Gott schreibt die Musik nicht planlos. Wir sollten die Melodie lernen und uns nicht von den »Pausen« irritieren lassen. Wir sollten uns nicht über sie hinwegsetzen, sie nicht fallen lassen, denn sie gehören zur Melodie und passen in die Tonart. Wenn wir aufschauen, wird Gott selbst den Takt für uns schlagen. Wenn wir auf ihn schauen, werden wir die nächste Note gut treffen.

Wenn wir uns traurig sagen: »Eine Pause ist doch keine Musik«, dann sollten wir nicht vergessen, dass in der Pause Musik entsteht. Die Entstehung von Musik ist manchmal ein langwieriger und schmerzvoller Prozess im Leben. Was für ein geduldiger Lehrer Gott doch ist! Wie lange er wartet, bis wir die Lektion verstanden haben![1]
Ruskin

Produktives Singlesein

Wenn wir wie Krissy zulassen, dass Gott diesen Lebensabschnitt für seine Zwecke nutzt, entdecken wir eine ungeheure Wahrheit: Die Singlezeit muss nicht eine Zeit des passiven und nutzlosen Wartens sein. Stattdessen kann es ein aufregendes Abenteuer sein, eine Zeit der aktiven Vorbereitung. Wir wollen uns einmal anschauen, auf welche Weise Gott unser Singlesein gebrauchen kann, um uns mehr in sein Angesicht zu verwandeln und auf eine zukünftige Beziehung vorzubereiten.

1. Das Singledasein kann unsere inneren Qualitäten stärken

Göttliche Zufriedenheit – Ich weiß noch, wie ich durch den Film *Cool Runnings* eine wertvolle Lektion gelernt habe. Es geht darin um einen jungen jamaikanischen Sportler, der schon sein Leben lang davon träumt, einmal eine olympische Goldmedaille zu gewinnen. Nach einer Reihe von Ereignissen schafft er es schließlich, an den Olympischen Spielen teilzunehmen. Er will unbedingt gewinnen, aber kurz vor dem Wettkampf gibt ihm sein Trainer noch einen wichtigen Rat: »Pass auf, Junge. Eine Goldmedaille ist was Wunderbares. Aber wenn du ohne sie nicht zufrieden bist, glaub's mir, dann wirst du auch mit ihr nicht zufrieden sein.«

Tyler, ein 25-jähriger Musiker, weist auf den Gedanken hin, mit dem die meisten Singles – er selbst eingeschlossen – zu kämpfen haben, nämlich den, dass sich alles zum Besten wenden wird, sobald sie endlich eine Beziehung haben.

»Ich möchte das Leben nicht verschieben«, sagte er uns mit einem überzeugten Ausdruck in seinen leuchtend blauen Augen. »Mein Leben fängt doch nicht erst an, wenn ich endlich verheiratet bin. Mein Leben ist schon in vollem Gang. Ich möchte jeden einzelnen Tag auskosten und nicht nur darauf warten, dass irgendwann mal alles perfekt wird. Ich möchte jedes Jahr meines Lebens genießen.«

Eine Beziehung ist nicht dazu da, uns zu einem vollständigen Menschen zu machen – das kann nur Jesus Christus. Die Ehe sollte nicht die Goldmedaille sein, nach der wir uns ausstrecken, damit wir endlich »zufrieden« sind. Wir müssen lernen, schon jetzt »zufrieden« zu sein, so wie wir sind, allein in Christus. Auch wenn unsere Ehe uns einmal viel Freude machen wird, haben wir einen Grund, in jeder Phase unseres

Lebens glücklich und zufrieden zu sein – weil Jesus Christus für uns gestorben ist. Wirkliche Zufriedenheit gibt es nur in einer engen Beziehung mit dem Herrn, in nichts anderem, nicht einmal in einer romantischen Liebesgeschichte. Unsere Singlezeit kann uns diese Zufriedenheit lehren. In diesem Lebensabschnitt können wir lernen, was es heißt, Frieden und Freude in Christus zu haben, egal, wie unsere Umstände aussehen. Und für eine Kultur, die immer noch mehr will, gilt erst recht: »Dabei ist in der Tat jeder reich, der an Gott glaubt und mit dem zufrieden ist, was er hat« (1. Timotheus 6,6; Hoffnung für alle).

Innere Kraft – Vor einiger Zeit machte Elisabeth Elliott diese tiefgründige Bemerkung: »Einsamkeit ist ein notwendiger Weg zur Leiterschaft.«[2]

Als ich Single war, fühlte ich mich oft völlig allein – verlassen von Freunden und der Familie, verlassen von Eric, verlassen von jedem, der mich wirklich kannte –, aber diese einfachen Worte zeigten mir eine Perspektive für meine Einsamkeit. Gott gebrauchte diese Einsamkeit, um mir beizubringen, mich ganz und gar auf ihn zu verlassen. Ich konnte meine Zuversicht nicht länger durch andere Menschen beziehen. Ich hatte keine andere Wahl, als meine Zuversicht und meine Hoffnung bei ihm zu finden. Diese Art der völligen Abhängigkeit bereitete mich darauf vor, für sein Reich von größerem Nutzen zu sein. Ich gewann die innere Charakterstärke, die ich brauchen würde, um für ihn eine Leiterin zu sein.

Ein wahrer Leiter muss genügend Rückgrat besitzen, um standhaft zu bleiben, auch wenn alle anderen den einfachen Weg einschlagen wollen. Ein wahrer Leiter darf nicht auf seine Freunde angewiesen sein, um sich sicher zu fühlen, sondern er muss lernen, allein auf Gott zu vertrauen. Das Singledasein kann uns so zu einem Rückgrat verhelfen, bestehend aus Mut, Zuversicht und Führungsqualitäten, die jeder Christ lernen muss, wenn er für Gott von Nutzen sein will.

Seine liebenden Arme entdecken – Vor vielen Jahren sang Amy Grant ein Lied, in dem es hieß: »I love a lonely day ... it chases me to You« (dt. Übers.: »Ich liebe einsame Tage ... sie treiben mich zu dir«).[3]

Auch heute noch gehen mir diese Worte durch den Kopf, wenn ich mich mal wieder einsam fühle. Wir können uns von diesem inneren Schmerz in seine wartenden Arme treiben lassen oder einfach versuchen, ihn mit zusammengebissen Zähnen auszuhalten.

Eric erlebte einmal eine Zeit tiefer Einsamkeit, als er sich ein Urlaubssemester nahm. An der Uni hatte er ständig volle Terminkalender gehabt, er hatte studiert, Sport gemacht und regen Anteil am sozialen Leben genommen. Ständig waren seine Freunde um ihn herum gewesen. Aber jetzt, zu Hause, hatte er plötzlich keine Verabredungen mehr, seine Kumpels waren alle noch an der Uni und seine Familie war ausreichend mit sich selbst beschäftigt, und so spürte er plötzlich einen starken inneren Schmerz, wie er ihn noch nie erlebt hatte. Eines Tages sank er im Wohnzimmer auf die Knie und weinte den Sofabezug voll. Die Einsamkeit war ihm zu viel geworden. Während er seinem Herrn sein Herz ausschüttete, spürte er plötzlich, wie ein unglaublicher Frieden über ihn kam. Es war fast so, als hätte Jesus persönlich sich neben Eric gekniet, einen Arm um seine Schultern gelegt und seiner Seele nun Worte des Trostes und der Liebe zugeflüstert.

An jenem Nachmittag setzte sich Eric ans Klavier und schrieb den Text zu einem unserer Lieblingslieder:

Ich bin wie ein Hirsch, du bist wie das Wasser.
Ich laufe zu dir wie ein Sohn zu seinem Vater.
Ich fühlte mich so einsam wie eine Motte ohne Licht,
aber nun brennst du und ich bin zu dir gekommen.
Für immer.

Ich fühlte mich so einsam wie ein Schiff ohne Wasser,
aber du gabst mir Wasser,

du nahmst meine Hand und sagtest zu mir:
»Das ist für die Ewigkeit.«

Ich werde nie mehr einsam sein,
ich werde nie mehr einsam sein mit dir.
Ich habe dieses Gefühl, dass du bei mir bleiben wirst,
und ich weiß, ich werde nie mehr einsam sein mit dir.

Es tut so gut zu wissen, dass wir, auch wenn wir vielleicht gerade ein Solo singen, nie wirklich alleine sind! Die Singlezeit ist eine Gelegenheit, die ganze Tiefe der Liebe Jesu zu entdecken und uns von ihm umarmen zu lassen.

2. Das Singledasein ermöglicht es uns, den Blick auf praktische Vorbereitungen zu richten

Talente entdecken und fördern – Gott hat jeden von uns mit einzigartigen Gaben, Fähigkeiten und Sehnsüchten geschaffen. Er hat einen Plan für jedes einzelne Leben. Die Singlezeit ist eine Phase, in der wir ihn mit ungeteiltem Herzen suchen und ihm unsere ganze Aufmerksamkeit widmen können. Wenn wir eine Beziehung eingehen, verliert sich unsere Identität erst einmal ganz in dieser Beziehung und der anderen Person. Ein Single zu sein kann deshalb die Gelegenheit sein herauszufinden, als was für ein Mensch Gott uns eigentlich geschaffen hat und was seine Berufung für unser Leben ist.

Bevor Eric und ich unsere Beziehung eingingen, erlebte ich gerade eine Phase, in der es unheimlich viele Möglichkeiten für mich gab, in der Jugendarbeit für Mädchen tätig zu sein. Als Single hatte ich die Zeit und die Energie, mich auf so einen ehrenamtlichen Dienst zu konzentrieren. Ich genoss jede Minute, die ich mit den Mädchen verbrachte. Stundenlang beantwortete ich Briefe, ging mit ihnen essen oder machte ihnen am Telefon Mut. Durch diese Erfahrung wurde mir klar, dass der Herr mir dabei eine Form des Dienstes zeigte, für die er mich geschaffen hatte. Wenn ich in einer Beziehung gesteckt hätte und nur darauf bedacht gewesen wäre zu heiraten, hätte ich höchstwahrscheinlich weder die Zeit noch die Energie gehabt, dieser Berufung nachzugehen. Die Fähigkeiten, die ich in dieser Zeit erworben habe, halfen mir, mich auf den Dienst vorzubereiten, zu dem Gott Eric und mich dann später als Team berufen hat.

Ann, die wir schon in dem Kapitel »Aufs Herz kommt es an« kennen gelernt haben, nutzt ihre Zeit als Single dazu, ihre von Gott gegebenen Talente herauszuarbeiten – und sie hat schon große Fortschritte in der Musik, im Schreiben und im Reden vor Menschen gemacht.

»Mit einer Beziehung«, sagte sie mir, »hätte ich wahrscheinlich nicht die nötige Zeit in diese Dinge stecken können, um sie so weit gedeihen zu lassen. Ich bin froh, dass ich die Gelegenheit habe, diesen Dingen nachzugehen.«

Molly, eine meiner besten Freundinnen, ist eine quirlige, gut aussehende Blondine mit viel Sinn für Humor. Sie ist 21 und nutzt die Solophase ihres Lebens, um ihren Horizont zu erweitern und die Sachen zu tun, die sie immer schon tun wollte. Die Woche über hat sie einen Bürojob und in ihrer Freizeit nimmt sie Gesangsstunden und arbeitet an ihren musikalischen Fähigkeiten. Und sie nimmt sich Zeit, anderen zu dienen.

»So frei wie jetzt werde ich vielleicht mein ganzes Leben nicht mehr sein«, meint sie, »also möchte ich die Zeit nutzen, um ein möglichst großer Segen für andere zu sein.«

Molly machte eine Ausbildung zur Seelsorgerin bei einer örtlichen Schwangerschaftsberatung und arbeitet nun einmal in der Woche ehrenamtlich dort in der Beratung.

Kyle, ein 22-jähriger Single aus Neuseeland, nutzt seine Singlezeit, um auf Kurzeinsätzen in die Mission hineinzuschnuppern. Er ist schon in verschiedenen Ländern gewesen, um Menschen in Not zu dienen und das Evangelium weiterzusagen. Diese Erfahrungen haben sein Leben verändert, seinen Horizont erweitert, ihn näher zum Herrn geführt und geholfen, seine besonderen Talente zu entdecken. Er ist dabei zu lernen, wie er seine einzigartigen Gaben zur Ehre Gottes einsetzen kann.

Was sind die Sehnsüchte *deines* Herzens? Ein Musiker oder Sportler zu werden? An die Uni zu gehen? Eine Rucksack-Tour durchs ganze Land zu machen? In die Mission zu gehen? Vielleicht auch einfach nur, eine Zeit lang zu Hause zu sein und deiner eigenen Familie und Gemeinde auf praktische Weise zu dienen? Die Singlephase kann genau die richtige Zeit sein, Fähigkeiten fürs Leben zu erlernen und zu entdecken, wie du deine Gaben für den Herrn einsetzen kannst.

Zurück zu den Grundlagen – Bevor Eric in mein Leben kam, musste ich mich eine Zeit lang der praktischen Vorbereitung auf das Eheleben widmen. Es mag lächerlich klingen, aber ich hatte den Großteil meiner Jugend verbracht, ohne gelernt zu haben, wie man sein Geld einteilt, sein Konto führt, Rechnungen bezahlt oder etwas anderes als ein Fertiggericht kocht. Ich war zu sehr mit meinem Sozialleben und der Schule beschäftigt, um mich um Aufgaben zu kümmern, die für mich damals nicht wirklich interessant waren. Jetzt aber wollte Gott mich auf einige grundlegende Dinge vorbereiten, bevor er einen Mann in mein Leben brachte. Ungefähr ein Jahr lang konzentrierte ich mich darauf, mir die ganz praktischen Grundfertigkeiten des Lebens anzueignen. Und glaubt mir, Eric weiß es heute wirklich zu schätzen, dass ich diese Dinge gelernt habe!

Im wirklichen Leben bedeutet Ehe Teamwork. Wenn wir die Einstellung haben, dass unser Ehepartner sich schon um den Haushalt und all das kümmern wird, was zu einem verantwortungsvollen Leben als Erwachsener noch dazugehört, werden wir Probleme bekommen.

Ich kenne viele junge Männer, deren Mütter immer für sie gekocht, ihnen ihre Betten gemacht und ihre Wäsche gewaschen haben, bis zu dem Tag, an dem sie zu Hause ausgezogen sind. Diese jungen Männer haben nicht mal die einfachsten Grundlagen der Haushaltsführung gelernt. In ihrem Leben kommt es in der Regel zu einer der beiden folgenden Entwicklungen: Entweder werden sie zu Junggesellen, deren Wohnungen vom Gesundheitsamt unter Quarantäne gestellt werden müssen, oder sie heiraten und treiben ihre armen Frauen in den Wahnsinn, indem sie überall eine Spur von schmutzigen Socken, benutztem Geschirr und hochgeklappten Klobrillen hinterlassen, weil sie erwarten, dass die Frau »sich um so was kümmert«. Die erste Alternative trägt nicht gerade zur Attraktivität des entsprechenden Junggesellen auf der Suche nach Liebe bei und die zweite Alternative führt unweigerlich zu einigen nicht sehr erfreulichen Auseinandersetzungen zwischen Mann und Frau.

Jungs, nehmt einen gut gemeinten Rat an und nutzt die Singlezeit, um zu lernen, wie man einen Haushalt führt. Die Frau, die ihr einmal heiraten werdet, wird euch umso mehr lieben, und ihr könnt schon jetzt dafür sorgen, dass sich das »Genörgel« in eurer Ehe später einmal in Grenzen hält!

Eric, mein edler Ritter, übernimmt bei uns normalerweise das Putzen der Toiletten. (Ich hasse das nämlich.) Wann immer er ohne Klagen die Toiletten schrubbt, werde ich daran erinnert, wie gesegnet ich doch mit einem Mann wie ihm bin. Das klingt vielleicht nicht gerade romantisch, aber für mich ist das sehr romantisch. Durch solche einfachen, aber grundlegenden Dinge beweist Eric seine unendliche Liebe zu mir.

Übrigens gilt dieser Rat nicht nur für Jungs, sondern auch für Mädels. Mein Ziel ist es, Eric im Alltag zu dienen, genauso wie er mir dient. Er putzt die Toiletten, ich mache die Wäsche – das hasst *er* nämlich. Diese Art von Teamwork können sich sowohl Männer als auch Frauen schon lange vor der Ehe vornehmen und lernen.

Nur du selbst kannst wissen, welche praktischen Dinge in deinem Leben etwas Aufmerksamkeit benötigen. Vielleicht ist es gar nicht der Haushalt, sondern die Finanzplanung. Vielleicht musst du lernen, wie man richtig einkauft und Essen kocht. Bete zu Gott, dass er dir die Disziplin gibt, diese wichtigen Grundfertigkeiten zu entwickeln und zu trainieren. Das scheint alles andere als romantisch zu sein, aber es gibt kaum eine praktischere Art, seine selbstlose Liebe in die Tat umzusetzen! Und ein Dinner bei Kerzenlicht mit stinkenden Socken und schmutzigem Geschirr ist schließlich auch nicht sehr romantisch!

Jeder heiratet einmal – »Aber warum soll ich mir die Mühe machen, mich auf die Ehe vorzubereiten, wenn Gott gar nicht will, dass ich heirate?«, fragte Ethan, ein frustrierter Single aus Michigan ohne Aussicht, in der nächsten Zeit eine Freundin zu finden.

In Wahrheit ist es doch so, dass die meisten von uns eines Tages verheiratet sein werden. Es ist nur sinnvoll, dass wir dementsprechend planen und uns vorbereiten. Und selbst wenn Gott uns zu einem Leben als Single berufen hat, werden wir doch eines Tages eine Hochzeit erleben. Wenn Christus, unserer wahrer Bräutigam, in seiner ganzen Herrlichkeit erscheint, kommt er zu seiner Braut, der Gemeinde. Tatsächlich wird der Himmel eine einzige riesige Hochzeitsfeier sein, an der alle Gläubigen in Ewigkeit teilnehmen werden. Die Ehe zwischen Mann und Frau hier auf der Erde sollte uns einen Vorgeschmack geben auf die vollkommene Ehe, die uns bevorsteht. Ob wir nun eine irdische Ehe erleben oder nicht, wir können uns alle auf unseren wahren Bräutigam vorbereiten. (Ja, Männer, das gilt auch für euch! Wenn es euch irgendwie weibisch vorkommt, die »Braut« Christi zu sein – keine Sorge: Im Himmel wird das keinen stören!)

Der letzte Countdown – Eine der besten Lektionen in Bezug auf die Vorbereitung auf unseren wahren Bräutigam lernten Eric und ich kurz vor unserer Hochzeit. Je länger wir verlobt waren, desto größer wurde unser Verlangen, endlich richtig zusammen zu sein. Ungefähr zwei Monate vor der Hochzeit dachten wir halb im Scherz daran, einfach durchzubrennen und das Ganze etwas abzukürzen. Natürlich wussten wir, dass es sich lohnte, auf den richtigen Zeitpunkt zu warten. Und außerdem hatte ich ewig gebraucht, um mich für das perfekte Hochzeitskleid zu entscheiden, und ich wollte doch meinen großen Auftritt nicht versäumen!

Also hielten wir durch. Eric unterrichtete in Michigan, während ich in Colorado Bürokram erledigte und die Hochzeit plante. In diesen Monaten trieben wir unsere Telefonrechnung ganz schön in die Höhe! Ich rief ihn ständig an, um ihn an Hotelreservierungen und Einladungen für die Generalprobe zu erinnern. Außerdem sollte er sich für den Anzug noch etwas in Form bringen. Als echter Junggeselle erledigte er all diese Aufgaben auf den letzten Drücker – aber immerhin erledigte er sie. Schließlich war es nur noch eine Woche bis zur Hochzeit. Zwei Tage bevor er in den Flieger nach Colorado zu seiner Hochzeit steigen würde, musste er noch ein letztes Mal Verfassungsrecht unterrichten. Natürlich war er mit den Gedanken nicht wirklich bei den fünf Grundsätzen der Präambel!

»Alles, was ich dachte, war: *Leslie, Leslie, Leslie*«, erzählte er mir später. »Mein Wortschatz war auf ein einziges Wort geschrumpft: Leslie. Ich konnte nicht unterrichten. Ich war zu keinem Gespräch mehr fähig. Ich konnte nicht einmal mehr beten!«

Am letzten Unterrichtstag erfand Eric also ein Spiel, das seine Studenten spielen sollten, da er ohnehin nicht mehr klar denken konnte. Irgendeine Idee, wie das Spiel geheißen haben könnte? Richtig: L-e-s-l-i-e! Wie auch sonst? Und mit Verfassungsrecht hatte es selbstverständlich überhaupt nichts zu tun.

Vier Stunden lang zwang er seine armen Studenten, »L-e-s-l-i-e« zu spielen. Als der Unterricht endlich vorbei war, rannten sie wahrscheinlich nach draußen, überzeugt davon, dass ihr liebeskranker Lehrer nun endgültig übergeschnappt war. Aber Eric machte das nichts aus. Er war so aufgeregt wegen der Hochzeit ... alles andere war ihm egal.

Mir ging es in Colorado nicht anders. Die Vorfreude darauf, mein Kleid zu tragen und in die Kirche zu schreiten, war nichts im Vergleich zu dem Verlangen danach, endlich Mrs Ludy zu werden ... und auf ewig mit dem Mann verbunden zu sein, den ich liebte.

Und so wurde uns plötzlich eine tiefe Wahrheit bewusst: Dieses Verlangen danach, mit dem Menschen zusammen zu sein, den wir lieben, war genau das Verlangen, das wir nach unserem Herrn, unserem wahren Bräutigam haben sollten.

Desiderio Domini

Beinahe alle Edelsteine Gottes sind kristallisierte Tränen.[4]
Mrs Charles Cowman

Es gibt eine alte Geschichte über den ins Alter gekommenen Apostel Petrus, die seit Generationen unter Christen weitergegeben wird. Es heißt, dass er oft geweint hat, wenn er einen Hahnenschrei hörte. Wir kennen natürlich die Bibel und verstehen den Grund. Aber es heißt auch, dass Petrus oft bei anderen Gelegenheiten weinte, und niemand verstand so recht, warum. Schließlich brachte eines Tages ein junger Heiliger genügend Mut auf, ihn danach zu fragen.

»Petrus, warum weinst du so oft?«, fragte er vorsichtig.

Petrus wandte sich dem jungen Mann zu und antwortete ihm mit sanfter Stimme und einer flammenden Sehnsucht im Blick: »Desiderio Domini.«

Ins heutige Deutsch übersetzt bedeutet dieser lateinische Ausdruck in etwa: »Ich sehne mich so nach meinem Herrn.«

Petrus hatte seine Zeit unter den Menschen hinter sich gebracht. Nun war er bereit für den Himmel, und jeden Tag wurde seine Sehnsucht, endlich in die liebenden Arme seines besten Freundes und Erlösers Jesus Christus laufen zu können, größer.

Da wir beide in der Gemeinde aufgewachsen waren, hatten Eric und ich immer gedacht, die »letzten Tage« vor der Wiederkehr Christi würden für Christen große Angst und

Aufruhr bedeuten. Aber als wir in Ruhe darüber nachdachten, wurde uns klar, dass die Endzeit einfach der letzte Countdown vor der großen Hochzeitsfeier im Himmel ist. Eine Zeit großer Vorfreude und Spannung! Wir als Braut Christi sollten voll und ganz von Freude, nicht von Angst, erfüllt sein, weil wir wissen, dass wir bald für immer mit ihm zusammen sein und alle unsere Sehnsüchte gestillt sein werden.

Ob wir auf dieser Erde allein stehend oder verheiratet sind, das Verlangen unseres Herzens und unsere erste Liebe sollte sich auf den Einen richten, der alles für uns gegeben hat, der für uns einen Platz im Himmel bereitet und der bald zu seiner Braut zurückkehrt.

Jetzt noch was Praktisches

Such dir einen Platz, wo du ganz für dich bist. Halte eine Bibel und Schreibsachen bereit. Lies Johannes 12,1–8. Da steht die Geschichte einer Frau, die wusste, wie sie ihre Zeit als Single nutzen konnte, um Gott zu ehren. Nachdem du diese anrührende Geschichte gelesen hast, schreib einen Liebesbrief an Jesus, schütte ihm dein Herz aus. Sage ihm, wie sehr du ihn brauchst, um diese schmerzende Leere in deinem Herzen auszufüllen, das sich danach sehnt, geliebt zu werden.

Hohe Ansprüche sind kein Verbrechen

Gibt es edle Ritter und holde Jungfrauen wirklich?

Er war groß, muskulös und unglaublich attraktiv. Sein aschblondes, zerzaustes Haar passte wunderbar zu seinem bronzenen Teint. Seine strahlend blauen Augen funkelten die ganze Zeit, und wenn er lächelte, zeigte sich ein unglaublich süßes Grübchen in seinem Kinn.

Er war der perfekte Gentleman. Er hatte Charme, war ungewöhnlich sensibel, mutig, unerschrocken, sanft und zärtlich. Er wusste sofort, wenn eine Dame in Not war. Ohne zu zögern zog er den Reißverschluss seiner abgewetzten Lederjacke hoch und eilte unverzüglich zu ihrer Rettung. Einmal bewahrte er sogar eine holde Jungfrau vor lebenslanger Knechtschaft. Er besiegte ihre Verfolger und nahm sie mit zu sich nach Hause, wo sie glücklich leben konnte. Sein Haus war so luxuriös und groß, dass manche es schon als Schloss bezeichneten. Habe ich etwa vergessen zu erwähnen, dass er auch reich war?

Jeder Leserin, die gerade eben die makellose Beschreibung dieses Mannes verschlungen hat, werden jetzt wahrscheinlich zwei Fragen unter den Nägeln brennen: Wer ist das? Und: Kann ich seine Telefonnummer haben?

Nun, wer er ist, kann ich euch sagen, aber das mit der Telefonnummer ist leider unmöglich, denn ... diesen Mann gibt es nicht.

»Das klang eh zu gut, um wahr zu sein«, höre ich die Mädels schon murren.

Und genau das habe *ich* mir auch vor einigen Jahren gesagt. Mein ganzes Leben lang hatte ich von »ihm« geträumt. Er war der ideale Mann. Vielleicht habe ich als Kind auch einfach zu oft Schneewittchen gelesen und mit Barbie gespielt. Ich habe mir immer vorgestellt, dass der Mann, den ich einmal heiraten würde, eine perfekte Mischung aus dem Prinzen von Schneewittchen (oder dem von Dornröschen – vielleicht ist das auch ein und derselbe?) und Ken (dem Freund von Barbie) sein würde.

Und so waren, als ich dann ins heiratsfähige Alter kam, meine Ansprüche vielleicht doch ein wenig hoch. Ich hielt immer die Augen offen nach dem Mann meiner Träume. Ich hatte keine Zweifel daran, dass er sich schon bald zeigen und mich mit auf sein Schloss nehmen würde.

Daraus ergab sich allerdings ein Problem. Denn, wisst ihr, es war nicht nur so, dass ich niemanden fand, der »ihm« ähnlich war – alle jungen Männer in meinem Leben waren sogar das genaue *Gegenteil* von dem, was ich suchte! Ich wollte einen wunderbaren Ritter in strahlender Rüstung, und alles, was ich um mich herum sah, war ein Haufen kindischer, egoistischer Möchtegern-Brad-Pitts, denen die Hormone durchgingen und die ganz und gar nicht »gentlemanlike« waren!

Eine erste ernüchternde Erfahrung in dieser Angelegenheit hatte ich schon gemacht, als ich gerade 14 war. Eines Abends telefonierte ich mit einem meiner männlichen »Macho-Freunde«. Nachdem wir ungefähr eine Stunde lang über belangloses Zeug wie Mathe-Hausaufgaben, Rockbands und Filme geredet hatten, ging uns langsam der Gesprächsstoff aus. Damals gab es dieses ungeschriebene Gesetz unter 14-Jährigen, dass man jeden Abend mindestens fünf Stunden am Telefon hängen musste. Mir fehlten für diesen Abend noch gut zwei Stunden, ihm ging es ähnlich. Einfach aufzulegen und Hausaufgaben zu machen stand natürlich außer

Frage. Wir überlegten, was wir tun sollten. Schließlich hatte er einen Geistesblitz.

»Ich hab's!«, rief er aufgeregt. »Brandon hängt gerade bei Trevor rum. Ich rufe ihn jetzt auf der anderen Leitung an, stelle auf ›Mithören‹ und sag ihnen nicht, dass du zuhörst. Dann kriegst du mal mit, wie Jungs sich unterhalten, wenn keine Mädchen dabei sind!«

Mit 14 war ich wohl nicht gerade eine Leuchte. Ich hielt das für eine brillante Idee und konnte es kaum abwarten, bis er die Nummer seines Freundes gewählt hatte. Innerhalb weniger Augenblicke laberten die drei in dieser monotonen Stimmlage miteinander, wie sie nur Jungs in der Pubertät draufhaben. Am Anfang langweilte mich ihr Gespräch über Gewichtheben und Basketball, aber dann kamen sie auf ein Thema, bei dem ich sofort ganz Ohr war: Mädchen!

Ich hielt den Atem an, gespannt auf ihre wahren Gefühle den Mädchen gegenüber, in die sie gerade »verliebt« waren. Aber was ich dann zu hören bekam, war *nicht* gerade das, was ich erwartet hatte. Sie fingen an, in aller Ausführlichkeit die körperlichen Vorzüge der Mädchen aus der Schule zu erörtern – und viele davon waren meine Freundinnen. Sie sprachen über die weibliche Anatomie, als seien Mädchen nichts anderes als Fleischstücke, über die sie sich hermachen wollten! Ich war geschockt. Ihre Ausdrucksweise war so heftig, dass es sich anhörte, als hätte ich eine 0190er-Telefonsex-Nummer gewählt. Mir wurde richtig schlecht.

Als die Kumpel meines Freundes schließlich aufgelegt hatten (Jungsgespräche sind immer kürzer als die von Mädchen), fragte er mich: »Und, was meinst du?«

»Reden Jungs *wirklich* so über Mädchen?« Ich konnte es immer noch nicht glauben.

»Klar. Was ist denn verkehrt daran?«, fragte er leichthin zurück.

»Also sehen Jungs Mädchen vor allem als *Sexobjekte?«*, fragte ich, wobei sich meine Stimme fast überschlug.

»Na, irgendwie schon, ja«, lautete seine brutale, aber ehrliche Antwort.

Das war der erste Hinweis darauf, dass das mit dem Ritter in glänzender Rüstung nicht so einfach werden würde, wie ich es mir vorgestellt hatte. Als ich älter wurde, machte ich nach und nach die Beobachtung, dass ich meine Ansprüche an einen Freund wohl oder übel herunterschrauben musste, wenn ich jemals eine normale Beziehung haben wollte. Anstatt weiter von meinem Prinzen zu träumen, war ich schon froh, jemanden zu finden, der in mir nicht nur ein Sexobjekt sah.

Lange bevor ich 21 wurde, hatte ich eine schmerzvolle Erkenntnis erlangt: *Die meisten Jungs sind Idioten*! Ich habe genau diese Erkenntnis schon oft vor Publikum verkündet und gewöhnlich bringt sie mir einige grimmige Blicke von den anwesenden Männern und lauten Applaus von allen Frauen in Hörweite ein!

Die meisten Jungs in unserer pervertierten und verdrehten Kultur *sind* Idioten. Das ist traurig, aber wahr.

Es ist eher üblich, dass ein Mann in den Fußspuren von Erics Sportkumpel Donny Lucero wandelt, als dass er sich bemüht, ein galanter Ritter zu werden.

Ich habe weiter oben schon erwähnt, dass ich in meinem Leben irgendwann an einen Punkt kam, an dem ich mich dazu entschloss, meine innere und äußere Reinheit für meinen zukünftigen Ehemann zu bewahren. Das war eine schwierige Entscheidung, die zu einer radikalen Änderung meines Lebensstils führte. Auch wenn ich mir Mühe gab, dem Mann, den ich eines Tages heiraten würde, Ehre zu machen, hatte ich manchmal das Gefühl, dass das alles vergeblich sei. Welchen Sinn hatte es, mich nach dem »schöneren Lied« auszustrecken, meine romantische Liebe in Gottes Hand zu geben und mich selbst in selbstloser Liebe zu meinem zukünftigen Ehemann zurückzustellen, wenn es die Männer, für die sich das Warten lohnte, gar nicht gab?

Ich weiß, dass nicht nur ich diese Frage gestellt habe. Ständig begegne ich hübschen, gottesfürchtigen jungen Frauen, die sich fragen, ob es wirklich irgendwo einen Ritter in glänzender Rüstung für sie gibt. Sie sehen nirgendwo brauchbare Männer, die ihnen vorleben, dass es sich lohnt, den Schmerz und das Opfer auf sich zu nehmen und auf die »schöne Seite der Liebe« zu warten. Es scheint auf der ganzen Welt einen Mangel an »wahren« Männern zu geben!

Ich erinnere mich an ein Gespräch mit einer Freundin, die seit fünf Jahren mit einem wundervollen gläubigen Mann verheiratet war. »Ich weiß nicht, ob meine Ansprüche nicht zu hoch sind«, sagte ich zu ihr. »Ich bin so durcheinander. Ich sehne mich so sehr nach einem bestimmten Typ Mann, aber ich habe noch nicht einen gesehen, der so ist, wie ich mir meinen Ehemann wünsche!«

Ihr Rat an diesem Tag hat mich über Jahre hinweg begleitet. Sie erinnerte mich an die Verheißung, die Gott in Psalm 37,4 gegeben hat:

Suche dein Glück beim Herrn: Er wird dir jeden Wunsch erfüllen.

»Leslie, welche Eigenschaften hast du dir schon immer für deinen zukünftigen Mann gewünscht?«, fragte sie mich.

Ich dachte einen Moment nach, dann schlug ich im Geiste die Checkliste auf, an der ich schon seit Jahren arbeitete. »Na ja, er sollte mich wie eine Prinzessin behandeln, sensibel sein, sanft, zärtlich, mutig, einen guten Charakter haben, ein dienendes Herz, ehrenhaft sein ... um nur ein paar Eigenschaften zu nennen.« Ich lachte, weil ich mir plötzlich blöd vorkam. »Ich schätze, ich träume immer noch von meinem Märchenprinzen.«

»Nicht wirklich«, sagte sie. »Jetzt denk noch mal an all die Eigenschaften, die du genannt hast. Fällt dir jemand ein, der sie alle in sich vereinigt?«

»Äh ... Superman?«

»Nein. Jesus Christus«, antwortete sie mit leuchtenden Augen. »Weißt du, Leslie, die Sehnsucht nach so einem Mann ist schon seit jungen Jahren in deinem Herzen. Aber du hast sie dir nicht selbst ausgedacht. Gott hat sie in dein Herz gelegt, weil er möchte, dass du nach einem Mann suchst, der denselben Charakter hat wie Jesus.«

Wow! Was für eine Wahrheit! Gott hatte mir diese Sehnsucht nach einem gottesfürchtigen, christusähnlichen Mann gegeben, weil er mir genau so einen Mann geben wollte! Es ging nicht darum, dass ich auf einen Mann warten sollte, der nie Fehler macht und in jeder Hinsicht perfekt ist. Vielleicht waren meine Kindheitswünsche doch etwas über die Realität hinausgegangen. Aber auf keinen Fall wollte Gott, dass ich mich mit einem dieser *Idioten* abgab, die einem überall nachgeschmissen wurden. Er wollte, dass ich mich für einen Mann aufsparte, der seinen Charakter in sich hatte. Und er wollte, dass ich darauf vertraute, dass er mir diesen Mann zu seiner Zeit geben würde.

Und wisst ihr was? Das hat er genau zu seiner rechten Zeit auch gemacht. Eric ist mein strahlender Held in glänzender Rüstung. Ich bin so froh, dass ich mich nicht mit dem Zweitbesten zufrieden gegeben habe.

Zu viele Frauen verzweifeln. Sie hungern nach Aufmerksamkeit und Zuwendung, und so lassen sie sich auf Typen ein, die überhaupt keine Ahnung davon haben, wie man mit einer Frau umgeht. Diese Frauen sind ungeduldig – sie vertrauen nicht darauf, dass Gott etwas Besseres für sie haben könnte. Also gehen sie Kompromisse ein. Sie geben sich Männern hin, die einer näheren Prüfung nicht standhalten.

Christusähnliche Männer, die gelernt haben, eine Frau mit Anstand und Respekt zu behandeln, sind wirklich dünn gesät. Selbst Männer, die in Gemeinden gehen und fromme WWJD-Armbänder tragen, werden christlichen Ansprüchen oft nicht gerecht. Zu viele Christen ahmen mit ihrem Verhalten dem anderen Geschlecht gegenüber nur einen der vielen Frauenhelden Hollywoods nach, anstatt sich nach dem Beispiel Jesu Christi zu richten. Aber wenn eine Frau wirklich darauf aus ist, eine Prinzessin der Reinheit zu werden, dann muss sie auch geduldig auf einen Ritter warten, der wie Christus ist. Und auch wenn solche Männer selten sind, Gott beruft sie nach seinem Herzen. So ein Mann ist es wert, auf ihn zu warten!

Die folgende wahre Liebesgeschichte berichtet von einer gottesfürchtigen Frau, die genau wusste, auf was für eine Art Mann sie wartete - und sie war nicht bereit, ihr Herz zu verschenken, ehe sie sicher war, dass sie ihn gefunden hatte!

Eine wahre Liebesprüfung

Lieutenant John Blanchard stand im Bahnhof *Grand Central* in New York und sah zu der großen Uhr hinauf. Sie zeigte fünf vor sechs. Sein Herz schlug schneller. Um Punkt sechs Uhr sollte er das Mädchen treffen, dem er noch nie begegnet war und in das er sich doch verliebt glaubte. Das Ganze hatte so angefangen:

Im Zweiten Weltkrieg war er in Florida zum Piloten ausgebildet worden und während seiner Zeit dort hatte er sich eines Tages in der Bücherei ein Buch ausgeliehen. Beim Durchblättern fielen ihm die Notizen auf, die jemand an den Seitenrändern gemacht hatte. Während er diese in schöner weiblicher Handschrift geschriebenen einsichtigen Anmerkungen las, sagte er sich: Ich *würde zu gerne die Verfasserin dieser Notizen, die so voller Anmut, Güte und Weisheit sind, kennen lernen.*

Er schlug das Buch vorne auf und dort stand: Hollis Maynell, New York City. Er beschloss, diese Hollis Maynell ausfindig zu machen. Mit Hilfe des New Yorker Telefonbuches fand er ihre Adresse heraus und schrieb ihr einen Brief. Einen Tag nachdem er den Brief abgeschickt hatte, wurde er nach Europa an die Front geschickt.

Zu Johns Überraschung beantwortete Hollis seinen Brief. Bald schrieben sie sich inmitten des Krieges regelmäßig Briefe hin und her.

»Ihre Briefe waren genauso wie die wunderbaren Notizen in dem Buch«, erinnerte sich John. »Sie war mir ein solcher Trost und eine solche Hilfe.«

Einmal gestand ihr John in einem Brief, dass er beim Flug über Deutschland Todesängste ausgestanden hatte. Hollis machte ihm wieder Mut: »Alle tapferen Männer haben manchmal Angst. Das nächste Mal, wenn du dich fürchtest, sage einfach: ›Auch wenn ich wandere im Tal des Todesschattens, fürchte ich kein Unheil, denn du bist bei mir‹« (Psalm 23; Luther).

Im Lauf ihres Briefwechsels wurde John bewusst, dass er dabei war, sich in Hollis zu verlieben. Er bat sie um ein Bild von sich, aber sie antwortete ihm: »Nein. Beziehungen beruhen nicht auf dem Aussehen der Menschen.«

Dennoch ging sie ihm nicht aus dem Sinn, und er sehnte sich danach, sie einmal persönlich zu treffen. Schließlich kam der Tag, an dem er auf Heimaturlaub zurück nach Amerika geschickt wurde. In einem seiner Briefe erwähnte er, dass er nach Hause käme und sie gerne zum Essen einladen würde. Sie hatte mit ihm ausgemacht, dass sie sich um sechs Uhr abends am Bahnhof *Grand Central* unter der großen Uhr treffen würden. »Du wirst mich an einer roten Rose erkennen«, schrieb sie ihm.

Und nun war der Tag endlich da. John wartete nervös darauf, endlich dem Mädchen zu begegnen, das er liebte. Er beschrieb sein erstes Treffen mit Hollis Maynell folgendermaßen:

> Eine junge Frau kam auf mich zu, groß gewachsen und schlank. Ihr blondes Haar war in Wellen hinter die zarten Ohren gelegt. Ihre Augen waren so blau wie Blumen. Ihre Lippen und ihr Kinn strahlten eine sanfte Bestimmtheit aus und in ihrem blassgrünen Kostüm sah sie aus wie der blühende Frühling!
> Aufgeregt ging ich auf sie zu und achtete gar nicht darauf, dass sie *keine* rote Rose trug. Im Näherkommen bemerkte

sie mich und ihre Lippen formten sich zu einem herausfordernden Lächeln. »Gehen wir in dieselbe Richtung, Soldat?«, fragte sie schüchtern. Ich machte noch einen Schritt auf sie zu und in diesem Moment sah ich unmittelbar hinter dem Mädchen ... *Hollis Maynell* mit einer roten Rose an ihrem Mantel. Mein Herz sank. Sie war weit über 40 und pummelig. Ihr angegrautes Haar steckte unter einem abgetragenen Hut. Ihre dicken Knöchel quollen aus den niedrigen Schuhen. Das Mädchen im grünen Kostüm entfernte sich rasch. Ich musste mich entscheiden. Sollte ich der Schönheit folgen, die mich gerade angesprochen hatte, oder sollte ich bleiben und der armen Hollis Maynell entgegentreten?

Ich traf meine Entscheidung und zögerte nicht. Ich wandte mich der Frau zu und lächelte. Als ich zu sprechen anfing, schnürte mir die bittere Enttäuschung fast den Hals zu. »Sie müssen Miss Maynell sein«, sagte ich und hielt ihr meine Hand hin. »Ich freue mich sehr, dass Sie sich Zeit für mich genommen haben. Darf ich Sie zum Essen einladen?«

Da erschien ein breites Grinsen auf dem Gesicht der älteren Frau. »Ich habe zwar keine Ahnung, was das alles soll, mein Junge«, antwortete sie, »aber kennen Sie die junge Dame, die da gerade vorbeigegangen ist? Sie hat mich im Zug angesprochen. Sie hat mich gebeten, mir diese rote Rose anzustecken. Sie hat gesagt, wenn Sie mich zum Essen einladen, dann soll ich Ihnen sagen, dass sie in dem großen Restaurant auf der anderen Straßenseite auf sie wartet. Sie meinte, das sei so eine Art Test.«[1]

Nach Gold streben

Die wunderbare und romantische Geschichte von John Blanchard und Hollis Maynell liefert ein unglaubliches Beispiel für eine junge Frau, die entschlossen war, auf einen Mann mit wahrem Charakter zu warten, und für einen Mann, der dafür belohnt wurde, dass er nicht seinen fleischlichen Gelüsten gefolgt ist, sondern gehandelt hat wie Christus.

Und die Moral von der Geschichte: Mädels, wenn ihr lernt, geduldig und im Vertrauen auf Gott darauf zu warten, dass er einen Mann mit dem Charakter Christi in euer Leben bringt, dann werdet ihr nicht enttäuscht werden. Und Jungs, ihr solltet anfangen, Mädchen so zu behandeln wie der perfekte Gentleman Jesus Christus. Wenn ihr das macht, dann steigt ihr nicht nur aus der Idiotenliga auf, ihr qualifiziert euch damit auch für eine schöne Prinzessin der Reinheit, die sich für euch aufspart.

Ich sollte an dieser Stelle vielleicht noch ergänzen, dass das Die-meisten-Jungs-sind-Idioten-Prinzip noch eine Kehrseite hat. In unserer heutigen Welt sind die meisten Mädchen alles andere als Prinzessinnen. Als Eric an der Uni war, hatte er oft den Eindruck, dass es auf dem ganzen Planeten keine Mädchen mehr gab, die ihre körperliche Unschuld – von ihrer emotionalen ganz zu schweigen – für ihre zukünftigen Ehemänner bewahrten. Die einzige Ausnahme war seine ältere Schwester Krissy. Er musste einfach daran glauben, dass, wenn Gott jemanden wie Krissy für einen Mann auserkoren hatte, er irgendwo auf der Welt auch noch eine andere Frau mit derselben Reinheit für ihn formte.

Frauen neigen nur zu schnell dazu, zu manipulieren, kokett zu werden oder sich selbst in den Mittelpunkt zu stellen, wenn es um Männer geht. Sie können mit dem Herz eines Mannes spielen. Sie gebrauchen ihre unbezahlbare Perle der Reinheit für kurzfristige Vergnügungen. Auch wenn es für eine gottesfürchtige Frau schwer ist zu glauben, dass es noch christusähnliche Ritter gibt, ist es für einen Mann mit Charakter oft genauso schwer, darauf zu vertrauen, dass Gott ihm eine christusähnliche, jungfräuliche Prinzessin schickt.

Wenn wir eine von Gott verfasste Liebesgeschichte erleben wollen, dürfen unsere Ansprüche in einer Beziehung nicht von der Kultur bestimmt werden, in der wir leben. Unsere Ansprüche sollten radikal höher sein als die vom Rest der Welt. Nicht weil wir perfekt sind oder eine perfekte Beziehung haben werden, sondern weil wir das richtige Ziel vor Augen haben sollten, nämlich die Persönlichkeit und den Charakter Jesu Christi als Maßstab für unser Verhalten dem anderen Geschlecht gegenüber zu nehmen.

Viele Christen glauben einfach nicht, dass das überhaupt möglich ist. Ihre Ansprüche sinken gefährlich tief. Es muss Gott das Herz brechen, wenn er an die schönen Dinge denkt, die er für uns geplant hat und die wir durch unsere Dummheit so oft verfehlen.

Vor kurzem las ich von einem Jugendpastor, der ein Mädchen betreute, das in seiner Beziehung große Not litt. Dieses junge Mädchen hatte sich Hals über Kopf in einen bestimmten Jungen verliebt. Sie gingen seit einigen Wochen miteinander, und der junge Mann hatte nun begonnen, sie unter Druck zu setzen, damit sie ihre Ansprüche heruntersetzte und mit ihm schlief.

»Was soll ich machen?«, fragte sie den Jugendpastor. »Ich mag ihn so sehr, ich möchte ihn auf keinen Fall verlieren.«

Der Rat des Jugendpastors hat mich geschockt. Er sagte ihr, sie solle einfach standhaft bleiben und ihrem Freund klar und deutlich sagen, dass sie die Beziehung nur dann fortsetzen würde, wenn er sie nicht länger unter Druck setzen würde, ihre moralischen Ansprüche herabzusetzen.

»Es dauerte ein bisschen, bis der junge Mann das verdaut hatte«, erinnerte sich der Jugendpastor stolz, »aber schließlich verstand er ihren Standpunkt und respektierte ihn. Sie waren in der Lage, eine normale, gesunde Beziehung zu führen, ohne dass sie unter dem Druck stand, ihre Jungfräulichkeit aufzugeben.«

Hätte diese junge Frau *mich* um Rat gefragt, hätte ich ihr eine etwas andere Antwort gegeben: »Schätzchen, schieß dieses Ekel so schnell wie möglich in den Wind. Gott hat einen

Besseren für dich als diesen Idioten!« (Ich geb's zu, meine Geduld für solche Typen hält sich in Grenzen.)

Unser Ziel sollte es sein, als Jünger Christi unseren Charakter nach seinem Vorbild zu formen, wenn es darum geht, mit dem anderen Geschlecht umzugehen, und auf jemanden zu warten, dessen Verhalten *uns* gegenüber ebenfalls von seinem Charakter geprägt ist.

Solch ein Ziel mag in unserer heutigen Welt unrealistisch wirken. Und das ist es auch, wenn wir uns nicht auf den Verfasser wahrer Liebesgeschichten verlassen. Aber mit seiner Hilfe sollten wir uns nach etwas ausstrecken, das weit besser ist als das, was unsere Kultur zu bieten hat. Mag unsere Gesellschaft auch eine verzerrte und verdrehte Sicht auf die wahre Liebe haben, wir können ihm vertrauen und ein »schöneres Lied« singen.

Egal, wie gewaltig der Traum, wie groß die Bitte, wie luftig die Hoffnung oder sogar wie unmöglich die Aufgabe ist, er kann es tun – und noch unendlich viel mehr. Möge Gott als der Allmächtige erkannt werden, der er ist!
Nach Epheser 3,20

Wenn wir gerade jetzt in unseren Hoffnungen enttäuscht sind, bedeutet dies, dass sie geläutert werden. Es gibt nichts Erhabenes, das das menschliche Gemüt je erträumt oder erhofft hätte, das nicht einst in Erfüllung gehen wird. Eine der größten Anstrengungen im Leben ist die Anstrengung, auf Gott zu warten. […] Bleibe geistlich fest.[2]
Oswald Chambers

Jetzt noch was Praktisches

Von Zeit zu Zeit tut es gut, sich als Christ daran zu erinnern, wofür wir eigentlich leben. Es tut gut, sich daran zu erinnern, dass wir uns nach etwas viel Großartigerem ausstrecken, als diese Welt verstehen kann. Und es tut gut, darüber nachzudenken, um was es eigentlich geht. Schlag deine Bibel doch mal ganz hinten auf. Das letzte Buch ist die Offenbarung. Lies von Kapitel 21 bis zum Ende deiner Bibel. Wenn du diesen kurzen Abschnitt aus Gottes Wort liest, gibt dir das einen kleinen Eindruck vom Himmel – einen Eindruck, den du niemals vergessen wirst.

Teil IV

So versüßt du deine Liebesgeschichte

Home Sweet Home

Der ultimative Test für wahre Liebe

Als ich zwölf war, war man *ziemlich cool,* wenn man in einem Satz fünfmal das Wort »Alter« unterbringen konnte. Man war *richtig cool,* wenn man stinkende Schuhe hatte, weil man nie Socken trug. Und man war *echt voll cool,* wenn man eine kurze Kordhose von Ocean Pacific hatte.

Als ich zwölf war, waren kurze Hosen wirklich kurz. Sie waren vielleicht einen Tick länger als eine Badehose. Kurze OP-Kordhosen schmiegten sich an dein Hinterteil wie Frischhaltefolie um eine Grapefruit. Als diese Hosen in waren, waren sie *wirklich* in. Aber als sie dann aus der Mode kamen, durfte man sich auf keinen Fall in kurzen Kordhosen blicken lassen!

Als ich 13 wurde, hatte ich meine geliebte Kordhose längst in die Altkleidersammlung gegeben und war dabei, den Moonwalk in einer Hose aus Fallschirmspringerseide zu lernen. Genau zu dieser Zeit – auf dem Höhepunkt meiner Pubertät – kaufte sich mein Vater auf dem Flohmarkt eine wirklich günstige, leuchtend blaue kurze OP-Kordhose.

»Und? Was meinst du?«, fragte er mich, als er mir im Wohnzimmer stolz seine »Entdeckung« vorführte.

»Wo hast du die denn her?«, schrie ich panisch und ließ schnell die Jalousien runter, damit die Nachbarn diese widerwärtige Modenschau nicht mitbekamen.

»Hat gerade mal drei Dollar gekostet«, verkündete er und vollführte vor dem Spiegel eine Drehung, um sein gut verpacktes Hinterteil zu begutachten.

»Vaterbeine« sind ein Anblick, den jeder junge Mensch wenigstens einmal im Leben gesehen haben sollte. Wenn nicht für Studienzwecke, dann um einen kurzen Blick darauf zu werfen, wie das Leben jenseits von Hollywood aussieht. Aber seid gewarnt: Setzt eure Sonnenbrillen auf! »Vaterbeine« sehen die Sonne durchschnittlich einmal in zehn Jahren.

Da war ich nun mit meinem Vater im Wohnzimmer. Das Licht war aus, aber das fiel gar nicht auf, denn die fluoreszierende blaue Hose und seine leuchtend weißen »Vaterbeine« sorgten für genug Licht.

Ist euch schon mal aufgefallen, dass Väter keine Ahnung haben, wie man Socken trägt? Mit 13 hatte ich wieder angefangen, Socken zu tragen, aber ich trug sie immer bis zum Knöchel heruntergekrempelt. Väter dagegen verstehen aus irgendeinem Grund einfach nicht, dass man Socken herunterkrempeln muss. Mein Vater steckte nicht nur in einer superaltmodischen, knallengen, leuchtend blauen kurzen Hose; es war auch nicht genug, dass seine weißen »Vaterbeine« strahlten wie die Sonne nach zehnjähriger Gefangenschaft; oh nein, er hatte auch noch seine Socken bis an die Knie hochgezogen – schwarze Seidensocken!

Es vergingen einige Wochen, ehe ich diesen peinlichen Look wieder zu sehen bekam. Nur dieses Mal nicht im sicheren Rahmen des Ludy-Wohnzimmers. Er belebte diesen Look mitten in unserem Urlaub wieder, als er vor den Augen unzähliger unschuldiger Zuschauer mit der Ludy-Familie an den Strand ging, um eine Sandburg zu bauen.

»Das gibt doch bestimmt ein schönes Foto«, rief meine Mutter ganz außer sich und wedelte mit ihrer Polaroid-Kamera. »Kommt mal alle her.« Da merkte sie es. »Hey! Wo steckt denn Eric?«

Mein Vater trug nicht nur die kurze Kordhose und die hochgezogenen Socken, er hatte dazu auch noch ein weißes

Unterhemd mit V-Ausschnitt an! Ich stand gut 300 Meter entfernt und tat so, als wollte ich einen Metalldetektor kaufen. Ehrlich gesagt hätte man ein Präzisionsfernglas gebraucht, um mich noch zu erkennen. Und wenn mich jemand angesprochen und gefragt hätte: »Hey, ist das nicht dein Vater da hinten?«, hätte ich ihn dreimal verleugnet, ehe der Hahn kräht!

So zu tun, als gehöre man nicht zu seiner Familie, muss man uns nicht erst beibringen. Das lernen wir schon ganz von alleine. Mit 15 arbeitete mein Bruder Mark in einem Eiscafé, wobei er braune Kunststoffhosen tragen musste. Meine Mutter musste ihn immer mit dem Wagen einen Block vorher absetzen. »Wir machen das so«, erklärte er ihr, »ich ruf dich an, wenn ich fertig bin, und dann treffen wir uns wieder hier. Komm auf keinen Fall zu dem Café!«

Er ging dann zu Fuß weiter und tat auf dem Parkplatz so, als wäre er gerade aus einem schicken Wagen ausgestiegen. Dann spazierte er selbstbewusst zur Türe herein, pfiff eine Melodie und spielte mit einem geliehenen Schlüsselbund in der Hand.

Unsere Gesellschaft lehrt uns, unsere Familie peinlich zu finden. Unsere Altersgenossen bringen uns bei, den Rat unserer Eltern in den Wind zu schlagen und sie mit Worten gering zu schätzen. Man hat uns als Teenagern vermittelt, wir müssten die Welt um uns glauben machen, dass wir einsame Wölfe ohne Familie sind, die für sich alleine sorgen können und nur aus sozialen Gründen zur Schule gehen.

Viele von uns sind mit der Zeit richtige Profis darin geworden, ohne Familie zu leben. Und viele haben auch sehr gute Gründe dafür. Gründe, die nicht nur mit den leuchtend weißen Beinen ihrer Väter zu tun haben. Gründe, die wehtun. Wenn man einen wunden Nerv in unserer Generation anrühren möchte, muss man nur das Gespräch auf die Familie bringen. Wahrscheinlich haben bei den meisten von uns mehr als 90 Prozent der inneren Verletzungen unmittelbar mit ihrem Zuhause zu tun.

»Eric, was um alles in der Welt hat das denn mit meinem Liebesleben zu tun?«, fragst du nun vielleicht.

Das ist eine berechtigte Frage. Ich meine, wenn die Familie wirklich so ein heißes Eisen ist, das so viel Schmerzen verursacht und hier nicht unbedingt hingehört, dann sollten wir diese quälende Erfahrung hinter uns lassen und uns lieber ein wenig mehr Romantik gönnen. Nur muss ich denen, die nicht gerne über dieses Thema reden, leider sagen, dass es *unbedingt* in dieses Buch gehört ... es ist einer der Grundtöne des »schöneren Liedes«.

Für viele von euch scheint die Familie nicht in eure Vorstellung von der »schönen Seite der Liebe« zu passen. Ihr denkt dabei vielleicht eher an die »schöne Seite von Alzheimer«, wenn ihr endlich vergessen könntet, was in eurem Leben alles schief gegangen ist.

Nun, dein Liebesleben ohne deine Familie ist so ähnlich wie ein Brot ohne Hefe – eine ziemlich flache Angelegenheit. Es ist nur wichtig, dass wir verstehen, dass Familie für jeden von uns etwas anderes bedeutet. Für einige heißt Familie zwei Eltern, ein Bruder, eine Schwester und ein struppiger Hund namens Waldo.

Für andere ist Familie nur ein Vater oder eine Mutter. Und es gibt einige, deren Familie einfach aus jenen besonderen Menschen in ihrer Gemeinde besteht, die sich um sie kümmern.

Gott hat uns mit einer Familie geschaffen. Selbst wenn die Menschen, die uns biologisch nahe stehen, nicht in unserer Nähe oder uns vielleicht sogar fremd sind, stellt er besondere Menschen in unser Leben, die den Platz von Vater, Mutter, großem Bruder, kleiner Schwester und struppigem Hund namens Waldo einnehmen können.

Es spielt also keine Rolle, ob du eine große Familie hast oder eine kleine Familie, die aus einigen Stellvertretern aus der kleinen Baptistengemeinde am Ende der Straße besteht – wenn du dir diesen Teil des Buches zu Herzen nimmst, wird das nicht nur deine Liebesgeschichte versüßen, es könnte auch dein Leben verändern.

»Die«

Es gibt vier Menschen auf diesem Planeten, die mich schneller aus der Fassung bringen können als jeder andere. Ich habe unendlich viel Geduld, unerschöpfliche Gnade und bedingungsloses Erbarmen für wirklich jeden – *außer diesen vier Menschen.*

Ich möchte wirklich gerne jedem, dem ich begegne, ein Beispiel Jesu sein. Ich wünsche mir, dass Leute, nachdem sie mit mir zu tun hatten, denken: *So muss Jesus sein.* Es gibt Momente, da denke ich wirklich, ich bin fast so weit, und dann ... treffe ich einen von *ihnen.*

Jeder von uns kennt »die«. Vielleicht sind es bei dir nicht vier, vielleicht nur zwei, vielleicht auch zwanzig. Aber wir alle kennen »die«. Wenn du wissen willst, wer »die« in deinem Leben sind, dann wirf einfach mal einen Blick auf alle, die den gleichen Nachnamen haben wie du, die immer ein Stück von deinem Geburtstagskuchen bekommen und in ihrem komischen Gesicht eine naturgetreue Nachbildung deiner Nase stecken haben. »Die« – in deinem Leben wie in meinem – sind dir vertraut. Schrecklich vertraut! Du weißt alles über sie – von den schlechten Witzen, die sie immer wieder erzählen, bis zu ihrer ganz persönlichen Duftnote.

Vertrautheit ist im Grunde alles, was »die« für uns ausmacht. Nein, das Wort Vertrautheit klingt zu wage. Wie wär's stattdessen mit diesem: *Familie.* Jedem anderen auf der Welt können wir vielleicht weismachen, dass wir vollkommene Engel seien, aber unsere Familie wird immer die Wahrheit kennen.

Wenn du in meiner Jugend einen Blick durch die Fenster unseres Hauses geworfen hättest, hättest du jetzt erstklassiges Erpressungsmaterial in deiner Hand. Ich war ja »Christ«, aber du hättest mich wohl kaum mit Franz von Assisi verwechselt. Ich war alles andere als christusähnlich, als ich damals durchs Haus gestreift bin.

Innerhalb von Sekunden konnte ich losbrüllen: »Was

treibst du da? Das ist mein Zimmer, du Stinknase! Mach, dass du rauskommst! – Hey, schalt wieder um, ich hab mir grad das Spiel angeschaut! – Es gibt Fleischklöpse? Ich hasse Fleischklöpse!« Aus irgendeinem Grund fühlen wir uns ganz wohl dabei, unseren ganzen Frust und Ärger an denen auszulassen, die den Fehler gemacht haben, mit uns verwandt zu sein.

Wir verlangen, dass unsere Familie perfekt ist, und wir lassen keinen Raum für Fehler. Um mal ein konkretes Beispiel zu nennen: Wenn du mir versehentlich auf den großen Zeh getreten hättest – ich meine jetzt so richtig voll drauf –, wäre meine Reaktion dir gegenüber eine ganz andere gewesen als gegenüber meinem Bruder, wenn er mir auf den Fuß getreten hätte.

Zu dir hätte ich mit zusammengebissenen Zähnen gesagt: »Ist schon in Ordnung.« Und selbst wenn ich mit knallrotem Gesicht und aufgeblähten Wangen gerade noch einen Schrei hätte zurückhalten müssen, hätte ich gesagt: »Kann schon mal vorkommen. Werd's überleben.«

Verstehst du, *dir* hätte ich meine Gnade geschenkt. Ich hätte deinen Fehler entschuldigt. Mein Bruder allerdings ... der sollte wissen, dass er besser nicht den großen Zeh seines älteren Bruders zermatschte. Meine Reaktion ihm gegenüber wäre etwas lebendiger ausgefallen.

»Hey«, hätte ich geschrien. »Was denkst du dir eigentlich? Pass gefälligst auf, wo du hintrittst!« Und dann hätte ich ihm, wie es sich für jede gute und gesunde Begegnung unter Brüdern gehört, einen ordentlichen Schubs gegeben.

Es fällt uns schwer, unsere Gnade auf »die« in unserem Leben auszuweiten. Oft erwarten wir von »denen« einen höheren Grad an Vollkommenheit als von jedem anderen auf diesem Planeten.

Aber damit hört es noch nicht auf. Diejenigen, die uns am nächsten stehen, können uns nicht nur unglaublich auf die Palme bringen, sie können uns auch auf eine Weise verletzen, wie es niemand sonst kann.

Wenn du zu mir kommen und sagen würdest: »Eric, du stinkst, du bist hässlich und ich hasse dich!«, würde ich wahrscheinlich einen Schritt zurückgehen, ein paar Mal zwinkern und dann sagen: »Also, äh, danke für deine Offenheit.« Zu Hause würde ich Leslie davon erzählen und nachträglich wahrscheinlich noch den Schmerz der Ablehnung spüren, während ich ihr davon erzähle. Dann würde Leslie sanft ihren Arm um mich legen und sagen: »Eric, das ist doch lächerlich. Der war bestimmt auf Drogen oder so etwas.«

Deine Worte täten noch eine Weile weh, und vielleicht würde ich das nächste Mal, wenn ich aus dem Haus gehe, eine doppelte Dosis Eau de Cologne auflegen, aber ich käme darüber hinweg. Warum? Weil du nicht zu meiner Familie gehörst!

Wenn mein Vater zu mir käme, um mir zu sagen: »Eric, du stinkst, du bist hässlich und ich hasse dich!«, wäre ich völlig am Boden zerstört. Kein tröstendes Wort von Leslie könnte helfen, die Wunden zu heilen, die die Worte meines Vaters in meinem Herzen angerichtet hätten. Deine Worte würden schmerzen, aber die Worte meines Vaters würden mich verkrüppeln. Deine Worte wären nämlich nur eine Meinung, die Worte meines Vaters aber sind meine »Definition der Wirklichkeit«.

Unsere Generation liegt verkrüppelt am Wegesrand des Lebens wegen der Worte derer, die einem am besten vertraut sind. Viele von euch, die dieses Buch lesen, denken vielleicht, sie seien dumm, weil die, die sie am besten kennen, ihnen in ihrer Kindheit immer gesagt haben, sie seien »dumm«. Viele von euch sind vielleicht überzeugt, sie seien fett. Warum? Weil ihre Familie immer gesagt hat, sie seien »fett«. Und dann gibt es viele von euch, die sich für hässlich halten, weil ihr kleiner Bruder seit dem Kindergarten immer das Wort *hässlich* zur Beschreibung ihres Gesichts gebraucht hat. Unsere Familie definiert unsere Sicht der Wirklichkeit. Selbst wenn sie lügen, können wir nicht anders, als unseren Familienangehörigen zu glauben – denn wenn es jemand wissen muss, dann »die«!

Kein Wunder also, dass so viele von uns das Familienschiff bei der ersten sich bietenden Gelegenheit verlassen. Wir wollen vor diesen Besserwissern und Bossen fliehen, die uns aus der Fassung bringen und immer etwas an uns auszusetzen haben. Wir gehen in die große weite Welt hinaus auf der Suche nach einer anderen Familie. Denn wir alle wollen irgendwo dazugehören. Gott hat uns als Gemeinschaftswesen geschaffen. Alleine geht es uns einfach nicht gut. Einige von uns versuchen es mit Freunden, andere mit Sport und wieder andere mit ihrem struppigen Hund Waldo. Aber wenn wir vor »denen« davonlaufen und versuchen, unsere Bedürfnisse mit Stellvertretern zu stillen, die wir – und nicht Gott – uns aussuchen, werden wir diese Lücke niemals füllen können. Wir brauchen eine Familie! Wir brauchen »die«! Und nicht nur als Mittel gegen Einsamkeit, sondern als geheime Zutat zu einer glücklichen Liebesgeschichte.

Wenn wir uns angewöhnen, davonzulaufen und mit denen, die uns am vertrautesten sind, nichts zu tun haben wollen, gehen wir einer katastrophalen Zukunft entgegen. Unser Leben besteht aus Beziehungen. Gott hat uns für eine Familie geschaffen. Enge Familienbeziehungen sind mit das Schwerste, womit wir als Menschen es zu tun bekommen, denn Nähe führt dazu, dass offenbar wird, wer wir wirklich sind – innerlich wie äußerlich. Wir jungen Menschen haben eine sehr kurze Phase in unserem Leben, die uns Gott zum Üben gegeben hat.

Vor Saisonbeginn gehen die *Denver Broncos* immer in ein Trainingslager, um sich den letzten Schliff zu verpassen, die vergangen Spiele zu studieren und einfach mal herumzuraufen. Genauso haben auch wir unser Trainingslager vor der Ehe, in dem wir uns den letzten Schliff verpassen, das Beziehungshandbuch studieren und lernen müssen, »denen« gegenüber wie Christus zu handeln.

Familie liegt nicht einfach hinter uns, auch unsere Zukunft hat sehr viel damit zu tun. Und ich garantiere dir, wenn du jetzt damit anfängst, im Umgang mit denen, die dir am vertrautesten sind, dem Vorbild Christi zu folgen, wirst du ein Meister darin sein, wenn du heiratest.

Unser Trainingsplatz

Als ich 19 war, nahm Gott Besitz von meinem Leben. Meine ganze Begeisterung für die *Denver Broncos* steckte ich von nun an in meine Liebesbeziehung zu Jesus. Ständig und überall erzählte ich den Leuten von Jesus, und jeder, der mich vor der »Veränderung« gekannt hatte, dachte, ich wäre übergeschnappt. Ich war ein neuer Eric. Ich liebte die Menschen, diente ihnen und umarmte sie sogar! Ich war ein veränderter Mensch, der eine große Liebesparty schmiss. Wohin ich auch ging, ich war ein großes Bündel engelsgleichen Mitgefühls, bis es an der Zeit war ... nach Hause zu gehen. Meine Familie hatte leider nie eine Einladung zu der Party erhalten.

Ich werde nie den Tag vergessen, an dem der große, schlaksige Fremde die Worte sprach. Ich habe in meinem Leben viele Worte gehört. Die meisten sind mit Lichtgeschwindigkeit in meinen Gehörgang hineingejagt und auf der anderen Seite wieder hinaus, ohne sich auch nur die Zeit für einen kleinen Zwischenstopp zu nehmen. Aber diese Worte kamen nicht wieder auf der anderen Seite heraus. Sie ließen ihr gigantisches Hinterteil nieder, machten es sich in meinem Schädel gemütlich und ließen mich wissen, dass sie bleiben würden. »Wusstest du schon«, hatte der dürre Mann gefragt, »dass du nur so heilig bist, wie du es zu Hause bist?«

Ich war ein guter Christ. Ich hatte Jesus mein ganzes Schiff überlassen. Ich lernte, zu lieben, den Schatz meiner Reinheit zu bewahren und meiner zukünftigen Ehefrau treu zu sein. Ich kannte niemanden sonst, der das tat! Aber Gott zeigte mir noch mehr: *Eric, wenn du jetzt nicht in der Lage bist, deiner Familie und denen, die dir am nächsten stehen, gegenüber wie Jesus zu handeln, warum solltest du dann nach deiner Hochzeit deiner Frau ein Beispiel für Jesus sein können? Eric, du bist Christus nur so ähnlich, wie du ihm innerhalb deiner Familie ähnlich bist. Wenn du dort anfängst, wo es am schwierigsten ist zu lieben, wird es leicht sein, auch überall sonst ein Zeugnis für Christus zu sein.*

Die Familie ist unser Übungsfeld. Wir nehmen in unsere zukünftige Ehe mit, was wir hier und jetzt mit »denen« lernen. Wenn wir lernen, diejenigen vor den Kopf zu stoßen und zu verleugnen, die uns jetzt am nächsten stehen, etablieren wir ein Muster, das in der Zukunft zu Vertrauensbrüchen und Verletzungen führen wird. Wenn wir hier und jetzt lernen, unsere Familienangehörigen zu beschimpfen, gewöhnen wir uns daran, in der Zukunft eher zu beißen als zu segnen.

Als ich acht war, meldete mich meine Mutter zum Klavierunterricht an. Ich klimperte gerne herum, aber ich hasste es zu üben. Üben ist die unangenehmste Zutat des Erfolgsrezeptes. Aber als dann der Tag des Vorspielens kam, war ich immer sehr froh, dass meine Mutter mich zum Üben gezwungen hatte. Weil ich gut vorbereitet war, lief ich weitaus weniger Gefahr, mich vor dem Publikum lächerlich zu machen.

Jetzt noch was Praktisches

Das nächste Mal, wenn du am liebsten von zu Hause ausreißen und deinen Namen ändern willst, lies die Geschichte von Josef (1. Mose 37–47). Wenn du gedacht hast, du hättest es schwer, dann warte ab, bis du *seine* Brüder kennen lernst.

Feingefühl ist lernbar

Wie dich deine eigene Sippe auf eine Liebesgeschichte vorbereitet

Lerne, zu vergeben und Vergebung zu empfangen

Als angemessenen Dank an Gott dafür, dass er euch für dieses neue Leben in Liebe erwählt hat, solltet ihr die Kleider anziehen, die er für euch erworben und so großzügig in euren geistlichen Kleiderschrank gehängt hat: Mitgefühl, Güte, Demut, stille Zuversicht und Geduld. Seid nicht stolz, verletzend und voller Neid, sondern seid bescheiden, hilfreich und gerne bereit, denen, die euch Unrecht getan haben, so zu vergeben, wie Jesus euch vergeben hat. Aber noch vor jedem anderen Kleidungsstück aus eurer Garderobe zieht vor allem die Liebe an. Sie ist der Schlüssel zu dem ganzen Outfit und betont die leuchtenden Farben aller anderen Elemente.
Nach Kolosser 3,12–14

Die Ehe ist ein Lebensstil, der ständig neue Gelegenheiten bietet, zu vergeben und Vergebung zu empfangen. Egal, wie sehr ich mich bemühe, Jesus gleich zu werden, meine sündige Natur findet einen Weg an die Oberfläche meines Lebens. Wie ich weiter oben schon erwähnt habe, nennt Leslie mein mürrisches und launisches Wesen meine »Kaka-Seite«. An manchen Tagen muss ich Leslie mehr als 100-mal bitten, mir zu vergeben. Wenn Vergebung eine olympische Disziplin wäre, würde sie ohne Probleme die Goldmedaille gewinnen.

Jeder von uns sollte sich aber auf solch einen olympischen Wettkampf vorbereiten. Lernen zu vergeben bedeutet harte Arbeit und viele Tränen. Man braucht Entschlossenheit und jede Menge Hilfe von Gott.

Es mag fast unmöglich scheinen, deiner Familie einige der Dinge zu vergeben, die sie dir in deiner Kindheit und Jugend angetan hat. Aber wenn du es dir zum Ziel setzt, ihr zu vergeben, wie Gott dir vergeben hat, und wenn du aktiv danach strebst, »die« so zu lieben, wie Christus dich liebt, dann hast du nicht nur dein eigenes Herz freigesetzt, sondern auch ein kleines Stück Himmel auf Erden präsentiert. Wenn du lernst zu vergeben, dann erwirbst du dir den besten Schutz gegen Scheidung.

Vergeben ist schwer. Aber oft ist es noch schwerer, Vergebung zu empfangen. Die meisten von uns beschweren sich darüber, wie ihre Familie ihnen Unrecht getan hat, aber wir übersehen dabei, dass auch wir an ihnen schuldig geworden sind und sie verletzt haben. Ich zeige das mal anhand eines kleinen »Videoclips« aus meinem Leben.

Marky

Als großer Bruder hatte ich eine heilige Pflicht: Ich musste dafür sorgen, dass mein kleiner Bruder Marky lernte, dass er nichts als ein kleiner Stinker war. Es ist eine Kunst für sich, ein großer Bruder zu sein. Ich lernte es, indem ich Tim Miller beobachtete. Er war der große Bruder meiner guten Freunde Danny und Darren. Er hatte einen Gang wie ein verletzter Maulesel und schmatzte beim Gehen mit dem Mund, als kaute er gerade ein Monsterkaugummi. Ich weiß noch, wie er einmal durchs Wohnzimmer ging und ich ihm mit der quiekigen Stimme, die ich als Zwölfjähriger nun mal hatte, zurief: »Hey, Tim!«

Seine Reaktion war legendär. Er tönte »Hey!« mit der tiefsten Stimme, die ich je gehört hatte. Dann nickte er unmerklich, zwinkerte mir zu und war schon wieder aus dem Zimmer verschwunden.

Von diesem Tag an sprach ich mit Marky nur noch mit der tiefsten Stimme, die ich hinbekam, und nickte und zwinkerte dazu.

Manchen fällt es leicht, ein großer Bruder zu sein. Mir fiel es nicht leicht! Ich musste damit fertig werden, dass ich einen zweieinhalb Jahre jüngeren Bruder hatte, der aber aussah wie mein *älterer* Bruder. Während unserer ganzen Kindheit war Marky einen Zentimeter kleiner als ich, wog aber mehr als ich. Er hatte die Statur eines Footballspielers. Zu mir dagegen sagte meine Mutter: »Eric, du bist eben eher wie ein Golfer gebaut!«

Ich wollte aber kein Golfer, sondern Footballspieler werden! Irgendwie hatte Gott da was durcheinander geworfen und Marky die Muskeln gegeben, die ich eigentlich hätte bekommen sollen. Da ich mir sicher war, dass meine hagere Figur ursächlich mit Marky zu tun hatte, war ich entschlossen, ihn das büßen zu lassen.

20 Jahre lang habe ich meinem kleinen Bruder nicht einmal etwas Nettes gesagt. Im Lauf der Jahre wurde ich sogar immer gemeiner und grausamer. Versteht mich nicht falsch: Ich liebte ihn, aber ich hätte mir das nie anmerken lassen. Er war so etwas wie mein emotionaler Sandsack, mein persönlicher Stressabbauer. Den ganzen Tag schluckte ich meinen Ärger herunter und ließ ihn dann an ihm aus.

Es gab da auch noch diesen Bruderstolz, der mein Herz wie eine Stahlpanzerung umgab. Ich konnte nicht ertragen, dass er etwas bekam und ich nicht. Ich konnte ihm gegenüber keine zärtlichen Gefühle zeigen. Und nie im Leben hätte ich ihn umarmt.

Ein Weihnachtsmorgen bei den Ludys hat seine Traditionen. Ich liebe sie *beinahe* alle. Aber eine Tradition verletzte als Kind ernsthaft meinen brüderlichen Wohlfühlbereich. Sie lautete: »Wann immer ein Ludy ein Geschenk von einem anderen Familienmitglied erhält, muss der betreffende Ludy aufstehen, durchs Zimmer gehen und mit einem breiten Lächeln der Dankbarkeit den großzügigen Geber ... *umarmen*!«

Auf keinen Fall! Wie sollte ich denn meine großbrüderlichen Arme um den Körper meines stinkenden kleinen Bruders legen? Doch ganz unvermeidbar kam es dazu, dass er entweder mein Geschenk für ihn auspackte oder ich das von ihm für mich. Alle Ludys, die um den Weihnachtsbaum saßen, beugten sich in Erwartung nach vorn. Marky und ich standen ungelenk auf und schlurften zur Zimmermitte, den Blick auf den Boden gerichtet. Die Ludy-Tradition sah vor, dass ich ihn nun umarmte. Aber »Zeichen der Zuneigung« werden in der *Bibel des Großen Bruders* klar und deutlich als »unangebracht und hochgradig deplatziert« bezeichnet. Also erfanden wir unsere eigene Version des weihnachtlichen Dankeschöns. Wir nannten es den Wuppdich.

Mit meiner tiefen Stimme, meinem Schmatzen und meinem Zwinkern ließ ich ein »Danke« hören. Dann stießen wir mit den Ellbogen gegeneinander und trotteten zurück auf unsere Plätze.

Während meiner ganzen Jugend hatte ich die falsche Bibel konsultiert, was das Führen von glücklichen Beziehungen angeht. Da war ich nun im Alter von 20, und noch immer lief ich rum und tönte mit meiner Bassstimme und machte die fertig, die mir am nächsten und am teuersten waren. Ehe ich für eine eigene Familie bereit war, musste ich lernen, wie ich in meinem eigenen Zuhause das Bild Jesu widerspiegeln konnte.

Einen besten Freund entdecken

Es war eine ganz normale Nacht im März. Ich ahnte nicht, dass dies eine Schicksalsnacht werden würde. Kein lautes Klopfen an den Jalousien, kein flackerndes Licht. Es traf mich völlig unvorbereitet.

Ich hatte Semesterferien und war zu Hause. Meine Großeltern waren zu Besuch, und so war ich aus meinem eigenen

Zimmer ausquartiert und in das Zimmer meines Bruders verlegt worden – auf eine Liege neben seinem Bett. Wahrscheinlich kam ich einfach in das Zimmer, warf meine Sachen auf die Liege und dröhnte mit meiner harten Stimme: »Ich schlafe heute hier.«

Ich war der übliche alte Eric, als ich an diesem Abend sein Zimmer betrat, aber als ich es am nächsten Morgen verließ, war ich ein neuer Mensch. Ich weiß noch, wie ich versuchte, es mir auf der steinharten Liege gemütlich zu machen, und die Lampe an der Decke anstarrte. Meine Schicksalsnacht nahm ihren Lauf, als ich gerade in mein allabendliches Gespräch mit Gott vertieft war.

»Jesus, mach mich dir gleich!«, betete ich mutig. »Was es auch kostet, mach mich dir gleich!« Keine Millisekunde später hatte ich Gottes Antwort. Ich warne oft Leute im Scherz, dass sie vorsichtig sein sollen mit dem, was sie beten. Auch wenn du selbst das nicht ernst nimmst, was du betest, Gott nimmt es ernst! Wenn du wissen willst, ob es Gott gibt, dann bete dieses Gebet. Er liebt es, darauf zu antworten.

In diesem Moment, während ich noch die Lampe an der Decke anstarrte, wusste ich ohne jeden Zweifel, was Gott von mir wollte. Ich nenne es das »Kugelfisch-Gefühl«. Ich wusste ganz genau, was ich tun musste, aber das konnte ich unmöglich tun. Ich spürte, wie mein Körper sich ausdehnte, als würde ich gleich in die Luft fliegen! Meine Handflächen schwitzten, und mein Herz schlug in meinem Brustkorb so laut, wie wenn ein Kleinkind mit einem Löffel auf einen Kochtopf einhaut.

Wenn du ein älterer Bruder bist, kannst du das sicher gut nachvollziehen. Als großer Bruder war ich ein Meister darin geworden, meinem kleinen Bruder das Gefühl der Wertlosigkeit zu vermitteln. Wie sollte ich ihn jetzt, nachdem ich ein Leben lang nur gemein und grausam zu ihm gewesen war, ... um Vergebung bitten? Zehntausend tränenreiche Umarmungen mit meinem Bruder wären mir lieber gewesen als *das*!

»Gott, ich kann nicht!«, protestierte ich mit geisterhaft regungsloser Miene. »Ich weiß, dass ich gerade dieses Gebet gebetet habe, aber *das* kann ich unmöglich tun!«

Als ich mich in jener Schicksalsnacht ängstlich auf der steinharten Liege wälzte und mich wie ein Kugelfisch kurz vor dem Platzen fühlte, musste ich eine Entscheidung treffen. Eine Entscheidung zwischen beziehungsmäßiger Dummheit oder beziehungsmäßigem Glück. Aber mehr noch als das war es eine Entscheidung zwischen meinem großen Ego und meinem kleinen Bruder.

Meine sonst so tiefe Stimme quiekte nun wie ein Wellensittich in der Pubertät: »Marky?«

Mein ganzes Image als harter großer Bruder fiel in einem Augenblick in sich zusammen, als mein kleiner Bruder mit *seiner* tiefen Stimme antwortete: »Ja?«

»Marky?«, wiederholte ich stockend. »Äh ... Ich weiß nicht so recht, wie ich das sagen soll, aber ... es ... es tut mir Leid!« Im Zimmer herrschte Stille und Tränen schossen mir in die Augen. Mein Bruder hatte mich nicht mehr weinen sehen, seit ich mit vier Jahren einmal ein Küchenmesser in eine Steckdose gesteckt hatte. Und da stand ich nun, blickte ihm unmittelbar ins Gesicht, schluckte hart und sprach mit zitternden Lippen!

»Ich bin ein schrecklicher Bruder gewesen«, gestand ich. »Ich habe dir nicht einmal was Nettes gesagt. Ich habe dich immer nur fertig gemacht und habe dir mein ganzes Leben lang immer nur gesagt, was du falsch machst, aber ich habe dir nie gesagt, was du alles richtig machst. Ich habe so viel Stolz zwischen uns aufgebaut, Marky!«

Während mir die Tränen nur so übers Gesicht liefen, sagte ich: »Bitte vergib mir! Ich möchte dein Freund sein und nicht nur dein Bruder!«

Ich war Markys Held. Von diesem Augenblick hatte er immer geträumt. Nach allem, was ich ihm angetan hatte, hätte er mich einfach auslachen und das Zimmer verlassen können. Ich hätte ihm keinen Vorwurf gemacht. Aber ich werde nie vergessen, wie Markys feuchte Augen in meine blickten. Seine Worte waren voller Aufrichtigkeit und Liebe: »Ich vergebe dir.«

Zum ersten Mal beteten wir wirklich in Einheit miteinander. Wenn ich jemals sicher war, dass Gott über etwas lächelte, dann über dieses gemeinschaftliche Gebet. Ich bin überzeugt, der ganze Himmel hat mitgehört.

Als wir unser erstes Gebet als wahre Brüder beendet hatten, wusste ich, dass Gott noch etwas anderes von mir wollte.

»Gott, du lässt mir wirklich keine Ruhe«, stöhnte ich.

Ich sah hoch zu Marky und flüsterte: »Äh, da ist noch etwas, das wir, äh, (schluck) tun sollten.«

Marky sagte nur: »Ich weiß.«

Wir standen beide auf, breiteten die Arme aus und *umarmten* uns zum ersten Mal!

Ich habe oft gesagt, dass ich in jener Nacht im März 1991 meinen besten Freund entdeckt habe. Aber ich habe auch die schöne Wahrheit entdeckt, wie man eine glückliche Beziehung zu den Menschen haben kann, die einem am nächsten und am vertrautesten sind. Man muss lernen, *Vergebung zu empfangen*!

Wahrscheinlich kann sich jeder Leser in der einen oder anderen Form mit der Geschichte von Marky und mir identifizieren. »Die« gibt es bei jedem von uns. Wir müssen verstehen, dass Gott uns »die« zum Üben gegeben hat. Wenn du jetzt lernst, den Menschen in deiner Umgebung zu vergeben und Vergebung von ihnen zu empfangen, wirst du das auch mit deiner zukünftigen Familie schaffen.

Ein weiser älterer Mann hat mir einmal gesagt: »Demut, Eric, misst man daran, wie schnell man einen Fehler zugeben kann.«

Nun, nach dieser Definition war ich in meiner Jugend ein ganz schön stolzer Kerl! Aber es war nicht zu spät für mich zu lernen, wie man eine glückliche Beziehung mit seinen engsten Verwandten führt. Wenn wir uns heute bewusst dafür entscheiden, demütig zu werden, kann Gott unsere vergangene

Hochnäsigkeit in Beispiele seiner wunderbaren Gnade in unserem Leben verwandeln.

Betet nicht um ein einfaches Leben,
betet, dass ihr stärkere Männer werdet.
Betet nicht um Aufgaben, die euren Fähigkeiten entsprechen,
betet um Fähigkeiten, die euren Aufgaben entsprechen.
Dann ist die Vollbringung eures Werkes kein Wunder,
sondern ihr seid das Wunder.[1]
Phillips Brooks

Lernen, »die« zu schätzen

Ja, die eigene Familie kann manchmal ganz schön peinlich sein! Mein Vater hatte seine leuchtend blauen kurzen Hosen, meine Mutter sang beim Einkaufen in der Schlange das »Halleluja« (eine ihrer kreativen und lauten Methoden, Zeugnis zu geben), meine Schwester wurde in der Schule zur »Unauffälligsten« der Klasse gewählt und Marky ... war eben Marky!

Oft kommen uns die Menschen, die uns am nächsten stehen, wie Sonderlinge vor. Es kommt einem immer so vor, als wäre jeder andere normal und nur unsere Familie käme von einem anderen Planeten.

»Meinem Vater wachsen Haare aus den Ohren, und er findet, das wirkt elegant«, verriet mir ein Anrufer, der anonym bleiben will, kichernd. »Meine Mutter nimmt vor dem Essen immer ihr Kaugummi raus und klebt es sich für später hinters Ohr«, gestand mir jemand anderes, der ebenfalls ungenannt bleiben möchte. In Wahrheit haben wir als Menschen alle unsere kleinen Macken. Wir haben alle unsere eigene Version von haarigen Ohren, hinter denen Kaugummis kleben.

Wenn du heiratest, wirst du erkennen, dass selbst dein Partner seine Ticks hat. Ich meine, stellt euch nur vor, was Leslie gedacht haben muss, als sie mich das erste Mal um fünf Uhr morgens ein ernstes geschäftliches Gespräch führen sah mit nichts an außer meinem modischen Fruit-of-the-Loom-Shirt. Für Leslie war das unmöglich, für mich ganz normal.

Wenn wir lernen, treu zu denen zu stehen, die uns peinlich sind, lernen wir einen Charakterzug Christi. Überleg doch mal! Wo ständest du heute mit Gott, wenn er sich nicht mit denen abgegeben hätte, die ihm hätten peinlich sein können. Treue und Loyalität sind eine notwendige Eigenschaft für eine glückliche Ehe.

Vor unserer Hochzeit sagten mir Leslies Eltern: »Eric, diese kleinen Macken, die du und Leslie beide habt, können eure Beziehung entweder belasten oder aber sie machen euch Spaß und Freude. Du musst die kleinen Besonderheiten schätzen lernen.«

Mir gefällt dieses Wort *schätzen*. Wenn wir lernen, an der einzigartigen Weise, in der Gott die Menschen in unserem Umfeld geschaffen hat, ein ganz besonderes Vergnügen zu finden, können wir das, was uns für gewöhnlich abschrecken würde, in einen Anlass zur Freude ummünzen.

Meine Familie hat gelernt, alle unsere Macken mit Humor zu nehmen. Wenn wir uns treffen, lachen wir über die kurzen Hosen meines Vaters. Wir wälzen uns auf dem Boden, wenn uns klar wird, dass inzwischen alle Ludys in der Warteschlange »Halleluja« singen. Uns kommen vor Lachen die Tränen, wenn wir an die ganzen Merkwürdigkeiten denken, mit denen die arme Leslie jetzt zurechtkommen muss, weil sie mit einem Ludy verheiratet ist.

Jeder von uns hat die Wahl. Wir können unsere Familien entweder als peinlich brandmarken, oder wir können lernen, Spaß an ihren Verrücktheiten zu haben. Wir können entweder vor ihnen davonlaufen und unseren kostbaren Ruf retten, oder wir können lernen, uns wie Christus zu verhalten und ihre Schrullen genauso zu schätzen wie ihre nette, angenehme und edle Seite. Denn darum geht es schließlich in der Ehe. Leslie kann ein Lied davon singen!

Lernen, »denen« zu dienen

Noch einmal zur Erinnerung: Wie du dich deinen engsten Verwandten gegenüber verhältst, so wirst du dich auch einmal deinem zukünftigen Ehepartner gegenüber verhalten.

Ich werde nie vergessen, wie meine Mutter einmal, die Hände in die Hüften gestemmt, mit wütendem Gesicht vor mir stand und ihrem uneinsichtigen 14-jährigen Sohn diese Lektion eintrichterte: »Eric, so wie du mit mir umgehst, wirst du auch einmal mit deiner Frau umgehen!«

Meine Reaktion war nicht gerade von Reue und Versöhnlichkeit geprägt. Ich konterte: »Die werde ich bestimmt *besser* behandeln!«

Damals war ich einfach noch überzeugt, dass meine ritterliche Seite plötzlich zu Tage treten und ich meine Frau wie eine Prinzessin behandeln würde, sobald sie in mein Leben käme. Ich meine, ich liebte meine Mutter und die anderen natürlich, aber doch nicht *so*! Wenn meine wunderbare Geliebte in mein Leben käme, wäre ich von ihrer Schönheit gefangen. Ich war mir sicher, dass das Eheleben meine lieblichere, sensiblere Seite wachküssen würde. Leider, leider ist das nicht so.

Versteht mich nicht falsch! Es stimmt schon, dass dein zukünftiger Ehepartner einen Platz in deinem Herzen, Verstand und Leben einnehmen wird, den deine Eltern niemals ausfüllen könnten. Und es stimmt auch, dass es am Anfang leichter fällt, sich sensibel zu zeigen. Aber es stimmt eben auch, dass dein wahres Ich immer deutlicher zu Tage tritt, je besser und näher du deinen Ehepartner kennen lernst. Dann wirst du der Mensch sein, auf den du dein ganzes Leben lang hingearbeitet hast. Und das ist für die meisten von uns *keine* gute Nachricht!

Leslie hat Gott unzählige Male dafür gedankt, dass er mir zu einer bestimmten Zeit meines Lebens beigebracht hat, mit meiner Mutter und Schwester verständnisvoll umzugehen. Drei Jahre lang, im Alter von 20 bis 23, war es eines meiner zentralen Anliegen, ein wahrer Gentleman zu werden. Leicht war es nicht! Nicht wegen ihnen, sondern wegen mir! Ich hatte mich schon so daran gewöhnt, alles, was mir gerade einfiel, einfach so herauszuposaunen. Ich musste lernen, dass Frauen Worte etwas ernster nehmen als Männer. Sprüche wie: »Willst du wirklich dieses Kleid anziehen?«, oder: »Mann, siehst du fertig aus!«, oder: »Wer auch immer dieses Steak gebraten hat, muss erst einmal lernen, mit einem Herd umzugehen!«, oder: »Bist du schwanger oder ist das nur Winterspeck?«, waren nun absolut tabu!

In diesen drei Jahren lernte ich, nach dem Essen aufzustehen und sofort, ohne erst darum gebeten zu werden, mit dem Abwasch zu beginnen. Also Jungs, fragt mich bloß nicht, warum, aber die Sache mit dem Abwasch hat eine unglaubliche Wirkung auf Frauen! Ich lernte – auch wenn ich eine Heidenangst davor hatte –, einfach zu fragen: »Kann ich irgendwie behilflich sein?«

Es gibt zwei Arten, auf die jeder von uns sein Leben verbringen kann: indem wir danach trachten, *unsere* Bedürfnisse zu erfüllen, oder indem wir nach Möglichkeiten suchen, die Bedürfnisse *anderer* zu erfüllen. Das Rätselhafte ist nur, dass wir immer unzufrieden bleiben und unsere tiefsten Bedürfnisse nicht erfüllt werden, wenn wir uns auf unsere eigenen Bedürfnisse konzentrieren. Aber wenn wir uns darauf konzentrieren, wie wir anderen dienen können, erleben wir nicht nur eine unglaubliche Zufriedenheit, sondern auch die Erfüllung unserer tiefsten Bedürfnisse! Wenn man lernt zu dienen, führt dies zu dem Happy End, von dem du immer geträumt hast.

Was soll ich tun? Ich rechne damit, nur einmal durch diese Welt zu gehen. Jedes gute Werk, jeden Dienst, alles Gute, was ich einer lebenden Seele tun kann ... sollte ich deshalb jetzt tun. Ich darf es nicht verschieben oder vernachlässigen, denn ich gehe diesen Weg kein zweites Mal.[2]
Altes Quäker-Sprichwort

Achte darauf, nicht zuzulassen, dass schmutzige, respektlose oder verletzende Worte über deine Lippen kommen. Benutze Worte, die andere aufbauen und ihnen nicht schaden, Worte, die helfen, nicht verletzen. Worte, die Ermutigung spenden und nicht Verzweiflung stiften.
Nach Epheser 4,29

Das Geheimnis, wie man ein Herz erobert

Nach 28 Jahren Beobachtung der weiblichen Spezies bin ich zu der Überzeugung gekommen, dass Frauen Parfüm *nicht* tragen, um *uns Männer* zu beeindrucken, sondern *andere Frauen!* Denkt mal darüber nach: Wenn ein Mädchen sich wirklich in einen Duft einhüllen wollte, der einen Jungen wie einen Magneten anzieht, dann würde sie den Geruch eines leckeren Hühnchen-Wraps auflegen!

Mit uns Männern ist es nicht anders. Wir heben Gewichte, grunzen, schwitzen, stinken, verdrehen und verrenken uns, und das alles, um Mädchen zu beeindrucken. Aber eigentlich sind wir immer nur selbst beeindruckt. Wenn wir Männer einen gewaltigen Arnold-Schwarzenegger-Typen sehen, halten wir die Luft an und denken: *Wow, ist der riesig!* Den meisten Mädchen dagegen fällt nur auf, dass seine neonpinke Gymnastikhose nicht zu seinem unmöglichen grün-roten Muscle-Shirt passt, das außerdem noch riecht wie ein totes Stinktier.

Ein Gespür für die Dinge zu entwickeln, für die sich dein Ehepartner so abmüht, kann einer Ehe eine besondere Würze verleihen. Leslie ist nicht an starken Muskeln interessiert. Zum Glück, denn sonst hätte sie mich wohl kaum geheiratet! Ich habe so einen Körperbau, den meine Mutter »drahtig« nennt. Ich habe kein Gramm zu viel an mir. Ich habe keinen Rettungsring in der Mitte, aber ich habe auch nur das Nötigste an Muskeln. Wenn ich eine Woche lang mit dem Gewichtheben aufhöre, schrumple ich zusammen wie eine Rosine im Hungerstreik. Ich muss dann aufpassen, dass mich nicht der nächste Windstoß davonbläst! Deshalb trainiere ich hart, um mein Gewicht zu halten, vor allem meine Muskelmasse. Und Leslie, als eine echte Eric-Ludy-Expertin, hat gelernt, wie wichtig es ist, dass sie meine Muskeln bemerkt, egal, wie winzig sie auch sind.

Ich komme also vom Trainieren nach Hause und meine Liebste wartet auf mich. Mit einem breiten Lächeln und voller Vorfreude sagt sie: »Lass mal sehen!« Daraufhin kremple ich den Ärmel hoch und spanne meinen gewaltigen Bizeps an (sie tut wenigstens so, als sei er gewaltig). »Wow!«, ruft sie, während sie ihn drückt. Mädels, das alles mag euch völlig sinnlos erscheinen, aber wenn ihr euch beeindruckt zeigt von etwas, an dem ein Mann hart arbeitet, auch wenn es nur um so eine Kleinigkeit wie um meine Muskeln geht, fühlt er sich gleich wie ein Champion.

Umgekehrt passiert genau das Gleiche, wenn ich in Leslies Welt eintrete und das zu schätzen lerne, woran sie hart arbeitet. Leslie geht für ihr Leben gern einkaufen! Ich nicht! Ich bin sehr gut darin, Geld zu *sparen*, nicht darin, es *auszugeben*. Leslie ist sehr gut darin, »Geld zu sparen, indem sie es ausgibt«, wie sie sagt. Das ist ein sehr feiner Unterschied, der schon so manche Ehe ruiniert hat. Auch wenn das komisch klingen mag, inzwischen macht es mir Spaß, mit Leslie einkaufen zu gehen. Es ist mir ein Anliegen, einige Zeit in ihrer Welt zu verbringen und daran Freude zu haben. Leslie würde hier sicher anmerken, dass meine »Kaka-Seite« bei solchen Einkaufstouren schon einmal an die Oberfläche kommen kann, aber im Großen und Ganzen haben wir gelernt, einfach eine gute Zeit miteinander zu haben, wenn wir nach genau dem richtigen Pullover zu dieser Hose und dem passenden Gürtel zu diesem Hemd suchen.

Wenn wir heiraten, entdecken wir früher oder später, dass wir uns sehr von dem Menschen unterscheiden, dem wir das Jawort gegeben haben. Viele dieser Unterschiede werden übertüncht, wenn wir uns verlieben, aber in der Ehe stehen wir quasi nackt voreinander. Wenn wir erst einmal zusammenziehen, erkennt der andere sehr schnell, wie es hinter den Kulissen aussieht. Leslie ging davon aus, dass mein Atem immer wie Odol Extrafrisch riecht. Als sie dann frisch verheiratet neben mir aufwachte und meinen »Todeshauch« abbekam, stellte sie fest, wie sehr sie sich geirrt hatte!

Halt den Mund und nimm mich in den Arm

Leslie und ich waren ungefähr drei Wochen verheiratet, als sie anfing, sich merkwürdig zu benehmen. Sie saß am Fußende des Bettes und weinte. Grundlos! Als Mann weine ich, wenn es etwas gibt, worüber ich weinen kann. Aber Leslie weinte, wie ich bald entdeckte, einfach um zu weinen.

Ich setzte mich neben sie und fragte: »Les, was ist denn los?« Als typischer Mann versuchte ich mir das Problem vorzustellen. Warum? Um es beheben zu können! »Komm schon, Les! Erzähl mir doch, was passiert ist. Dann kann ich dir auch helfen!«

Nachdem ich ihr meine Hilfe angeboten hatte, weinte sie noch heftiger. Das verwirrte mich erst recht. Man sollte doch davon ausgehen, dass sie sich meine Hilfe bei ihren Problemen im Leben wünscht! Ich meine, wenn *ich* weinen würde, würde ich mir das von ihr wünschen. Und das war genau der Knackpunkt! Solange ich versuchte, Leslies Bedürfnisse auf die Weise zu erfüllen, wie ich mir die Erfüllung meiner Bedürfnisse in *meiner Welt* vorstellte, machte ich alles nur noch schlimmer. Die einzige Möglichkeit, Leslie zu helfen, besteht darin, dass ich mich in *ihre Welt* begebe und versuche, ihre Bedürfnisse mit *ihren Augen* zu sehen. Und das kann ein ganz schöner Schock sein!

Sie will, dass ich den Mund halte! Komischerweise geht es gar nicht darum, ihr Problem zu lösen. Sie will nur, dass ich einfach da bin, ihre Gefühle bestätige, sie in den Arm nehme und an mich drücke.

Mädels, ihr denkt vielleicht, dass ein Junge so etwas von

alleine wissen sollte. Aber ich sage euch: Ein Junge käme da niemals drauf! Weil wir als Männer gewöhnlich unsere Probleme lösen wollen, gehen wir ganz selbstverständlich davon aus, dass wir einer Frau den besten Dienst erweisen, indem wir ihr helfen, ihre Probleme zu lösen. Auch wenn wir Männer uns manchmal wie die letzten Idioten anstellen, solltet ihr nicht denken, dass wir uns keine Mühe geben!

Wenn du ein Herz erobern willst, musst du feinfühlig sein. Feingefühl ist die Fähigkeit, in die Welt eines anderen zu schlüpfen und sich auf die Art und Weise um ihn zu kümmern, die er als »die beste Art, meine Bedürfnisse zu erfüllen« definiert.

Eine Schulter zum Ausheulen bieten, Worte sprechen, die eine Frau an deine Zuneigung erinnern, den Abwasch machen, den Wagen voll tanken, bevor sie auf eine Einkaufstour geht – Jungs, das sind lauter einfache Aufgaben, mit denen ihr voller Feingefühl für eine Frau sorgen könnt. Denn in ihrer Welt bedeuten diese kleinen Dinge eine Menge!

Mädels, wenn ihr Tipps haben wollt, wie man das Herz eines Jungen erobert, fragt Leslie! Sie ist darin eine wahre Meisterin. Wisst ihr, wie sie mich nennt? Alle Jungs werden jetzt gleich neidisch! Sie klatscht in die Hände, neigt den Kopf zur Seite, lächelt begeistert und nennt mich mit ihrer süßen und zauberhaften Stimme ihren *Helden*! Mädels, wenn ihr das Herz eines Jungen packen wollt, dann adelt ihn mit euren Worten. Wenn ein Mann von einer Frau respektiert und geehrt wird, dann legt er sofort 36 Pfund an Muskelmasse zu, rennt schneller als ein D-Zug und springt so hoch wie ein Wolkenkratzer. Worte des Respekts verwandeln sterbliche Männer in Superhelden – sei es, dass ihr seine Muskeln bewundert, euch für seine Plattensammlung interessiert oder ihn euren Helden nennt. Eine Spur Feingefühl einem Mann gegenüber kann schon den Unterschied ausmachen.

Wenn du jemals das Herz deines Liebsten gewinnen willst, musst du *jetzt* damit anfangen, dein Feingefühl zu sensibilisieren. Und wie schon bei den Lektionen zum Thema Vergeben und Vergebung empfangen und Schätzen und Dienen ist dein Übungsfeld ... richtig, deine Familie.

Ich verspreche dir, wenn du lernen kannst, mit »denen« in deinem Leben lieb und feinfühlig umzugehen, wird das Herz deiner oder deines zukünftigen Liebsten wie Wachs in deinen Händen sein.

Mütter und Schwestern

Jungs, wenn eure Mütter und Schwestern noch zur Hand sind, dann sind sie die idealen Trainingspartner, um zu lernen, wie man sich in dieser brandneuen Welt der »Frauen« zurechtfindet. Der Grund, warum ich zum Üben Mütter und Schwestern empfehle, liegt nicht nur darin, dass sie die schwierigsten Versuchsobjekte überhaupt sind; sie gehören auch zu der sehr kleinen Gruppe von Frauen auf diesem Planeten, die unsere Feinfühligkeit nicht als Annäherungsversuch missverstehen werden. Wenn du keine Mutter oder Schwester hast, dann überleg dir sehr gut, mit wem du üben kannst.

Also, Jungs, wenn Feinfühligkeit ein ganz neuer Begriff für euch ist, dann wird es euch am Anfang ein wenig seltsam vorkommen, ihn in die Tat umzusetzen. Aber ich kann euch beruhigen: Je mehr ihr übt, desto natürlicher wird es euch vorkommen. Als Erstes möchte ich, dass ihr nach Gelegenheiten sucht, den besonderen Frauen in eurem Leben Komplimente zu machen. Ob es ihre Frisur ist, ihr tolles Outfit für den Gottesdienst, ihre wunderbare Singstimme oder sogar ihr unglaublicher Sinn für Humor, gewöhnt es euch an, auf die kleinen Dinge zu achten, die in ihrer Welt wichtig sind.

Als Zweites solltet ihr diese Komplimente laut und deutlich aussprechen, sodass sie sie auch hören können. Sagt ihnen, wie gut sie aussehen, wie schön ihre Stimme klingt und wie viel Spaß es macht, mit ihnen zusammen zu sein. Am Anfang werden sie ganz bestimmt geschockt sein, wenn ihr euch plötzlich in einen Gentleman verwandelt, aber eure Beständigkeit wird ihnen beweisen, dass euer Idiotendasein Vergangenheit ist.

Als Drittes müsst ihr lernen, die Frauen zu studieren. Ihr denkt vielleicht, das tut ihr schon längst, aber ihr Jungs macht euch nicht klar, dass an Frauen viel mehr dran ist als nur ihre körperliche Schönheit. Ihr müsst studieren, wie eine Frau in ihrem *Inneren* funktioniert. Wenn du dir eine Liebesgeschichte mit einem Happy End wünschst, wirst du die inneren Prozesse des weiblichen Geschlechts studieren müssen.

Ich weiß noch, wie ich mit 19 ziemlich *un*-feinfühlig war. Meine Mutter hatte »einen dieser Tage«. Sie war müde und unzufrieden mit der Farbe der Küchenschränke; sie hätte am liebsten das T-Shirt, das ich gerade trug, in den Müll geschmissen; sie fand, mein Vater sollte seinem Boss sagen, er solle dahin gehen, wo der Pfeffer wächst. Schließlich schrie sie gegen drei Uhr nachmittags: »Ich halte es in diesem Haus nicht mehr aus. Ich muss hier raus!«

Ich stand in meinem zerrissenen T-Shirt neben meiner Mutter in der Küche, gerade mal einen Meter von ihr entfernt. Ich dachte gründlich darüber nach, was meine Mutter gerade gesagt hatte, und entgegnete dann: »Du warst doch gerade erst draußen, als du einkaufen warst.«

An dieser Stelle muss ich alle unverheirateten jungen Männer warnen: Antwortet einer Frau nie – und ich meine NIE – auf diese Weise wie ich. Wisst ihr, wenn eine Frau spricht, dann gibt es einen Unterschied zwischen dem exakten Inhalt dessen, was sie sagt, und dem, was sie eigentlich damit meint. Wenn eine Frau sagt: »Ich halte es in diesem Haus nicht mehr aus«, meint sie damit nicht bloß, dass sie mal auf die Terrasse gehen und dem Verkehr in der Nachbarschaft zusehen will. So ganz weiß ich es immer noch nicht, aber ich denke, es hat eher mit einem romantischen Abendessen, einer Shoppingtour oder einem Kurzbesuch bei einem Juwelier zu tun. Aber nur, wer die Frauen studiert, kann solche feinen Unterschiede wahrnehmen.

Und schließlich müsst ihr lernen, einfach den Mund zu halten und eine Schulter zum Ausheulen anzubieten. Eine Umarmung ist besser als tausend Ratschläge. Wenn eure Mutter oder Schwester irrational sind, zwingt sie nicht dazu, rational zu sein. Lernt lieber, ihr einen Arm um die Schulter zu legen und sie zu drücken.

Väter und Brüder

Mädels, ich muss zugeben, dass eure Trainingspartner zum Erlernen von Feinfühligkeit eine wesentlich größere Herausforderung darstellen. Es ist üblicherweise ziemlich leicht, seinem Vater gegenüber feinfühlig zu sein; Brüder sind da schon ein größeres Problem.

Brüder, so wie ich, sind in der Regel zu 95 Prozent idiotisch, zu vier Prozent grob und zu einem Prozent feinfühlig. Die meisten Schwestern finden ein Prozent sicher übertrieben! Sagen wir einfach, wir Jung brauchen ein wenig Nachhilfe, wenn es darum geht, mit einer Dame umzugehen – ganz zu schweigen davon, ihr Herz zu erobern.

Schwestern, da kommt ihr ins Spiel! Bitte habt Erbarmen mit uns »idiotischen« Jungs und lernt, feinfühlig mit uns umzugehen. Und wenn es nur aus Erbarmen mit unseren zukünftigen Ehefrauen ist – helft uns, wahre Gentlemen zu werden. Stellt euch einfach vor, das sei euer Hochzeitsgeschenk für eure zukünftige Schwägerin. Ob euch das bewusst ist oder nicht, aber ein Mann wird von den Worten einer Frau geformt. Wenn es abfällige Worte sind, könnte selbst der stärkste Mann der Welt zum Angsthasen werden. Aber wenn es aufbauende Worte sind, könnte selbst der größte Angsthase zum Anführer von Weltrang werden.

Als Erstes müsst ihr euch in die Welt eines Jungen versetzen (am besten mit Nasenklammern) und beobachten, was in unserer Welt wichtig ist – jeder Junge ist da anders, man kann nicht einfach sagen: Essen und Football. Es können auch Musik und Muscle-Shirts oder Computer und Spielzeugpistolen sein.

Als Nächstes solltet ihr nach Gelegenheiten suchen, diese »faszinierenden« Themen mit ihm zu erörtern. Wenn ihr euch in seine Welt begebt, werdet ihr feststellen, dass sie nicht nur aus Schwitzen und Grunzen besteht. Genau wie ihr euch wünscht, Worte zu hören, die euch das Gefühl geben, geschätzt zu werden, so sind wir Jungs auf Worte angewiesen, die uns das Gefühl geben, respektiert zu werden.

Das nächste Mal, wenn ihr seht, dass euer Bruder etwas macht, was er sehr gut kann, ehrt ihn mit einem bewundernden Kommentar über seine Fähigkeit und lasst ihn wissen, dass ihr stolz seid, seine Schwester zu sein. Je mehr Respekt ihr verbal in ihn investiert, desto respektvoller wird ein Mann sich zu verhalten lernen.

Und als Letztes: Bitte versucht nicht, uns in ein Mädchen zu verwandeln. Lernt Männlichkeit so zu schätzen, wie Gott sie geschaffen hat. Vielleicht ist sie von Natur aus nicht so lieb und schön wie Weiblichkeit, aber mit ein wenig Hilfe von den Frauen in unserem Leben können wir unsere eigene Version von Lieblichkeit und Schönheit entwickeln, die eine vollkommene Mischung aus Härte und Feingefühl ist – und 100 Prozent männlich.

Das mag vielleicht wie ein Verrat am männlichen Geschlecht klingen, aber manchmal sind selbst wir Männer irrational. Dann brauchen auch wir eine Schulter zum Ausheulen.

Eine verschönte Liebesgeschichte

Kommen wir noch einmal zu dem »schöneren Lied« zurück. Wir alle wünschen uns die »schöne Seite der Liebe« und eine Liebesgeschichte mit Happy End. Aber sind wir auch bereit zu tun, was dafür notwendig ist? Wie wir schon früher gesagt haben, wird das »schönere Lied« im Leben desjenigen gespielt, der sich Gott ausgeliefert hat, sich ganz ihm anvertraut und seinem Vorbild mit jeder Handlung, jeder Einstellung und jedem Wort zu folgen bemüht ist. Das »schönere Lied« ist eher eine Gabe als ein Ziel. Wir können es uns nicht verdienen, wir empfangen es, wenn wir dem Großen Autoren der Liebesgeschichten erlauben, uns meisterhaft in einen sanften und sensiblen Liebenden zu verwandeln, genau wie unser Bräutigam Jesus.

Die Familie ist ein Teil unseres Lebens, den viele von uns lieber loswerden wollen. Aber das »schönere Lied« hängt davon ab, ob und wie wir lernen, zu vergeben und Vergebung zu empfangen, die zu schätzen, die uns nahe stehen, denen zu dienen, denen zu dienen oft am schwersten zu sein scheint, und voller Feingefühl für die zu sorgen, die uns lieb und teuer sind.

Wenn du dich von deiner Sippschaft trennst, verwirfst du deinen ganz persönlichen Übungsplatz für eine göttliche Liebesbeziehung. Wenn du jetzt nicht lernst, dich »denen« gegenüber wie Christus zu verhalten, wird es wesentlich schwieriger sein, »denen in der Zukunft« mit dem Anstand und der Liebe zu begegnen, die sie dringend brauchen werden.

Jetzt noch was Praktisches

Es ist keine lange Geschichte, aber eine, die man gelesen haben muss. Die Kapitel 44 und 45 des ersten Buches Mose erzählen eine der anrührendsten Geschichten über Vergebung und Versöhnung in einer Familie überhaupt. Wem in deiner Familie musst du noch vergeben? Und wen musst du noch um Vergebung bitten? Schieb es nicht hinaus! Der beste Zeitpunkt, um Dinge in Ordnung zu bringen, ist *heute!*

Auf Dauer erfolgreich

Wer auf das richtige Team setzt, ist auf dem besten Weg zum Erfolg

Eine Lektion kurz vor einem Frontalzusammenstoß

Als ich mit 16 gerade meinen Führerschein hatte (bei uns in Amerika geht das schon so früh!), war ich eine echte Gefahr für den schönen Staat Colorado. Ich war zwar oft genug in der Fahrschule gewesen, aber während des theoretischen Unterrichts hatte ich entweder Briefe an meine Freunde geschrieben oder war eingeschlafen, anstatt etwas über die verantwortungsvolle Aufgabe zu lernen, ein motorisiertes Fahrzeug zu steuern.

Als ich schließlich die Prüfung bestanden hatte (fragt mich bloß nicht, wie ich das geschafft habe!), war ich völlig aus dem Häuschen über meine neue Freiheit. Jetzt musste also nicht immer mein Vater oder meine Mutter dabei sein, wenn ich mit dem Auto eine Runde drehen wollte (auch das ist bei uns erlaubt: im Beisein eines Erwachsenen fahren zu üben, bevor man den Führerschein hat). Ich war felsenfest davon überzeugt, ab sofort alleine klarzukommen.

Einige unbedeutende Details hatte ich in der Fahrstunde leider verschlafen. Dennoch war ich mir sicher, dass ich schon alles hinkriegen würde, sobald ich erst einmal mit dem Wagen unterwegs wäre.

An einem strahlenden Januar-Nachmittag musste ich zu einer Verabredung quer durch die Stadt fahren. Unter den nervösen Blicken meiner Eltern schnappte ich mir den Autoschlüssel und ging zur Tür. »Soll vielleicht jemand mitkommen, Leslie?«, fragten sie.

Ich schüttelte den Kopf. »Ich brauche keine Hilfe«, stellte ich verärgert klar, als hätten sie mir gerade angeboten, mir meinen Pfannkuchen in mundgerechte Stücke zu schneiden. Sie sahen sich besorgt an, ließen mich aber alleine fahren. Voller Vorfreude lief ich zum Wagen, sprang hinein, drehte das Radio auf und trat aufs Gaspedal.

Als ich auf einen Kreisverkehr zufuhr, bei dem ich links abbiegen wollte, wusste ich auf einmal überhaupt nichts mehr. Musste ich erst um die Insel rechts herumfahren oder davor links abbiegen? Aus der anderen Richtung kam leider gerade kein Auto, so hatte ich keinen Anhaltspunkt. Ich entschloss mich, *nicht* um die Insel herumzufahren – eine brillante Idee! Prompt kam ein anderes Auto frontal auf mich zu, und mir wurde klar, dass ich gerade einen üblen Fehler gemacht hatte. Ich überlegte fieberhaft. *Das haben wir in der Fahrschule nicht durchgenommen*, dachte ich und wusste immer noch nicht, was ich tun sollte. Die entgegenkommenden Wagen, die sich wegen mir stauten, hupten wütend. Ruckelnd setzte ich schließlich ein Stück zurück, um anschließend mit glühenden Wangen rechts um die Insel herum in die richtige Richtung zu fahren. Das war einer der peinlichsten Augenblicke meines Lebens!

Eine unserer natürlichen Eigenschaften als Menschen ist unser Eigensinn – wir wollen die Dinge auf *unsere* Art tun und wir wollen sie *alleine* tun. In unserer Kultur gilt es als Zeichen von Schwäche, andere um Hilfe zu bitten. Und doch hat Gott uns als Christen so geschaffen, dass wir einander brauchen. Er hat uns so geschaffen, dass wir auf den Leib Christi angewiesen sind, dass wir Unterstützung, Gebet, Rat und sogar praktische Hilfe benötigen. Ohne Beistand von anderen dickköpfig ins Blaue hinein vorzupreschen führt uns oft mitten in den Gegenverkehr und kann manchmal sogar zu einem Frontalzusammenstoß führen! Das gilt in ganz besonderem Maße für unser Liebesleben.

Auf ein Team setzen

Eine der am häufigsten gestellten Fragen von Singles, die sich nach einer von Gott verfassten Liebesgeschichte sehnen, lautet: »Wie soll ich wissen, ob eine bestimmte Person die ist, die Gott für mich ausgewählt hat?«

Um diese knifflige Frage richtig zu beantworten und einem wirklichen Erfolg in Liebesdingen zuzuarbeiten, müssen wir ein *Team* aufstellen. Unser Team sollte aus gottesfürchtigen Menschen bestehen, denen gegenüber wir in Bezug auf unser Liebesleben Rechenschaft geben können, die mit uns beten und als Außenstehende einen neutralen Blick auf die Höhen und Tiefen unserer Reise durchs Leben bieten können.

Schau dich einmal in deinem Leben nach Menschen um, die Gott dir zu diesem Zweck an die Seite gestellt haben könnte. Wenn du deine Teampartner findest und sie einlädst, an diesem Teil deines Lebens teilzuhaben, wirst du ein Empfinden für Schönheit und Sicherheit entdecken, das du nicht für möglich gehalten hättest.

Von nun an musst du dir nicht mehr auf alles selbst einen Reim machen. Du hast die Unterstützung von Menschen, die dich lieben und dir beistehen werden. Diese Teampartner können dir Bestätigung und Weisheit geben und dir dabei helfen, Gottes Willen für dein Liebesleben zu erkennen.

Warum Eltern gut ins Team passen

Für die meisten von uns sind die offensichtlichsten Teampartner, die Gott uns gegeben hat, unsere Eltern. Ich weiß, ich weiß ... viele von euch fanden das mit dem Team eine gute Idee, bis ihr das Wort *Eltern* gelesen habt. Eltern erscheinen einem oft wie der natürliche Feind jeder Liebesbeziehung! Ich rede hier jedenfalls nicht von arrangierten Ehen. Und es geht auch nicht darum, dass du dein Liebesleben komplett in die Hände deiner Eltern gibst. Ich will nur einmal anregen, dass du deine Eltern in dein Team einlädst, während du nach Gottes Plan für dein Liebesleben forschst. Du wirst überrascht sein, was daraus alles entstehen kann, aus ganz verschiedenen Grün-den ...

Erstens: Eltern haben eine angeborene, von Gott gegebene Weisheit in Bezug auf das Leben ihrer Kinder. Solange wir jung sind, macht uns das normalerweise wahnsinnig, aber wenn wir reifer werden, lernen wir diese »Weisheit« zu schätzen. Sie kann uns eine wertvolle Hilfe sein, wenn wir in Beziehungsfragen nicht weiterwissen. Ob uns ihr Rat nun zusagt oder nicht, wir sollten die Meinung unserer Eltern ernstlich vor Gott prüfen.

Zweitens: Wir ehren Gott, wenn wir die von ihm gegebene Position unserer Eltern in unserem Leben ehren. Er wird unsere Entscheidung, unsere Eltern zu ehren, segnen, auch wenn es uns nicht leicht fällt (vgl. Epheser 6,1–3).

Nachdem ich Gott wirklich den Stift zum Schreiben meiner Liebesgeschichte anvertraut hatte, brachte mich seine Führung gleich zu Anfang dazu, meine Eltern in mein Team einzuladen, damit sie mich im Gebet unterstützen und ich mit ihnen reden konnte. Es war beinahe so, als wollte Gott mich auf sanfte Weise erinnern: *Leslie, ich habe dir deine Eltern nicht ohne Grund gegeben. Sie haben eine besondere Erkenntnis und Weisheit von mir bekommen, speziell für dein Leben. Lass diese für dich mitgelieferten Teampartner nicht einfach links liegen.*

Trotzdem behagte mir der Gedanke gar nicht, dass meine Eltern in Bezug auf mein *Liebesleben* mitreden sollten. Immerhin war ich in einer Kultur aufgewachsen, in der es darauf ankam, von den Eltern »unabhängig« zu werden. Ich war eine junge Erwachsene, ich lebte ein verantwortungsvolles Leben. Warum sollte ich plötzlich die Hilfe meiner Eltern brauchen? Obwohl ich meine eigenen Entscheidungen traf und meine Eltern mich als Erwachsene behandelten, stellte ich mir immer noch vor, dass sie in mir eine Zwölfjährige sahen, auf die sie in dieser Hinsicht ein strenges Auge haben mussten.

In meiner blühenden Fantasie habe ich mir das in etwa so ausgemalt, dass ich widerwillig zu ihnen sagte: »Okay, Mama und Papa, ich möchte wirklich, dass ihr mir helft herauszufinden, wie Gottes Wille für mein Liebesleben aussieht.«

Dann stellte ich mir weiter vor, wie sie sich mit diebischer Freude die Hände rieben und antworteten: »Das wurde ja auch höchste Zeit! Wir haben nämlich schon einen Mann für dich! Er heißt Alfred Schlaffenpaffer und die Hochzeit wird nächsten Monat stattfinden.«

Die Realität sah glücklicherweise anders aus. Meinen Eltern lag mein Liebesglück genauso am Herzen wie mir. Als ich zu ihnen ging und sie bat, Teil meines »Teams« zu werden und mir zu helfen, Gott über mein Liebeslieben zu befragen, reagierten sie ganz anders als in meinen wildesten Befürchtungen.

Sie sagten: »Leslie, wir lieben dich. Du und deine Brüder sind für uns wichtiger als alles andere auf der Welt. Seit wir Christen geworden sind, beten wir für deinen zukünftigen Ehemann. Wir wissen auch nicht alles, aber wir wollen, dass du weißt, dass wir für dich da sind, wann immer du uns brauchst. Wir werden mit dir beten, wenn du es willst, und wir werden versuchen, dir in diesen wichtigen Jahren deines Lebens jede Unterstützung zu geben.«

Durch diese Worte empfand ich eine ungeheuere Freiheit und Sicherheit! Der erste Schritt hatte darin bestanden, Gott den Stift zu übergeben, damit er meine Liebesgeschichte schrieb, und ihm völlig zu vertrauen. Er hatte schon alles vorbereitet und mir mit meinen Eltern zwei wunderbare Teammitglieder an die Seite gestellt. Ich musste diesen Weg nicht alleine zurücklegen! Ich hatte zwei Menschen, die mich wirklich liebten und mein Bestes wollten, die entschlossen waren, mit mir zusammen Gott zu suchen und mich auf jedem Schritt des Weges zu unterstützen!

Es war einfach unglaublich, wie Gott jede Zeile meiner Liebesgeschichte genau zur richtigen Zeit schrieb. Damals wusste ich noch nicht, wie entscheidend dieses Gespräch für den Fortgang der Geschichte sein würde.

Wenn wir unsere Eltern ehren, kann dies unsere Liebesgeschichte noch versüßen! Glaubt mir, ich hätte mir nie träumen lassen, dass meine Eltern für eine Erhöhung des *Romantikfaktors* gut sein könnten, und doch hatten einige der unvergesslichsten romantischen Momente meiner Liebesgeschichte mit Eric mit meinen Eltern zu tun.

Eric und ich waren einige Monate lang enge Freunde, ehe es zu irgendwelchen romantischen Gefühlen kam. Wir hätten beide nicht damit gerechnet, dass sich daraus eine Beziehung entwickeln würde. Eric ist fünf Jahre älter als ich und ich sah in ihm eine Art großen Bruder. Aber schließlich kamen wir an einen Punkt, an dem wir beide damit anfingen, uns bestimmte Fragen über unsere Beziehung zu stellen: Selbst wenn wir nur »gute Freunde« waren, konnte es sein, dass wir ein bisschen zu viel Zeit miteinander verbrachten? Jeder von uns hatte sich vor Gott dazu verpflichtet, dass auch unsere Freundschaften mit dem anderen Geschlecht vollkommen rein sein sollten und wir unseren zukünftigen Ehepartnern Respekt erweisen würden. Jetzt fragten wir uns allerdings, was unsere zukünftigen Ehepartner eigentlich dazu sagen würden, wie viel Zeit wir miteinander verbrachten?

Eines Tages im Sommer, als wir in einem Van von einem missionarischen Kurzeinsatz in der Innenstadt von New Orleans heimfuhren, kam Eric auf dieses Thema zu sprechen.

»Leslie, ich möchte meine zukünftige Frau und deinen zukünftigen Mann ehren und respektieren«, fing er an. »Meine Freundschaft zu dir ist mir sehr wichtig, aber manchmal frage ich mich, ob wir uns nicht schon zu nahe stehen. Vielleicht verbringen wir zu viel Zeit miteinander. Es wäre vielleicht besser, wir würden uns eine Zeit lang nicht sehen und darüber beten.«

Während ich zustimmend nickte, verkündete Eric einen weiteren unerwarteten Entschluss: »Und vielleicht sollte ich mal mit deinem Vater reden.«

Ohne nachzudenken sagte ich: »Ja, das denke ich auch.«

Es folgte eine angespannte Stille, in der wir beide zu verstehen versuchten, was wir da eigentlich gerade gesagt hatten. Warum um alles in der Welt waren wir uns einig, dass Eric mit meinem Vater reden sollte? Er wollte ja schließlich nicht um meine Hand anhalten oder so etwas. Aber es war uns beiden zu peinlich, die Sache noch einmal zu erwähnen.

Schon bald fanden wir heraus, dass Gott genau wusste, was er tat, als er unser Gespräch in diese Richtung lenkte. Einige Tage später traf sich Eric mit meinem Vater zum Mittagessen in einem nahe gelegenen Restaurant. Nervös nippte Eric an seinem Wasser, während mein Vater die Speisekarte studierte.

Was mache ich hier? Was soll ich überhaupt sagen? Zum hundertsten Mal stellte sich Eric diese Fragen. Aber es nutzte alles nichts, jetzt saß er dort und musste einfach das Beste daraus machen. Nachdem sie bestellt hatten, holte Eric noch einmal tief Luft und fing seine vorbereitete kleine Rede an:

»Ich, äh, wollte mit Ihnen über meine Freundschaft mit Leslie reden«, begann er, während mein Vater ihn ruhig anschaute. Er schluckte mühsam und fuhr dann fort: »Ich meine, ich will nur sichergehen. Leslie und ich verbringen viel Zeit miteinander und ich möchte in dieser ganzen Angelegenheit ihren zukünftigen Ehemann und meine zukünftige Frau ehren. Ich habe mich einfach gefragt, ob Sie nicht vielleicht einen Vorschlag haben, wie viel Zeit wir zusammen verbringen sollten.«

Mein Vater schwieg einen kurzen Moment. Dann sagte er Eric einige weise Worte, die er nie vergessen wird.

»Eric, einer der Gründe, warum ich weiß, dass deine Freundschaft mit Leslie von Gott ist«, sagte er mit Entschiedenheit, »besteht darin, dass, seitdem du in ihrem Leben eine Rolle spielst, ihre Beziehung zu Gott immer enger wird. Ich habe das beobachtet und halte das für ein Ergebnis eurer Freundschaft.«

Das Schöne an einem Team ist die Möglichkeit, eine Außenperspektive auf eine Freundschaft oder Beziehung zu bekommen. Die Menschen in unserem Team können Dinge sehen, für die wir selbst manchmal blind sind. Sie können uns helfen zu entscheiden, ob eine Beziehung von Gott ist oder nicht, indem sie die Früchte in unserem Leben betrachten, die aus dieser Beziehung resultieren. Wenn uns die Beziehung von Gott und anderen Prioritäten entfernt, brauchen wir dringend eine Neueinschätzung der Lage. Wenn uns die Freundschaft oder Beziehung aber näher zu Gott führt und gute Früchte in unserem Leben bringt, haben wir einen starken Hinweis darauf, dass Gott selbst dahinter steckt.

Die Menschen in unserem Team können unser Leben von außen betrachten und uns deshalb helfen zu verstehen, was wirklich Sache ist. Meinen Eltern war aufgefallen, welche guten Früchte meine Freundschaft zu Eric in meinem Leben gebracht hatte. Sie konnten deutlich sehen, dass Eric mich zu einer noch tieferen Liebe *zum* und Hingabe *an* den Herrn inspiriert und ermutigt hatte.

Nachdem er die Worte meines Vaters gehört hatte, wurde Eric aufs Neue bewusst, wie wichtig es ist, starke gottergebene Mentoren zu haben, zu denen man mit allen Fragen kommen kann, die einem auf dem Herzen liegen. Mein Vater war mit seiner Weisheit aber noch längst nicht am Ende. Sein nächster Satz verblüffte Eric, aber er lehrte ihn auch eine unglaubliche Wahrheit.

»Eric«, fuhr mein Vater fort, »ich weiß, dass deine Beziehung zu meiner Tochter rein ist.« Er machte eine kurze Pause, in der sich Eric fragte, wie er da so sicher sein konnte – schließlich konnte er ja nicht 24 Stunden am Tag auf uns aufpassen. Als ob er seine Gedanken lesen konnte, beantwortete mein Vater seine Frage: »Wenn deine Beziehung zu Leslie nicht rein wäre, würde Gott mir das sagen.«

Eric blieb fast das Herz stehen. *Gott* würde ihm das sagen? In diesem Augenblick war Eric wirklich heilfroh, dass unsere Freundschaft tatsächlich rein war. Er konnte sich bildlich vorstellen, wie schrecklich es wäre, wenn Gott meinen Vater mitten in der Nacht aufwecken würde, um ihm zu sagen, dass sie *nicht* rein wäre! Eric malte sich aus, wie mein vor Wut rasender Vater ihn mit einer Schrotflinte die Straße entlangjagte!

Nachdem er den ersten Schock über das, was mein Vater ihm gerade gesagt hatte, verdaut hatte, erkannte Eric plötzlich eine tiefe Wahrheit. Er hatte in mir immer ein unabhängiges Individuum gesehen, das seine eigenen Entscheidungen traf. Doch jetzt wurde ihm klar, dass Gott einen Schutzschild vor mich gestellt hatte – die Autorität meiner Eltern. Gott hatte mich meinen Eltern als einen Schatz gegeben, den sie hegen und pflegen und behüten sollten. In diesem Moment der Erkenntnis sah er ein, wie völlig falsch es gewesen wäre, eine romantische Beziehung mit mir einzugehen, ohne zuerst die von Gott gegebene Autorität meiner Eltern zu ehren.

Von diesem Moment an war Eric klar, dass auch seine Eltern in gleichem Maße wie seine zukünftigen Schwiegereltern von Anfang an eine Rolle in der Beziehung spielen sollten. Im Stillen nahm er sich vor, die Autorität der Eltern über sein eigenes Leben wie über das des Mädchens, das er einmal heiraten würde, zu ehren und zu respektieren.

Bevor er noch weiter über all diese neuen Erkenntnisse nachdenken konnte, sagte mein Vater etwas, das Eric noch mehr schockte.

»Und, Eric, du sollst wissen, dass meine Frau und ich dir unseren Segen geben, die Beziehung zu unserer Tochter fortzusetzen in der Art und Weise, wie Gott dich führt.«

Eric starrte ihn einen Moment an. Hatte mein Vater ihn falsch verstanden? Er versuchte das richtig zu stellen: »Wirklich, es geht mir nicht um ...«

Mein Vater hob die Hand und unterbrach ihn sanft. »Ich weiß, aber irgendwie hatte ich den Eindruck, ich sollte dir diese Freiheit geben.«

Romantik und Respekt

In Folge einer Reihe von Ereignissen dauerte es nur wenige Wochen, bis Eric sicher war, dass ich diejenige war, die er eines Tages heiraten sollte.

Eric hielt sich an seinen Vorsatz, die Autorität meiner Eltern zu ehren und zu respektieren. Nach viel Gebet entschloss er sich, die Sache mit meinem Vater zu besprechen, bevor er *mir* davon erzählte. Er hatte eine recht gute Vorstellung von meinen Gefühlen für ihn, und er wusste, dass mein Vater meinen Standpunkt besser kannte als jeder andere.

Wieder saß er meinem Vater in dem Restaurant gegenüber, diesmal frühmorgens vor der Arbeit. Aber nun wusste er, weshalb er gekommen war. Während mein Vater seinen Kaffee schlürfte und versuchte, erst einmal wach zu werden, kam Eric gleich zur Sache.

»Ich habe in den letzten Wochen viel über meine Freundschaft mit Leslie gebetet, und ich habe den Eindruck, dass Gott mir gezeigt hat, dass Leslie einmal meine Frau sein wird.«

Auf einen Schlag war mein Vater hellwach! Nachdem er sich kurz von dem Schreck erholt hatte, reagierte er auf erstaunliche Weise.

»Eric«, sagte er und sah im direkt in die Augen, »meine Frau und ich beten für Leslies zukünftigen Ehemann, seit wir vor 14 Jahren Christen geworden sind. Wir haben gebetet, dass wir ihn erkennen, wenn er in ihr Leben tritt. Und Eric, wir wissen schon seit einiger Zeit, dass *du* derjenige bist.«

Was für eine unglaubliche Bestätigung! Eric war so dankbar, dass Gott ihn diesen »Fehler« machen ließ, sich mit meinem Vater zu einem Gespräch über unsere Freundschaft zu treffen. Eric war ein junger Mann, der oft das Gefühl hatte, wie ein Elefant im Porzellanladen durch sein Leben zu gehen, vor allem in Sachen Beziehungen. Es war ein wunderbares Gefühl, nun so eine unerwartete Unterstützung für sein Team zu bekommen – seinen zukünftigen Schwiegervater!

Was mich angeht, so schätzte ich diesen Mann mit Namen Eric Ludy nur noch mehr, nachdem ich von all dem erfahren hatte. Zu der Zeit, als dieses Gespräch stattfand, wusste ich in meinem Herzen schon, dass ich ihn eines Tages heiraten würde. Und nun erhielt ich noch einen weiteren Beweis dafür, was für ein großartiger Mann er war. Dass sein Respekt für mich so weit ging, dass er sogar meine Eltern ehrte, wenn es um unsere Beziehung ging – das war wirklich romantisch!

Einige Tage später erhielt Eric von meinem Vater die höchste Auszeichnung. »Eric«, sagte er mit einem Lächeln, »ich gebe dir meinen Segen, das Herz meiner Tochter zu erobern.«

Und mein Vater beließ es nicht nur dabei, Eric seinen Segen zu geben, er half auch tatkräftig mit. Nachdem wir unsere Beziehung begonnen hatten, traf er sich regelmäßig mit Eric, um ihm Tipps zu geben, *wie* er mein Herz erobern konnte. Mein Vater war der Mann, der mich besser kannte als jeder andere auf der Welt. Und nun gab er sein Wissen über mich an den Mann weiter, mit dem ich den Rest meines Lebens verbringen würde!

Als mir klar wurde, was da vor sich ging, kam ich mir von einem Augenblick auf den nächsten vor wie eine Prinzessin. Ich fühlte mich wie auf Federn getragen! Die zwei wichtigsten Männer in meinem Leben taten stundenlang nichts anderes, als darüber zu reden, wer ich war, wie ich gestrickt war, wie sie mich besser verstehen konnten und vor allem: wie sie mich *lieben* konnten! Jetzt erzählt mir nicht, dass das nicht superromantisch ist! Welches Mädchen käme sich nicht wie ein kostbarer Schatz vor, wenn so etwas Besonders in ihrem Leben passierte?

Als ich sah, wie sehr Eric sich Mühe gab zu lernen, wie er am besten auf mich eingehen konnte, und wie entschlossen er war, meine Eltern zu ehren und zu respektieren, wuchs mein Respekt ihm gegenüber immer weiter. Ohne Zweifel war ich mir sicher, dass ich mit genau so einem Mann mein Leben verbringen wollte.

Meine Eltern waren wundervolle Teampartner. Die Monate und Jahre, die seitdem folgten, haben zwischen uns ein Band geflochten, das ich nicht für möglich gehalten hätte. Sie bewiesen mir ihre Liebe auf wunderbare Weise: Sie redeten bis tief in die Nacht mit mir und beteten für mich, hinterließen mir ermutigende Notizen und taten einfach alles, damit meine Beziehung zu Eric etwas ganz Besonderes wurde. Sie halfen Eric sogar dabei, die Details des Abends zu planen, an dem er um meine Hand anhalten wollte!

Eric und ich entschlossen uns dazu, unsere Eltern mit in unser Team einzuladen, und Gott verfasste unsere Liebesgeschichte. Das war eine der besten Entscheidungen, die wir je getroffen haben. Denn nicht nur wurde unsere Beziehung dadurch noch aufregender und romantischer, als wir zu träumen gewagt hätten, wir bekamen auch die Kraft und die nötige Außenperspektive, um unsere Liebesgeschichte erfolgreich zu führen. Auch wenn Eric und ich die Hauptrollen spielten, der Große Autor hatte die Nebenrollen perfekt besetzt – und ohne sie hätten auch wir unsere Rollen nicht spielen können!

Wenn die Eltern fehlen

Wenn Eric und ich davon erzählen, wie unsere Eltern an unserer Liebesgeschichte beteiligt waren, hören wir oft den folgenden Kommentar: »Schön, aber wer hat schon solche Eltern?

Ich finde, dass dieser Teil eurer Liebesgeschichte für normale Leute mit chaotischen Familienverhältnissen ein bisschen zu gut klingt.«

Es ist wirklich tragisch, dass die meisten Menschen nicht mit liebenden und gottesfürchtigen Eltern gesegnet sind. Ich muss zugeben, in einer Welt, in der Scheidung, Missbrauch und Vernachlässigung an der Tagesordnung sind, werden gesunde Familien immer mehr zur Ausnahme als zur Regel. Wenn deine Familie nicht so ist, wie sie sein sollte, wenn deine Eltern nicht nach dem Willen Gottes fragen, wenn sie vielleicht nicht einmal mehr am Leben sind, ist es dennoch wichtig, gottesfürchtige Teampartner zu haben. Und es gibt Hoffnung, auch wenn deine Eltern nicht willens oder in der Lage sind, deinem Team beizutreten.

Die Schönheit von Gottes Wegen hängt nicht von den bloßen Umständen ab. Er hat versprochen, ein »Vater der Waisen« zu sein (Psalm 68,6). Sein liebendes Herz ist voller Mitgefühl denen zugeneigt, deren Eltern nicht wissen, wie sie ihre Kinder lieben können. Das Schöne am Leib Christi ist es, dass es nicht darauf ankommt, ob wir eine biologische Familie haben, denn wir haben eine geistliche Familie um uns herum. Gott kann für besondere Menschen in deinem Leben sorgen, die die Stelle ausfüllen, die deine Eltern nicht ausfüllen können.

Wirf nur mal einen Blick auf die Menschen, die dich am meisten unterstützen - dein Pastor, deine Großmutter oder ein gläubiger Mentor. Diese Menschen lieben dich. Zu ihnen kannst du genauso gehen wie zu Eltern, und du kannst sie bitten, dir dabei zu helfen, Gottes Willen für dein Liebesleben zu erkennen. Die Wahrscheinlichkeit ist hoch, dass sie sich geehrt fühlen und ihren Platz in deinem Team sehr ernst nehmen werden.

Auch wenn du räumlich von deinen Eltern getrennt bist, ist es wichtig, Teampartner in deiner Nähe zu haben, die dich bei deiner Reise Tag für Tag begleiten können. Auch bei dieser Art von Unterstützung zeigt sich Gottes Treue.

Amanda, eine 26-jährige Austauschstudentin aus Kanada,

befand sich gerade in England, Tausende von Kilometern von ihren Eltern entfernt, als ein junger Mann in ihr Leben kam, zu dem sie sich hingezogen fühlte.

»Meine Eltern unterstützten mich im Gebet, aber ich brauchte trotzdem jemanden, mit dem ich den Alltagskram besprechen konnte. Jemanden, dem ich Rechenschaft ablegen und der meine Beziehung zu diesem Mann regelmäßig im Auge behalten konnte«, erzählte sie mir. »Schließlich bat ich Gott, mir eine Vater- und eine Mutterfigur zu senden, die mir durch diesen Prozess hindurchhelfen konnten, Gottes Willen in Bezug auf diese Beziehung zu erkennen.«

Gott führte Amanda zu ihrem Pastor und seiner Frau, einem freundlichen älteren Ehepaar, das sie schon wie eine Tochter lieb gewonnen hatte. Voll Eifer beteten sie mit ihr über den jungen Mann. Als sie den Eindruck hatten, eine Erkenntnis für sie zu haben, teilten sie ihr diese mit. Sie begleiteten sie Schritt für Schritt, während die Beziehung sich in Richtung Ehe entwickelte.

»Es war fantastisch!«, erinnert sich Amanda. »Gott gab mir durch dieses Ehepaar genau das, was ich brauchte. Und das Beste war: Mein Pastor hat uns am Ende sogar getraut! Gott ist wirklich treu!«

Egal, wie es mit deinen Eltern steht, Gott liebt dich wie ein treuer Vater. Er will dein Bestes und er wird dich nie enttäuschen.

Auf Sieg setzen

Auch wenn wir in einer *Do-it-yourself*-Welt leben, kann es sehr gefährlich werden, wenn wir diese Einstellung auf Beziehungsangelegenheiten übertragen. Die Entscheidung, mit wem wir den Rest unseres Lebens verbringen wollen, hat Auswirkungen auf unser ganzes Leben. Das ist keine Entscheidung, die wir leichtfertig treffen sollten. Und wir sollten sie auch nicht alleine treffen.

Auch wenn wir in dieser Angelegenheit Gott suchen, ist es ratsam, noch andere Perspektiven hinzuzunehmen. Nicht weil Gott uns nicht führen und leiten könnte, sondern weil wir manchmal nicht richtig hinhören und alleine nicht immer die weiseste Wahl treffen. Oder wie es der Verfasser der Sprüche so treffend ausgedrückt hat:

Pläne ohne Beratung schlagen fehl; durch gute Ratgeber führen sie zum Ziel.
Sprüche 15,22

Aber sei gewarnt: Wähle dein Team mit Bedacht aus. Denn so wie göttlicher Input uns dabei helfen kann, eine Beziehung erfolgreich zu führen, so kann falscher Input auch zu einem Desaster führen.

Jeff, ein 19-jähriges Computer-Wunderkind, hatte ein Auge auf ein hübsches junges Mädchen aus seiner Gemeinde geworfen, das Gott ehrlich ergeben war. Während zwischen ihnen eine Freundschaft entstand, hatte er sehr stark den Eindruck, dass sie möglicherweise diejenige sei, die er heiraten würde.

Er betete eine Zeit lang darüber, ob er eine Beziehung zu ihr eingehen sollte, aber er war zu eigensinnig, jemanden in dieser Sache um Rat zu fragen, am wenigsten seine Eltern. Obwohl sie voller Weisheit und Liebe für ihn waren, wollte er unbedingt beweisen, dass er auch ganz alleine »Gott hören« konnte. Er fragte zwar einige seiner oberflächlichen »christlichen« Freunde um ihre Meinung, aber alles, was er zu hören bekam, war: »Klar, Mann, mach es.« Sie ermunterten ihn, ohne nachzudenken. Also stürzte Jeff sich kopfüber in die Beziehung, aber bald schon ging sie in die Brüche. Er hatte sich nicht die Zeit genommen, mit jemandem darüber zu beten oder sich eine Außenperspektive anzuhören. Er war alles viel zu schnell angegangen und hatte das arme Mädchen so sehr eingeschüchtert, dass es schließlich Schluss machte. Heute bedauert Jeff sein Vorgehen.

»Es hätte alles ganz wunderbar werden können, wenn ich nur auf die Leute in meinem Leben gehört hätte, die wirklich weise sind«, sagt er. »Aber ich war so darauf aus, alles so zu tun, wie ich es für richtig hielt, dass ich es versaut habe. Und die wenigen Leute, die ich um Rat gefragt habe, waren überhaupt nicht in der Lage, mir einen zu geben.«

Jene Menschen in deinem Leben, die dich wirklich lieben und für dich sorgen, die älter und weiser sind und ein Leben voller Früchte des Glaubens als Beleg für ihre Worte vorweisen können, sind die besten Teampartner, die du finden kannst. Mit wem hat Gott die Nebenrollen in deiner Liebesgeschichte besetzt? Du musst nicht erst warten, bis sich in deinem Leben eine Liebesgeschichte anbahnt, um diese Menschen in dein Team einzuladen. Als ich ungefähr zwölf war, begannen Freunde meiner Eltern, regelmäßig für meinen zukünftigen Ehemann zu beten. So hatte ich neben meinen Eltern noch zwei andere Ansprechpartner, zu denen ich gehen konnte und mit denen ich von Zeit zu Zeit über bestimmte Dinge beten konnte. Dank Gottes Planung waren meine Teampartner – meine Eltern und andere Mentoren – schon an ihrem Platz, lange bevor meine Liebesgeschichte anfing.

Es geht hier um unsere Liebesgeschichte und damit um eine der wichtigsten Entscheidungen, die wir je treffen werden ... also sollten wir auf Sieg setzen.

Jetzt noch was Praktisches

Nimm dir ein paar Minuten Zeit und denke über einige Weisheiten von einem der klügsten Menschen nach, die je gelebt haben. Diese zeitlosen Wahrheiten findest du alle in dem Buch Sprüche – vor allem in Sprüche 12,15; 15,22; 19,20; 20,18; 24,6 und 27,9. Lass diese Weisheit auf dich wirken und lerne, so zu leben. Vielleicht willst du danach bei deinen Eltern anklopfen und sie offiziell in dein Team einladen!

Teil V

Entdecke deine von Gott geschriebene Liebesgeschichte

Zu spät?

Ein Funken Hoffnung in einer Welt der verlorenen Unschuld

Ihr Name war Rebecca. Sie war eine dunkelhaarige Schönheit, noch keine 13 Jahre alt. Ihre aufblühende Figur und ihr umwerfendes Gesicht ließen sie älter aussehen ... doch innerlich war sie noch ein Kind, das gerade erst dabei war, die ersten Schritte auf der Reise zum Frausein zu machen.

In der Gemeinde und in der Schule fingen die Jungs an, auf sie aufmerksam zu werden. Jungs, die immer noch Kinder waren, aber gerne als Männer betrachtet werden wollten. Rebecca begann sich durch die Aufmerksamkeit dieser jungen Männer geliebt und angenommen zu fühlen – ein Gefühl, das ihr ihre Eltern niemals geben konnten.

In der Jugendgruppe lernte sie Jason kennen, einen gut aussehenden, selbstbewussten 16-Jährigen. Wann immer er ihr durch den Raum zulächelte, hatte sie das Gefühl, als würde etwas in ihr einen Luftsprung machen. Bald schon trafen sie sich jede Woche. Er benahm sich ihr gegenüber wie ein älterer Bruder, der sie beschützte und für sie sorgte. Ihr kindliches Herz gab sich ganz der Sicherheit und Wärme hin, die er ihr gab, während die Frau, die sie im Begriff war zu werden, ein neues und aufregendes Gefühl der Anziehung zu spüren begann. Im Lauf der Wochen nahm ihre Verliebtheit zu, genau wie ihr vollkommenes Vertrauen zu diesem charmanten jungen Mann.

Eines Abends, als seine Eltern nicht in der Stadt waren, lud Jason Rebecca zu sich nach Hause ein. Rebecca betrat Jasons Haus als eine unschuldige Zwölfjährige, doch Stunden später verließ sie es als ein missbrauchtes und geschändetes Sexspielzeug. Über Nacht war Rebecca von der Kindheit ins Frausein gezwungen worden, aber auf die unnatürlichste und schmerzhafteste Art, die man sich denken kann. Sie hatte ihre Unschuld verloren, noch bevor ihre körperliche und emotionale Entwicklung abgeschlossen war.

Rebecca war am Boden zerstört und völlig durcheinander. Jason war mit ihr fertig und suchte sich eine neue Beute.

Gott trauerte über Rebecca und Jason.

Todd studierte Medizin an einer christlichen Uni in Kalifornien. Er hatte eine tiefe Liebe für den Herrn und diente anderen mit Leidenschaft. Trotz seines harten Unterrichtspensums arbeitete Todd bei verschiedenen Diensten auf dem Campus mit. Einmal in der Woche leitete er den Lobpreis in seiner Gemeinde, aber auf lange Sicht wollte er als Arzt in die Mission gehen.

Bei einem Morgengebet, das er leitete, traf er Karly. Sie war attraktiv, intelligent und humorvoll. Todd war von ihr fasziniert. Sie verabredeten sich auf einen Kaffee und redeten gleich drei Stunden lang. Von diesem Tag an sahen sich die beiden ständig. Durch ihrer beider Liebe zum Herrn und durch den gemeinsamen Wunsch, in die Mission zu gehen, wurden sie zueinander hingezogen und waren ein unzertrennliches Paar. Nach zwei Monaten war ihnen klar, dass sie heiraten würden, und sie redeten schon ernsthaft über die Verlobung. Alle ihre gläubigen Freunde schauten zu ihnen auf und hielten sie für ein wundervolles Beispiel einer gottgefälligen Beziehung.

Eines Abends überkam sie völlig unerwartet die Leidenschaft, und als sie wieder zu sich kamen, fanden sie sich zusammen im Bett wieder. Sie konnten selbst nicht glauben, was sie da gerade getan hatten.

Plötzlich fühlten sie sich in ihrer anfangs so schönen und

aufregenden Beziehung unbehaglich und angespannt. Es machte ihnen keine Freude mehr, über Gott zu sprechen. Auch ihre Begeisterung für die Mission verschwand. Todd plagte das schlechte Gewissen. Zum ersten Mal in seinem Leben kam er sich wie ein Versager vor. Er war kein selbstbewusster Student und christlicher Leiter mehr. Er hatte das Gefühl, der Liebe Gottes nicht würdig und als Leiter ungeeignet zu sein. Er stieg aus all seinen Aktivitäten in der Gemeinde aus. Er zog sich aus Freundschaften zurück. Seine Noten ließen nach. Er fiel in eine tiefe Depression und kam sich vor, als hätte er nicht nur sein eigenes Leben, sondern auch das von Karly ruiniert.

Und Karly? Sie war von Todds Verhalten verletzt und irritiert. Sie hatte gedacht, er würde sie lieben. Sie hatte den Fehler gemacht, ihm ihr kostbarstes Geschenk – ihre Unschuld – zu geben, aber jetzt zeigte er sich ihr gegenüber kühl und distanziert. Sie bekam Schuldgefühle. Wenn sie jetzt an ihren Kindheitstraum dachte, einmal im weißen Hochzeitskleid – dem Symbol für ihre Unschuld – zum Traualtar zu schreiten, wurde ihr fast schlecht. Sie hatte keine Hoffnung mehr, eine schöne Liebesgeschichte mit Todd zu erleben. Sie hatte ihre Chance vertan. Sie fühlte sich erbärmlich und hatte niemanden, mit dem sie über ihren Schmerz reden konnte.

Gott trauerte über Todd und Karly.

Sünde ist eine ernste Angelegenheit

Sexuelle Sünde ... Unreinheit ... moralische Kompromisse – in jeder Form und unter allen Umständen sind ihre Folgen verheerend. Sünde zerreißt Leben und Herzen, sie zerstört Unschuld, Schönheit und Freude. Die Konsequenzen der Sünde verfolgen uns oft den Rest unseres Lebens, und manchmal muss sogar die nächste Generation den Preis zahlen für das Chaos, das wir in unserem Leben angerichtet haben.

Die schädlichste Folge von Sünde besteht darin, dass sie uns von unserem Schöpfer entfernt. Wir tragen die Schuld für das, was wir getan haben, in unseren Herzen und versuchen sie vor ihm zu verbergen. Am Ende ziehen wir hilflos und alleine umher, Kilometer entfernt von dem Einen, der uns liebt.

Als jemand, der in einem christlichen Umfeld aufgewachsen ist, habe ich oft beobachtet, dass das Thema der sexuellen Sünde leicht genommen wird. In einigen der Jugendgruppen, in die ich gegangen bin, wurde *erwartet*, dass die meisten von uns ihre Unschuld vor der Ehe verlieren würden. Die allgemeine Überzeugung war: »Ihr werdet alle in diesem Gebiet versagen, weil heutzutage in unserer Kultur sexuelle Sünde praktisch unvermeidbar ist. Aber macht euch keine Sorgen, Gott ermöglicht euch eine zweite Unschuld. Seine Gnade wird euch bedecken.«

Da ist was Wahres dran. Ja, wir alle machen Fehler, aber das heißt nicht, dass es unvermeidbar ist, in sexuelle Sünde zu fallen, oder dass Reinheit unmöglich ist und wir bloß ein »Opfer der Gesellschaft« sind, wenn wir sie nicht erreichen. Und: Ja, Gott schenkt uns Gnade und Vergebung und er *kann* uns auch eine »zweite Unschuld« geben, geistlich gesprochen. Aber wir sollten seine wunderbare Gnade niemals ausnutzen. Und wir sollten unsere Sünde niemals auf die leichte Schulter nehmen. In den Augen eines heiligen Gottes ist Sünde verabscheuenswürdig.

Als Eric vor einigen Jahren als enthusiastischer junger Mann um die Welt reiste und als Missionar diente, sprach er einmal bei einer großen Jugendveranstaltung in Virginia. Bei seiner Gebetsvorbereitung hatte er den Eindruck, dass Gott wollte, dass er über Reinheit sprach – in geistlicher, emotionaler und körperlicher Hinsicht. In seiner Rede forderte er die jungen Leute dazu auf, gemäß Gottes Reinheitsvorstellungen zu leben und nicht die Gesellschaft nachzuahmen, in der sie lebten. Er redete über körperliche, geistige und emotionale Reinheit. Seine Botschaft war überzeugend und kraftvoll.

Den Gemeindeleitern gefiel das überhaupt nicht. Sofort nach Erics Beitrag stand ein Jugendpastor auf und nahm sich das Mikrofon.

»Nun, *ich* werde euch bestimmt nicht *Heiligkeit* predigen«, sagte er entschuldigend, als ob »Heiligkeit« zu predigen so geschmacklos und unangebracht wäre wie ein Vortrag über die Entfernung von Parasiten aus Gedärmen.

Später stellten einige der Leiter Eric zur Rede.

»Eric, wie kannst du es wagen, diesen Jugendlichen Schuldgefühle einzureden? Fast alle von denen haben es in Sachen Reinheit schon versaut! Das Thema ist viel zu heikel, so kannst du doch nicht über Reinheit reden. Jetzt werden sich alle *schuldig* fühlen! Du gehst besser noch mal nach oben und bittest sie um Vergebung!«

Wenn wir diese Haltung gegenüber sexueller Sünde einnehmen – dass sie nur ein Kavaliersdelikt ist, über das wir uns nicht zu sehr aufregen sollten –, leugnen wir die Ehrfurcht gebietende und wunderbare Kraft dessen, was Christus für uns am Kreuz getan hat. In Wahrheit ist sexuelle Sünde entsetzlich. Sie bricht Gott das Herz. Sie zerstört die vollkommene natürliche Ordnung der Liebe, die Gott zwischen Mann und Frau geschaffen hat. Sie tut uns Gewalt an. Wir *sollten* ein schlechtes Gewissen haben, wenn wir auf diese Weise sündigen ... und wir sollten wissen, wie schwerwiegend es ist, was wir getan haben. Aber wir sollten nicht dabei stehen bleiben.

Einmal kniete ich nach einem Seminar in Australien mit einer jungen Frau zum Gebet nieder. Sie war etwa 25 und weinte hemmungslos. Ihr zierlicher Körper wurde von herzerweichenden Schluchzern geschüttelt. Ich betete, dass Gottes Frieden ihr Herz trösten würde. Während sie sich langsam beruhigte, erzählte sie mir stockend, was sie bedrückte.

»Ich habe das Wertvollste weggegeben, was ich hatte – meine Reinheit. Mein ganzer Schatz ist fort. Wie konnte ich so was nur tun? Der Typ, dem ich mich hingegeben habe, hat mich nicht einmal geliebt. Jetzt habe ich nichts mehr, was ich meinem Ehemann geben könnte. Es ist zu spät für mich. Gott möchte seine Zeit nicht mehr mit mir verschwenden. Ich habe mein ganzes Leben ruiniert.«

Doch ehe der Abend zu Ende war, erlebte diese junge Frau die Gnade Gottes und wurde verändert. Ihr Gesicht strahlte nun Frieden aus. Sie wusste, dass ihr vergeben war.

Ein anderes Mal traf ich nach einem Seminar in Texas eine junge Frau, die schon ganz von Schuld zerfressen war und wie betäubt von dem Schrecken über das, was sie getan hatte. Sie hatte nicht nur ihre Unschuld verloren ... sie hatte abgetrieben. Ihre Augen waren leer vor Schmerz. Doch als sie an diesem Abend Gott von Angesicht zu Angesicht begegnete, wurde sie erneuert. Als sie ging, brannte ein heller Funken in ihren Augen. Sie konnte wieder leben und all das entdecken, was Gott für sie bereithielt. Sie wusste, dass ihr vergeben war.

Sein sanftes Lächeln

Die Schönheit einer von Gott verfassten Liebesgeschichte ist nichts, was nur den Perfekten und Superfrommen vorbehalten ist – sie ist für Sünder wie dich und mich. Denn darum geht es doch bei Gottes Liebe. Wir sind seiner Gnade und Vergebung absolut unwürdig – und doch schenkt er sie uns. Wenn du in diesem Bereich deines Lebens gefallen bist und dich gefragt hast: »Ist es für mich zu spät?«, dann lass dir anhand der folgenden Geschichte aus der Bibel zeigen, dass Jesu Herz für *dich* schlägt, einen Sünder:

> Jesus ging zum Ölberg. In der Morgendämmerung kehrte er zum Tempel zurück. Alle Leute dort versammelten sich um ihn. Als er sich gerade gesetzt hatte, um sie zu unterweisen, führten die Schriftgelehrten und Pharisäer eine Frau herbei, die beim Ehebruch ertappt worden war. Sie stellten sie in die Mitte der Menge und sagten zu Jesus:

»Lehrer, diese Frau wurde ertappt, als sie gerade Ehebruch beging. Im Gesetz schreibt Mose uns vor, dass eine solche Frau gesteinigt werden muss. Was sagst du dazu?«
Aber Jesus bückte sich nur und schrieb mit dem Finger etwas auf die Erde. Als sie nicht aufhörten zu fragen, richtete er sich auf und sagte zu ihnen: »Wer von euch ohne Sünde ist, soll den ersten Stein auf sie werfen!« Dann bückte er sich wieder und schrieb weiter mit dem Finger auf die Erde.
Als sie seine Worte gehört hatten, ging einer nach dem anderen – die Älteren zuerst. Zuletzt war Jesus allein mit der Frau.[1]

Wie hat Jesus die Frau angesehen, die mit ihrer Sünde sein Herz gebrochen hat? In seinem Buch *The Parable of Joy* (dt. Übers.: Das Gleichnis der Freude) beschreibt Michael Card auf schöne Art, wie Jesus in diesem Moment auf die Frau reagierte. Die folgende Szene gibt perfekt wieder, wie das zärtliche Herz des Hirten zu seinen kleinen verlorenen Lämmern steht.

Sie stand zitternd und alleine vor dem Mann, der sich nun aufrichtete.

»Wo sind sie alle hin?«, fragte er lächelnd. »Hat dich niemand verurteilt?«

»Nein«, flüsterte sie, den Blick nach unten gerichtet. »Niemand, Herr.«

Er nahm ihr Kinn in seine Hand. »Ich verurteile dich auch nicht«, sagte er mit einem liebevollen Lächeln.

Dann wurde er ernst. Er sprach wie ein Vater, der sein Kind ermahnt. »Nun geh und sündige nicht mehr.«

Sie fing an zu weinen, nicht vor Scham wie zuvor, sondern vor Erleichterung. Er hatte ihr Leben gerettet. Er hatte ihr das wiedergegeben, was ihr die anderen entrissen hatten. Es tat ihr Leid, so schrecklich Leid. Endlich hatte sie jemanden gefunden, der dieses Leid auf seine Schultern nahm.[2]

In *The Parable of Joy* weist Michael Card darauf hin, dass ein Kommentator namens Frederick Buechner einmal über Jesu Reaktion auf die Ehebrecherin gesagt hat: »Er hat sie nicht verdammt, weil er an ihrer Stelle verdammt werden sollte.«[3]

So wie Jesus die Sünden eines jeden in der Menge kannte, so kennt er auch jede Sünde, die wir seit unserer Geburt begangen haben. Es ist einfach albern zu versuchen, unsere Sünden vor ihm zu verbergen. Aber wenn wir zu ihm kommen – blutend und am Boden, voller Schmerzen und Reue, seinen Zorn fürchtend – und in seine Augen schauen ... lächelt er sanft. Er hebt unser Kinn mit seiner durchbohrten Hand. Und voller Mitgefühl sagt er: »Ich verurteile dich nicht. Nun geh und sündige nicht mehr.«

Wenn wir dieser vollkommenen Liebe von Angesicht zu Angesicht begegnen, raubt es uns den Atem. Wir verdienen den Tod für das, was wir getan haben. Wir sollten von einer wütenden Menge gesteinigt werden. Aber Jesus rettet mit seinem Blut nicht nur unser Leben, er wäscht uns vollkommen rein. Wenn er uns anschaut, sieht er nicht unser Versagen und unsere Fehler, er sieht eine neue Schöpfung – ein Kind Gottes.

Er fordert uns auf, »zu gehen und nicht mehr zu sündigen«. Er spricht von Buße. Damit ist gemeint, dass wir uns selbst erniedrigen, unsere Sünde bekennen und uns in unserem Herzen dazu entschließen, von diesem Tag an umzukehren und die Sünde hinter uns zu lassen. Buße bedeutet wörtlich: sich von der Sünde abkehren und in die andere Richtung gehen. Und mit seiner sanften Hand, die uns leitet, können wir Buße tun ... und erneuert werden. Wenn wir Buße tun und seine Vergebung annehmen, kann er die Sünde, mit der unser Feind uns zerstören wollte, zu seiner Ehre gebrauchen. Er kann ein gebrochenes Herz und ein zerstörtes Leben nehmen und in eine wunderbare Geschichte verwandeln, die von seiner vollkommenen Liebe erzählt.

Die Kraft zu vergeben

Sexuelle Sünde verursacht Schmerzen. Um den wundervollen Plan zu verfolgen, den Gott für unser Leben hat, müssen wir die verheerenden Folgen der Vergebungslosigkeit hinter uns lassen. Todd kann sich nicht vergeben, dass er in Sünde gefallen ist. Karly kann sich selbst und Todd nicht vergeben, dass sie es so weit haben kommen lassen. Und während Rebecca heranwächst, wird sie damit kämpfen, Jason zu vergeben, dass er sie ausgenutzt und im Alter von zwölf Jahren geschändet hat.

Nur wenn wir den sanften, vergebenden Augen unseres Erlösers von Angesicht zu Angesicht begegnen, bekommen wir die Kraft zu vergeben – uns selbst und denen, die uns missbraucht haben. Wie können wir denen, die uns verletzt haben, im Lichte der Vergebung, die Christus uns schenkt, keine Vergebung schenken? Sie sind nur Sünder wie wir.

Wenn dich Sünde zerstört hat, wenn dich wegen deiner Fehler das schlechte Gewissen plagt oder wenn du voller Bitterkeit über jemanden bist, der dich missbraucht hat, dann ist es an der Zeit, dass du in die Arme Jesu läufst und in seine liebenden Augen schaust. Erlaube ihm, dich rein zu waschen – weiß wie Schnee – und dir einen Neuanfang zu ermöglichen. Seine Pläne für dich sind wunderbarer, als du es dir vorstellen kannst. Vielleicht wartet schon eine von Gott verfasste Liebesgeschichte auf dich! Erlaube ihm, das Lied der Bitterkeit und Reue wegzunehmen, das du so lange gesungen hast, und ein neues Lied in dein Herz zu geben – das »schönere Lied«.

Weiß wie Schnee

Das hier ist der Text eines Liedes von uns. Es ist all jenen gewidmet, die den Schmerz fühlen, den kostbaren Schatz der Reinheit verloren zu haben. Möge Gott durch diese Worte dein Herz mit seiner vollkommenen Liebe übergießen und dir eine neue Vision und Hoffnung für die Zukunft geben.

Alleine und verwirrt, dein Herz verletzt von Sünde;
deine Freude ist dahin, weil die Liebe falsche Wege gelaufen ist,
und du wünschst dir so sehr einen Neubeginn.
Ich weiß, du bist verletzt worden
und du weißt nicht, wem du trauen sollst.
Ich will nicht so tun, als verstünde ich deinen Schmerz,
aber ich sehe Bedauern in deinen Augen,
und ich weiß, es ist nicht zu spät.
Ich höre, wie er deinen Namen ruft ...

Weiß wie Schnee, weiß wie Schnee hat er dich gemacht;
als du bekanntest, vergab er dir.
Du denkst, du hast alle seine Pläne zunichte gemacht,
aber deshalb ist Jesus ja der Retter.
Weiß wie Schnee, weiß wie Schnee hat er dich gemacht;
rein und unschuldig wie eine Taube.
Auch wenn du dir seine Gnade niemals verdienen könntest,
bist du rein gemacht durch Jesu Blut –
weiß wie Schnee.

Die Schuld und die Schande, sie halten dich fest
und lassen dich nicht los.
So hast du dir das nicht erträumt, so hast du dir das nicht gedacht,
und du erkennst nicht, dass es doch noch Hoffnung gibt.

Empfange seine Heilung für deine Wunden,
empfange seinen Überfluss für deinen Mangel.
Du kannst dir nicht vorstellen, was er noch mit dir vorhat,
also nimm seine Hand und schaue nicht zurück.

Jetzt noch was Praktisches

Such dir einen ruhigen Platz und knie vor dem Thron Gottes nieder. Lies Psalm 51 und mache dir die Worte Davids, der seinen Herrn um Vergebung anfleht, zu Eigen, mache sie zum Schrei deines Herzens zu Gott. Lies danach Lukas 15,11-24 und gehe mit dem verlorenen Sohn auf die Reise. Erlaube den liebenden und offenen Armen deines Vaters, dich zu umarmen und aufs Neue willkommen zu heißen.

Lass die nie gutzumachende Vergangenheit in seinen Händen und »ziehe« mit ihm »hinaus« in die nie zu umgehende Zukunft.[4]
Oswald Chambers

Gegen den Strom

Wie man inmitten einer rückhaltlosen Generation echtes Rückgrat bekommt

Eine dünne Decke

Die Nachtluft war kalt – bitterkalt. In der eisigen Gefängniszelle saßen zwei junge Chinesen, schon ganz ausgezehrt vom Mangel an Licht und Essen. Beide hatten sie nur eine dünne Decke, um sich zu wärmen.

Der harte Boden unter ihnen war grausam und gnadenlos und die Ketten um ihre Knöchel schienen ihren Schmerz zu verspotten. Und doch gab es in dieser arktischen Kammer des Schreckens eine himmlische Wärme.

Einer der beiden jungen Männer hatte einen Gedanken: *Wenn das hier neben mir Jesus wäre, würde ich ihm meine Decke geben?*

Dieser Mann, der nichts als eine dünne Decke hatte, um sich zu wärmen, erkannte, was für ein Vorrecht es wäre, seinen einzigen Besitz seinem Gott geben zu können, der ihm *alles* gegeben hatte. Er nahm die Decke von seinen Schultern und legte sie seinem zitternden Freund um die Schultern.

Unsere Decke, unser Leben

Ich möchte, dass du dich gedanklich einmal in diese eisig kalte Gefängniszelle versetzt. Stell dir vor, dass du ganz dünn und verletzlich bist und vor Kälte zitterst. Und alles, was du hast, um dich zu wärmen, ist eine dünne Decke. Wie fest würdest du dich an diesen kleinen Trost klammern? Was könnte dich dazu bringen, deine kostbare Decke abzugeben?

Es ist nämlich so: Diese dünne Decke steht für unser Leben. Wenn wir unsere Decke aufgeben, werden wir sterben. Wenn wir unsere einzige Sicherheit aufgeben, sind wir dem Tod ausgeliefert.

Aber was, wenn dein Nachbar in dieser Zelle Jesus wäre? Was, wenn du das Vorrecht hättest, deinen einzigen Besitz demjenigen zu geben, der sein Leben für dich gegeben hat? Was, wenn du *wirklich* die Gelegenheit hättest, dem König der Könige und Schöpfer des Universums deine Liebe und Dankbarkeit zu zeigen? Würdest *du* deine Decke aufgeben?

Uns ist in der heutigen Gesellschaft beigebracht worden, an unseren Decken festzuhalten und unsere Zukunft zu sichern, selbst wenn es auf Kosten anderer geht. Aber uns ist nicht klar, dass die Sicherheit unserer Zukunft nicht von unserer Decke abhängt, sondern davon, dass Jesus neben uns sitzt. Wenn wir uns entscheiden, zu geben anstatt zu nehmen, bekommen wir hier auf Erden einen Vorgeschmack auf den Himmel. Wenn wir uns entscheiden, das wenige, das wir haben, Gott zu geben, dann erhalten wir im Gegenzug Anteil an seinem Königreich.

Unsere liebeshungrige Generation sucht verzweifelt nach der »schönen Seite der Liebe«. Aber die finden wir nicht, indem wir entweder Sex haben oder eben nicht. Das »schönere Lied« ist *Jesus*, in all seiner Fülle, all seiner Liebe, all seiner Schönheit, all seiner Gnade und all seiner Majestät.

Wenn du Jesus Christus kennst, beginnt Gott damit, dein Leben meisterhaft in Form zu bringen, sodass es für die ganze Welt die Herrlichkeit des Himmels ausstrahlt. Wenn du den

Großen Autoren aller Liebesgeschichten kennst, lehrt er dich, so zu lieben wie er, der Große Liebhaber, selbst. Er lehrt dich, geduldig und rein zu sein. Mit Jesus im Mittelpunkt deines Lebens erwirbst du nicht nur segensreiche Hoffnung für das Hier und Jetzt, sondern auch eine unstillbare Vorfreude auf die Ewigkeit, die vor dir liegt.

Das »schönere Lied« wird auf einem Schiff gesungen, das gegen den Strom fährt. Sein Kurs führt es direkt in den Gegenwind. Jesus spielt die schönste Melodie, die je eines Menschen Ohr gehört hat, aber du brauchst Rückgrat, um an Bord seines Schiffes zu gehen.

Viele Gemeinden verwenden heute den Spruch »Christsein ist cool« als ihre Trumpfkarte, weil sie denken, dass vielleicht mehr Menschen Christen wären, wenn sie nicht dächten, dass in den Kirchen nur hirnlose Idioten sitzen, die mit ihren Problemen nicht alleine fertig werden und deshalb Gott als Krücke brauchen. Nun, *im Himmel* ist Christsein sicherlich cool, aber hier auf Erden ist Christsein alles andere als cool. Wahres Christsein ist im Laufe der Geschichte von der Welt immer verlacht und verspottet und verfolgt worden – manchmal sogar bis zum Tod. Tatsächlich ist es doch so: Wenn sich jemand entscheidet, in dieser Welt wahrhaftig wie Christus zu leben, wird er zweifellos auch dasselbe Schicksal teilen – das Kreuz.

Ich habe eine Vision für unsere Generation von Christen: Ich will sehen, wie wir über den Gottesdienst am Sonntag und die Bibelstunde am Mittwoch hinausgehen und lernen, in jeder Minute unseres Lebens so zu lieben wie Christus. Ich will sehen, wie wir über bloßes Bibelwissen und leere Rhetorik hinausgehen und unser Leben von der unglaublichen Wahrheit, die Gottes Wort enthält, verändern lassen, sodass wir es nicht nur *kennen*, sondern es vor aller Welt *leben*. Ich will sehen, wie wir die »schöne Seite der Liebe« für unsere romantischen Beziehungen zurückerobern, sodass wir dem Großen Liebhaber unserer Seelen Ehre erweisen.

Viele haben schon gesagt, dass unserer Generation die

geistlichen Leiter fehlen. Und viele sind der Meinung, dass wir geradewegs auf die Sirenenklippen zusteuern, wenn unsere Generation nicht das Steuer herumwirft. Leider muss ich da zustimmen. Wir sind eine sterbende Generation ohne Rückgrat. Uns fehlt der Mut, für irgendetwas aufzustehen, was nicht politisch korrekt oder sozialverträglich ist. Uns fehlt der Glauben, darauf zu vertrauen, dass Gott tatsächlich so vollkommen und mächtig ist, wie er sagt. Uns fehlt das Feuer, uns nach Gott *auszustrecken*, der Eifer, Gott *kennen zu lernen*, und die Demut, Gott zu *erlauben*, mit unserem Leben zu tun, was immer ihm gefällt.

Unsere Generation wird von sexueller Perversion überschwemmt, von Untreue in Beziehungen überwältigt und von einer katastrophalen Scheidungsrate geplagt, deren Wachstumskurve steil nach oben zeigt. Wenn ich daran denke, wie dringend unsere Generation junge Leiter benötigt, werde ich an eine Heldengeschichte erinnert, die sich vor vielen tausend Jahren in Judäa abgespielt hat.

Über den Koloss hinaussehen

Alle Hoffnung war dahin! Die Buchmacher setzten einmütig auf den Champion. Wer hätte *ihn* auch schlagen sollen? Er war riesig! Er war stärker als ein Ochse und größer als ein kleiner Dinosaurier. In seinem Bizeps allein hätte eine kleine Familie wohnen können. Und nicht nur das, er hatte auch die nötige Einstellung, um einen solchen Kampf zu gewinnen. Die Sportjournalisten heutzutage nennen das »bissig«, aber damals sagte man einfach: »Mamma mia, gegen den kämpfe ich aber nicht!«

Der Ring stand nicht in *Caesar's Palace*, sondern in einer weniger glamourösen Gegend, dem Tal Elah. Und dieser Kampf ging nicht nur bis zum K.o. – es war ein Kampf auf Leben und Tod. Es stand nicht Ruhm und Ehre auf dem Spiel, sondern die Zukunft eines Volkes. Dieser Showdown schrieb schon Geschichte, ehe die erste Runde eingeläutet wurde.

Jedes Volk wählte seinen Kämpfer. Und so stand Der Koloss, der einen Babytiger mit einem Happs verzehren konnte, mit einem Kampfgewicht von 500 Pfund gegen den Bubi, einen jungen Hirten, der gerade mal so groß war wie das linke Bein des Champions. Der Koloss lachte grölend, als er Bubi auf sich zukommen sah.

Warum sucht man sich einen jungen Hirten als Kämpfer aus, wenn die Zukunft eines Volkes auf dem Spiel steht? Warum nimmt man nicht den größten Krieger, der ungefähr genauso stark ist wie der Champion? Die Wetten standen ohnehin schon eine Million zu eins, warum sie noch verschlechtern?

Nun, dieses Volk wählte seinen Kämpfer nicht auf Grund von Meinungsumfragen oder der Einschätzung der Buchmacher aus. Es wählte diesen Kämpfer aus, weil er der Einzige war, der überhaupt bereit war zu kämpfen. Alle anderen Krieger machten sich ihre gepanzerten Hosen nass.

Aber beurteilt diesen »Bubi« nicht nach seiner äußerlichen Größe und körperlichen Kraft. Dieser »Bubi« war etwas Besonderes. Er wusste etwas, was kein anderer Krieger im ganzen Volk wusste. Er wusste: Wenn du dich für Gott einsetzt, wird Gott sich für dich einsetzen.

Der Koloss verspottete Gott und sein Volk. Nur diesem unscheinbaren Bubi fiel offenbar auf, dass *das* ein schwerer Fehler war. Also sagte er: »Den knöpf ich mir vor!«

Ich bin davon überzeugt, dass Bubi, als er an diesem Tag dem Koloss entgegentrat, weder die Ehrfurcht gebietende Größe noch die unbezwingbare Kraft oder das todesverachtende Selbstvertrauen des Riesen sah. Ich glaube, was er sah, war sein unendlich großer, allmächtiger Gott, der hinter dem »schmächtigen« Riesen stand und seine gigantische Faust über dem winzigen Kopf des Kolosses hielt. Er sah, wie Gott ihn anschaute und ihm sagte: »Auf dein Zeichen!« ZONG!

Der Name von »Bubi« war David. Er war Leiter einer Generation, die auf den »Koloss« mit Namen Goliath fixiert war (vgl. 1. Samuel 17). Inmitten einer Generation, die vor Angst zitterte, blieb er ohne Furcht. Und er war ein Mann mit Rückgrat, während um ihn herum alle wie ein Fähnlein im Wind waren.

Wir brauchen in unserer Generation dringend Leute wie David. Wir brauchen Leiter, die Gott blind vertrauen. Wir brauchen Männer und Frauen, die den »Kolossen« in unserer Gesellschaft entgegentreten und nicht vor ihnen zurückweichen. Wir brauchen Helden, die sich nicht die ängstliche Masse zum Vorbild nehmen, sondern den Mut Christi.

Unsere Generation braucht gewöhnliche Menschen, die sich entscheiden, Gott auf außergewöhnliche Weise zu lieben. Wir brauchen eine neue Gruppe von Leitern in dieser Welt, denen die Wahrheit wichtiger ist als ihre Wiederwahl – auch wenn es sie das Leben kostet. Wir brauchen eine Generation Liebender, die fragen: »Was würde Jesus tun?« – und das dann auch *wirklich tun!*

Wie steht's mit deiner Decke?

Komm noch einmal mit mir zurück in jene eisige Gefängniszelle. Leg dich auf den unbarmherzig harten Boden und vergiss nicht, dass du furchtbar frierst. Diese dünne Decke ist deine einzige Annehmlichkeit und das Einzige, was dich noch vor dem tödlichen Frost bewahrt.

Stell dir vor, dass statt des jungen Chinesen dein zukünftiger Ehepartner neben dir sitzt. Frag dich selbst einmal: *Wenn das Jesus neben mir wäre, würde ich ihm meine Decke geben?*

Während du noch darüber nachdenkst, was du tun würdest, hältst du vielleicht einmal die Decke hoch und siehst, dass sie schon ganz löchrig und zerrissen ist. Vielleicht hast du nicht einmal mehr eine Decke, sondern nur noch einen dünnen Faden, der sich um dein Herz zieht, um es vor der bitteren Kälte zu bewahren.

Viele von uns haben nicht einmal mehr eine Decke, um sie unserem zukünftigen Ehepartner anzubieten, der neben uns bibbert. Aber wenn wir in unserem zukünftigen Ehepartner Jesus sehen könnten, würden wir nicht gerne das wenige, das wir haben, dem Gott geben, der uns so viel gegeben hat?

Verschwenderische Liebe wird verspottet und verachtet – in unserer Generation wie in jeder anderen zuvor. Man betrachtet sie als naiv. Aber verschwenderisch zu lieben, alles zu geben, die Taschen unseres Lebens zu leeren – das ist es, was wahres Christsein ausmacht. Verschwenderische Liebe ließ Jesus seinen Thron im Himmel aufgeben und uns das Geschenk des Lebens auf Kosten seines eigenen Lebens machen. Verschwenderische Liebe ließ den chinesischen Christen seine einzige Wärmequelle zu Gunsten seines Bruders im Gefängnis aufgeben. Und es wäre verschwenderische Liebe, die dich dazu brächte, deine Decke heute von deinen Schultern zu nehmen und sie deinem würdigen König um die Schultern zu legen.

Wenn du Gott erlaubst, diese Art verschwenderischer Liebe in dein Herz auszugießen, dann wirst du wirklich ein glücklicher Liebender. Du kannst davon ausgehen, dass diese Welt dir keinen Beifall klatscht, wenn jede deiner Haltungen und Handlungen vor verschwenderischer Liebe überfließt, aber die himmlischen Heerscharen werden dir zujubeln, während du dem ganzen Universum die »schöne Seite der Liebe« vorlebst.

Wenn du den »Stift« deines Lebens dem Großen Autoren wahrer Liebesgeschichten, dem Erfinder der Romantik, anvertraust und lernst, verschwenderisch zu lieben, wirst du nicht nur dein Leben lang Loblieder summen, sondern für alle Ewigkeit das »schönere Lied« singen!

Feuchte Augen

Feuchte Augen schauen auf dich. Die feuchten Augen Jesu, der voller Sehnsucht darauf wartet, dass du dein Leben loslässt und dich an ihm festhältst. Mit sanftem Blick sieht er, wie du stolperst und dir wieder einmal an der Sünde das Knie aufschlägst. Er tritt dich nicht, wenn du am Boden liegst, sondern hilft dir in seiner Gnade und seinem Erbarmen auf. Er ist so voller Geduld, wenn du strauchelst, und ist immer bereit, dir zu vergeben.

Er freut sich, wenn er sieht, dass du ihm so gerne gefallen willst. Wie ein Dreijähriger, der sich einen Buntstift schnappt und für seinen Papa ein Kunstwerk malt, so malst du, so gut es geht, ein Leben, das deinem Vater im Himmel Ehre macht. Und auch wenn er vielleicht nicht gleich erkennt, ob es nun ein Bild von ihm ist oder eins von einem Flusspferd, so bedeuten deinem Gott diese kleine Striche der Liebe alles.

Seine Augen sind auch voller Stolz, wenn sie beobachten, wie du ihm vertraust. Er weiß besser als jeder andere, wie schwer es ist, gegen den Strom zu schwimmen. Er wünscht sich einfach einen gewöhnlichen Menschen, der seinem Wesen und seinem Charakter vertraut und der seine vollkommene Treue testen will. Wie Oswald Chambers gesagt hat: »Wenn wir uns aus freiem Willen entschließen, Gott zu vertrauen, dann wird er den entferntesten Stern und das letzte Sandkorn in Bewegung setzen, um uns mit seiner Allmacht beizustehen.«[1]

Feuchte Augen schauen auf dich. Zu viele Jahre haben die liebenden Augen des Himmels gebrannt von den Tränen über den Schmerz in deinem und in meinem Leben. Lass uns heute die Entscheidung treffen, Gottes Herz zu erfreuen, indem wir ihn von ganzem Herzen, mit ganzer Seele, mit unserem ganzen Verstand und mit all unserer Kraft lieben. Lass uns diese Tränen in Tränen des Stolzes verwandeln.

Eine letzte Herausforderung

Unser liebender Herr und Erlöser hat uns eine erstaunliche Gelegenheit gegeben: Wir können die verwässerte Version der Liebe, die die Welt uns bietet, hinter uns lassen und die wahrste und dauerhafteste Form der Liebe ergreifen, die nur vorstellbar ist. Es ist die Chance, die billigen Vorstellungen Hollywoods links liegen zu lassen und die beste Form von Romantik zu entdecken – die Romantik des Himmels! Es ist Zeit für eine Entscheidung. Wir können uns in einen leeren, egoistischen Lebensstil stürzen, der mit Herzschmerz und Verzweiflung endet, oder wir können lernen, auf selbstlose Weise zu leben und zu lieben ... so wie unser Großer Liebhaber selbst.

Gott sehnt sich danach, *deine* Liebesgeschichte zu schreiben – eine Liebesgeschichte, die das schönste Märchen bei weitem übertrifft. Wirst du ihm heute den Stift überreichen?

Du kannst nicht so bleiben, wie du bist, und mit Gott wandeln.[2]
Henry Blackaby

Gott hat in Jesus Christus alles aufs Spiel gesetzt, um uns zu retten; nun möchte er, dass auch wir in einem hingebungsvollen Vertrauen auf ihn alles aufs Spiel setzen.[3]
Oswald Chambers

Sei gewiss: Wenn du mit ihm wandelst, zu ihm aufschaust und auf seine Hilfe zählst, wird er dich niemals enttäuschen.[4]
Georg Müller

Eben von jenen Dingen, die die Allmacht in Anspruch nehmen, sollten wir als Jünger Jesu Christi glauben, dass er sie vollbringen werde.[5]
Oswald Chambers

Der Mann, der Gott als seinen Schatz hat, besitzt alles in einem.[6]
A. W. Tozer

Jetzt noch was Praktisches

Setz dich hin, nimm dir Zeit und lies Daniel 6,4–23. Dann unternimm einen kleinen Spaziergang und lade Jesus ein, dich zu begleiten. Denke unterwegs über die Welt nach, in der du lebst. Gott hat dich nicht ohne Grund in einer Zeit wie dieser auf die Erde gestellt. Lass dies einen Wendepunkt in deinem Leben sein – fass einen Entschluss, dich für seine Wahrheit gegen den Strom zu stellen. Das kannst du nicht aus eigener Kraft, aber wenn du daran denkst, dass der allmächtige Gott hinter dir steht, wirst du den Mut bekommen, den Löwen entgegenzutreten. Er wird dich niemals verlassen (vgl. Hebräer 13,5).

Epilog

»Ja, ich will« – und dann? – Die Schönheit einer von Gott verfassten Ehe

Meine Liebesgeschichte mit Eric übertraf jede märchenhafte Romanze, die ich mir je vorgestellt hatte. Unsere Hochzeit war einfach atemberaubend - ein Stück Himmel auf Erden. Unsere Flitterwochen waren vollkommen - zwei Wochen wie auf Wolken. Wir fuhren dem Sonnenuntergang entgegen und alles war einfach wunderbar.

Und dann kamen die Flöhe.

Und die nervige Waschbärenfamilie in unserem Kamin.

Und die Minustemperaturen, die unseren Wagen nicht mehr anspringen ließen.

Und der Rohrbruch, der um drei Uhr nachts unsere Küche unter Wasser setzte.

Und meine sechswöchige schwere Bronchitis.

Als wir gerade zwei Monate verheiratet waren, sah es nicht gerade so aus, als wäre ein Märchen wahr geworden.

Wie bei vielen jungen Paaren waren auch unsere Finanzen knapp. Wir hatten ein Haus in Michigan gemietet, meilenweit von der nächsten Stadt entfernt. Im Sommer diente es als Gästehaus für Touristen. In dieser Zeit blühten überall die tollsten Blumen und man hatte einen fantastischen Blick auf den Waldsee, der in der Sonne glitzerte. Aber mitten im Winter, als *wir* dort wohnten, sah die Sache ganz anders aus. Der See war zugefroren, der Himmel düster, die Bäume kahl.

Das Haus stand einsam und verlassen wie in einem Horrorfilm.

Wenn Eric arbeiten war, fühlte ich mich furchtbar allein. Ich war den ganzen Tag lang in dem großen unheimlichen Haus alleine, ohne Wagen und ohne Arbeit. Da ich gerade erst nach Michigan gezogen war, kannte ich kaum Leute in der Gegend. In der Nähe gab es keine Nachbarn. Ich vermisste meine Familie, meine Freunde und das Leben, das ich in Colorado gehabt hatte.

Aber damit fingen meine Sorgen erst an.

»Ich glaube, wir haben Wanzen in der Matratze«, sagte ich eines Morgens zu Eric und kratzte an den roten Bissen, die ich auf meinem Bein entdeckt hatte.

In dem Haus gab es sieben Schlafzimmer, und so probierten wir in der darauf folgenden Nacht einfach ein anderes Bett aus. Aber am nächsten Morgen hatte ich noch mehr Bisse und auch Eric entdeckte die ersten an seinen Beinen. Nachdem wir eine Woche lang alle Betten ausprobiert hatten, waren wir von den seltsamen Bissen übersät. Wir wuschen die Bettwäsche, saugten die Matratzen ab und durchsuchten jedes Bett nach Wanzen, aber der Lösung des Rätsels kamen wir keinen Schritt näher.

Eines Tages dann bemerkte ich eine ungewöhnliche Bewegung auf dem Wohnzimmerboden. Ich bückte mich und sah Hunderte kleiner schwarzer Flecken, die auf dem Teppich auf und ab hüpften. Unsere Bisse stammten nicht von Wanzen, sondern von *Flöhen*!

Das ganze Haus war befallen.

Panisch rief ich Eric auf der Arbeit an und sagte ihm, er solle auf dem Rückweg ein Mittel gegen Flöhe kaufen. An diesem Abend zündeten wir eine gewaltige »Flohbombe«, die nach Auskunft des Verkäufers jeden Floh im Umkreis von zwei Meilen erledigen sollte.

Es half nichts.

Am nächsten Tag schienen sich die Flöhe sogar noch vermehrt zu haben. Den ganzen Tag lang attackierten sie mich mit neuer Boshaftigkeit. Egal, wo ich mich im Haus aufhielt, innerhalb von Minuten war meine Kleidung von wenigstens 50 dieser abscheulichen Insekten bedeckt. Inzwischen sahen meine Arme und Beine aus, als hätte ich in einem Brennnesselfeld geschlafen.

Wir sprühten noch einmal ein Mittel. Und auch dieses Mal vermehrten sich die Flöhe nur noch durch das hochprozentige Killerspray, das nun schon die Luft verpestete.

Als wäre das nicht schon schlimm genug, wachte ich in der Nacht mit heftigen Kopfschmerzen und einem üblen Husten auf - ich reagierte allergisch auf die Insektenvernichtungsmittel.

Das kalte Wetter in Verbindung mit den harten Chemikalien, die überall im Haus in der Luft hingen, forderten von meinem Körper Tribut. Was mit einem Hustenanfall begonnen hatte, entwickelte sich schnell zu einer ausgewachsenen Bronchitis. Der Doktor verschrieb mir Antibiotika und strenge Bettruhe. Innerhalb einer Woche hatte ich einen ganzen Vorratsschrank voller Taschentücher verbraucht.

Ich war einsam, so krank, wie ich es seit Jahren nicht gewesen war, und von Flohbissen übersät. Schlimmer - da war ich mir sicher - konnte es nicht mehr kommen.

Doch da hatte ich mich getäuscht.

Eines Morgens, als mich auf der Couch das Fieber schüttelte, hörte ich merkwürdige Geräusche aus dem Kamin kommen. Jemand oder etwas kratzte und schabte hinter den Ziegelsteinen, gerade mal einen Meter von mir entfernt. Es klang wie ein sehr großes Tier. Mein Herz klopfte laut vor Angst, während mir Bilder von bösartigen Wölfen und wilden Bären durch den Kopf gingen. Ein Bär hätte zwar kaum durch den Kamin gepasst, aber wenn man Fieber hat, kann man so etwas schon mal übersehen.

Der Kamin war bis auf ein dünnes Brett, das wir gegen den kalten Luftzug davor angebracht hatten, offen. Meine Augen fixierten das spärliche Stück Holz - das Einzige, was mich noch von dem unsichtbaren Eindringling trennte. Völlig verängstigt sah ich zu, wie sich das Brett bewegte. Der ungebetene Gast drückte von innen dagegen, um in das Haus zu kommen! Plötzlich bohrte sich die Spitze einer scharfen, schwarzen Kralle durch ein kleines Loch im Holz.

Ich riss mich zusammen, um nicht zu schreien, schnappte einen Lehnstuhl und verkeilte ihn vor dem Brett. Dann griff ich mir einen Schürhaken und bezog Stellung, bereit, die wilde Bestie zu bekämpfen, die hier einbrechen und mich angreifen wollte. Das Vieh gab schließlich auf, die nagenden Geräusche ließen nach und hörten dann ganz auf. Aber mein Herzschlag beruhigte sich den Rest des Tages nicht mehr.

Es stellte sich heraus, dass es sich bei dem Tier im Kamin um einen Waschbären handelte, genau genommen um eine ganze Waschbären*familie*, die den Winter in unserem Kamin verbringen wollte. Da ich in einer Vorstadt aufgewachsen war, hatte ich vor dem Leben in der Wildnis einen ganz schönen Bammel. Ich bekam Albträume, in denen die Waschbären das Brett umstießen, ins Haus stürzten und mich mit ihren rasiermesserscharfen Zähnen durch das Zimmer jagten. Wir versuchten verschiedene Methoden, die Waschbären loszuwerden – vom Fallen-Aufstellen bis zum Ausräuchern, aber wie zuvor die Flöhe ließen auch sie sich durch nichts vertreiben.

Eines Nachts, als ich mal wieder einen schrecklichen Waschbären-Traum durchlebte, in dem ich drei Finger verlor und Tollwut bekam, weckte mich ein lautes Rauschen – es klang, als hätten wir einen Wasserfall in unserer Küche. Eric und ich rannten nach unten, wo uns von allen Seiten eiskalte Wasserfontänen begrüßten. Die Rohre in der Waschküche waren durch die rekordverdächtige Kälte geplatzt.

Drei Stunden später, nachdem Eric furchtlos in den pechschwarzen, von Spinnen bevölkerten Hohlraum unter dem Haus gekrochen war, hatte das geplatzte Rohr zu spritzen aufgehört, das Chaos war beseitigt und unsere Waschmaschine war definitiv dahin – als hätten wir nicht schon genug Prüfungen gehabt.

Im Zeitraum von nur einem Monat waren wir von Flöhen befallen und von Waschbären geplagt worden, litten unter Krankheit und Geldnot und mussten mit einem Wagen vorlieb nehmen, der immer im denkbar schlechtesten Augenblick den Geist aufgab. Und jetzt noch das? Obwohl wir uns alle Mühe gegeben hatten, positiv zu denken, verließ uns langsam der Mut.

Einige Tage später fand mich Eric, als er nach Hause kam, auf der Couch liegend. Ich war zu krank, um mich zu bewegen. Gebrauchte Taschentücher und schmutzige Wäsche lagen im Zimmer verteilt. Die Waschbären machten sich im Kamin zu schaffen. Draußen tobte ein eisiger Wind durch die unwirtliche Winterlandschaft. Den ganzen Tag lang war es mir erbärmlich gegangen – wenn ich nicht gerade einen Hustenanfall hatte, hatte ich mir die Flohbisse blutig gekratzt.

»Ich kann nicht glauben, dass wir noch vor einem Monat in Phoenix am Pool lagen und Erdbeerlimonade getrunken haben«, klagte ich müde und wünschte mich in unsere Flitterwochen zurück.

Eric ließ sich auf den Stuhl neben mir fallen. »So habe ich mir die ersten Wochen unserer Ehe auch nicht vorgestellt«, sagte er voller Bedauern. »Es tut mir so Leid, Les.«

»Es ist ja nicht deine Schuld«, versuchte ich ihn aufzumuntern.

Eine Zeit lang schwiegen wir niedergeschlagen. Plötzlich sah Eric mich nachdenklich an.

»Ich glaube, wir müssen etwas tun«, sagte er. »Wir haben uns an unsere eigenen Hoffnungen und Erwartungen für unser gemeinsames Leben geklammert. Wir waren so damit beschäftigt herauszufinden, warum die Dinge nicht so laufen, wie wir es geplant haben, dass wir ganz vergessen haben, Gott den Stift in die Hand zu geben. Wir müssen ihn das nächste Kapitel unseres Lebens schreiben lassen.«

Gemeinsam knieten wir uns auf den von den Flöhen befallenen Teppich. Wieder einmal gaben wir unsere Pläne, Träume und Wünsche an den liebenden Verfasser unserer Beziehung ab. Unser Herr hatte unsere Liebesgeschichte perfekt geschrieben, und nun, da wir das Abenteuer Ehe begannen, baten wir ihn, auch jedes Detail unserer *Lebensgeschichte* zu verfassen.

Während wir ihm den Stift anvertrauten, wurde mein Herz sofort von einem Gefühl des Friedens und der Erfüllung überflutet. Unser Herr hatte sich uns immer als treu erwiesen, und ich wusste, dass er damit auch jetzt nicht aufhören würde.

»Mach mit unserem Leben, was immer du willst, Herr«, betete ich mit Überzeugung. »Auch wenn das heißt, dass wir für immer mit Flöhen und Waschbären leben werden, ich bin bereit.«

Und so wiederholte sich das Muster. Der Verfasser unserer Liebesgeschichte nahm unseren Stift und fing an, eine erstaunliche Geschichte für unser gemeinsames Leben zu schreiben. Und in neun Jahren Ehe hat er uns noch nicht einmal enttäuscht.

Wer sagt, dass die Romantik nach den Flitterwochen stirbt, hat ganz offensichtlich noch nicht die Schönheit einer von Gott verfassten Ehe erlebt.

Ist uns immer alles leicht gefallen? Ganz bestimmt nicht. Tatsächlich waren die Flöhe und Waschbären noch leichte Prüfungen im Vergleich zu einigen schweren Stürmen, durch die Eric und ich im Lauf der Jahre gegangen sind. Wir haben auf unserer gemeinsamen Reise heftige Enttäuschungen, Entmutigung, Stress und körperliche Herausforderungen erlebt.

Aber mit Christus im Mittelpunkt unserer Beziehung haben die schweren Zeiten nur unsere Hingabe und Liebe füreinander gestärkt und vertieft.

Selbst heute noch merken wir oft, wie wir den Stift wieder zurücknehmen – wie wir uns zu eng an unsere eigenen Pläne und Erwartungen klammern. Dann werden wir daran erinnert, auf die Knie zu gehen und den Stift ein weiteres Mal unserem treuen Gott zu übergeben.

Wenn er jedes Detail unserer Geschichte verfasst, wird das Leben zu einem endlosen Abenteuer. Wenn der Erfinder der Romantik den Stift führt, ist die Ehe in guten wie in schlechten Zeiten ein wunderbarer Vorgeschmack auf den Himmel.

Anmerkungen

Auf der Suche nach dem schöneren Lied

[1] Richard Lattimore, *Homer's Odyssey,* New York, Harper and Row, 1950, S. 189–190

[2] *Facts on File Encyclopedia of World Mythology and Legend*, Stichwort »Orpheus«

Wer steuert dein Liebesschiff?

[1] John Foxe, *Foxe's Book of Martyrs,* Grand Rapids, MI, Baker Book House, 1990, S. 7–8

[2] Elisabeth Elliot, *Shadow of the Almighty: The Life and Testament of Jim Elliot,* San Francisco, HarperCollins, 1979, S. 15. Deutsch: *Im Schatten des Allmächtigen*, R. Brockhaus, 2002.

[3] Mrs. Charles E. Cowman, *Streams in the Desert,* Grand Rapids: Zondervan, 1984, S. 31. Deutsch: *Alle meine Quellen sind in Dir,* Schulte & Gerth, 18. Auflage, 2002

Auf Tuchfühlung mit dem Erfinder der Romantik

[1] Oswald Chambers, *Mein Äußerstes für sein Höchstes,* Blaukreuz-Verlag, 25. Auflage, 1993, S. 37

[2] ebd., S. 58

[3] Elisabeth Elliot, *A Chance to Die,* Grand Rapids: Fleming H. Revell, 1987, S. 31. Deutsch: *Amy Carmichael*, Hänssler, 1995

[4] Chambers, S. 73

Beginne dein Liebesleben!

[1] Richard Wurmbrandt, *If That Were Christ, Would You Give Him Your Blanket?*, Middlebury, Living Sacrifice Books, 1970, S. 2

[2] Richard Wurmbrandt, *Give a Gem at Christmas*, Voice of the Martyrs, Dezember 1998

Die Kunst der Treue

[1] Lattimore, S. 305–328

[2] Chambers, S. 129

[3] Cowman, S. 195

Kann das »schönere Lied« ein Solo sein?

[1] Cowman, S. 33

[2] Aus einem Vortrag von Elisabeth Elliot

[3] Amy Grant, *I Love a Lonely Day*, auf: *Age to Age*, Waco, Myrrh, 1982

[4] Cowman, S. 216

Hohe Ansprüche sind kein Verbrechen

[1] Quelle unbekannt

[2] Chambers, S. 53

Feingefühl ist lernbar

[1] Cowman, S. 243

[2] ebd., S. 239

Zu spät?

[1] Michael Card, *A Parable of Joy*, Nashville: Thomas Nelson Publishers, 1995, S. 103–105

[2] ebd., S. 107

[3] ebd., S. 104

[4] Chambers, S. 366

Gegen den Strom

[1] Oswald Chambers, *My Utmost for His Highest*, Uhrichsville, Barbour Publishing, 1935, S. 336

[2] Henry Blackaby, *Experiencing God,* Nashville, Lifeway Press, 1990, S. 19. Deutsch: *Gott hautnah erleben*, Gerth Medien, 2002

[3] Chambers, S. 129

[4] Cowman, S. 140

[5] Chambers, S. 58

[6] A.W. Tozer, *The Pursuit of God,* Camp Hill: Christian Publication, 1993, S. 23. Deutsch: *Gottes Nähe suchen*, Hänssler, 1997